U0807469

亚洲主要经济体知识产权法制研究

——梳理千丝万缕的知识产权以走向和平

刘孔中　著
赵歆扬　李文博　邓海博　译
刘建臣　审校

山东大学出版社
SHANDONG UNIVERSITY PRESS
·济南·

图书在版编目(CIP)数据

亚洲主要经济体知识产权法制研究 ：梳理千丝万缕的知识产权以走向和平 / 刘孔中著 ；赵歆扬，李文博，邓海博译. -- 济南 ：山东大学出版社，2024. 8.
ISBN 978-7-5607-8389-5

Ⅰ. D930.34
中国国家版本馆 CIP 数据核字第 20244CA959 号

责任编辑 刘晓燕
封面设计 禾 乙

亚洲主要经济体知识产权法制研究

YAZHOU ZHUYAO JINGJITI ZHISHI CHANQUAN FAZHI YANJIU

——梳理千丝万缕的知识产权以走向和平

出版发行 山东大学出版社
社 址 山东省济南市山大南路 20 号
邮政编码 250100
发行热线 (0531)88363008
经 销 新华书店
印 刷 济南乾丰云印刷科技有限公司
规 格 720 毫米×1000 毫米 1/16
15.5 印张 280 千字
版 次 2024 年 8 月第 1 版
印 次 2024 年 8 月第 1 次印刷
定 价 68.00 元

版权所有 侵权必究

新的视角与期待：亚洲知识产权的制度探索与区域合作（代序）*

郑淑凤　刘银良**

随着亚洲经济体在全球技术经济竞争中的崛起，亚洲知识产权制度的演变及意义的研究价值凸显。中国人民大学及新加坡管理大学法学院刘孔中教授较早关注亚洲知识产权制度的特殊性与研究价值，甫由国际知名出版社劳特利奇（Routledge）出版专著《亚洲主要经济体的知识产权法与制度：梳理千丝万缕的知识产权，走向亚洲和平》（*IP Laws and Regimes in Major Asian Economies: Combing Through Thousand Threads of IP to Peace in Asia*），开辟此研究路径。该专著厚积刘教授从德国慕尼黑大学获得博士学位后三十余年的知识产权研究功力，不仅深入分析亚洲代表性经济体的知识产权制度建设经验与教训，还为改善我国及国际知识产权制度提供了丰富的资料和新视角。

一、知识产权研究的新视角：亚洲知识产权制度的研究价值

知识产权制度最早起源于工业革命前的欧洲国家。在技术研发和市场经济起步较晚的国家或区域，知识产权制度多是在国际贸易的影响下，借由政府命令和法律政策通过移植相关制度构建。① 相应地，我国早期知识产权制度的研究主要集中在对欧美知识产权制度的理论学习和制度移植等方面。随着制

* 此文为应本书作者之邀所作书评，以作为本书代序。提请读者注意的是，此文中对本书的中文翻译名称与本书名称不尽一致。

** 郑淑凤，北京大学法学博士，华东政法大学知识产权学院师资博士后；刘银良，北京大学法学院教授。

① 有学者根据制度的产生将制度分为诱致性制度和强制性制度，诱致性制度变迁指制度构建的变更或替代或新制度的创造，由个人或一群人自发倡导、组织或实行；强制性制度变迁则由政府命令、法律以及各项政策的引入所实现。参见[美] 罗纳德·H. 科斯等：《财产权利与制度变迁：产权学派与新制度学派译文集》，刘守英等译，格致出版社、上海三联书店、上海人民出版社 2014 年版，第 260—283 页。

度研究的深入以及本土技术、产业发展带来的新知识产权问题与保护诉求的增多，我国知识产权研究才逐渐关注和转向本土化研究。在研究网络音乐许可、药品专利链接、网络服务商侵权判定、惩罚性赔偿等制度中，学者在考察欧美经验的同时，亦关注相关制度与本土法律背景和产业发展诉求的匹配度。对欧美国家的比较法研究侧重考察制度起源和规则设计，探讨制度本貌和逻辑思路，为制度移植做铺垫；而本土化研究则考察法律规则与本土技术产业发展诉求的相关性与匹配度，探索制度移植的调适和本土制度创新。

与上述两类研究相比，我国学界对其他代表性亚洲经济体的知识产权制度的关注相对不足且较为分散，主要探析或比较特定经济体的个别知识产权制度，而对亚洲主要经济体的知识产权制度缺乏系统梳理与评析。伴随着知识产权制度移植的深入和亚洲经济技术的整体发展，亚洲知识产权制度的研究价值和重要性与日俱增，其作为知识产权研究的对象应获得更多重视。

（一）亚洲知识产权制度的研究价值

亚洲知识产权制度的研究可为亚洲经济体解决制度移植和本土化适用中的问题提供独特参考视角，展现欧美国家知识产权发展所不具备的经验与教训，同时有助于促进亚洲知识产权制度建设区域合作，推进其参与国际知识产权规则构建。

1.亚洲知识产权研究的学术价值

亚洲经济体在知识产权制度建设中具有相同或相似的制度移植路径和历史文化背景，其知识产权制度的移植或构建需要面对相同或相似问题，包括制度的选择、移植、调适、本土化及后续发展等，因此可互相学习与借鉴。

首先，亚洲知识产权制度研究能够为制度的选择、移植和调适提供参考。亚洲经济体自上而下移植与构建知识产权制度的历程与欧美国家产业发展推动自发构建知识产权制度的模式具有结构性差异。因此，制度的选择、移植和调适对亚洲经济体的知识产权制度建设至关重要。各经济体需面临和解决诸多相同或相似问题，包括如何评估域外制度对本土经济发展的影响、如何平衡现有国际规则和贸易压力对制度移植选择的影响、如何改进制度规则以适应本土制度背景和经济发展诉求等。对此，亚洲经济体的制度移植历史可互为参考借鉴，帮助各经济体解决上述问题，更好地处理知识产权制度的本土化进程与国际规则的关系以及知识产权法律移植与法律精神内在化的关系。①

其次，亚洲知识产权制度研究能够为解决本土知识产权发展问题提供参

① 参见吴汉东：《知识产权的多元属性及研究范式》，《中国社会科学》2011年第5期。

考。亚洲经济体在行政管理、文化传统、发展阶段和制度发展需求等方面具有相似背景，面临类似的本土知识产权发展问题。例如，亚洲经济体多存在政府主导推进知识产权发展策略的传统，需解决如何协调政府与市场在知识产权制度发展中的分工问题；亚洲经济体普遍面临提高知识产权保护意识的同时避免过度保护的问题；亚洲经济体在原本技术产业相对落后、存在强烈发展转型需求的情况下，都需思考如何借用知识产权制度培育本土技术研发能力、推进产业结构从劳动密集型向技术密集型转换等问题。类似的背景使亚洲经济体能够为彼此解决上述问题提供更具参考意义的经验或教训。

2.亚洲知识产权研究的时代价值

亚洲经济体在经济与技术上的大力崛起，推动了亚洲知识产权制度的迅速发展，为其参与、影响全球规则构建提供了时代机遇。在数字化时代，亚洲经济体更展现出强大的发展动力。2021年，亚洲率先实现复苏，成为全球经济增长的重要引擎，经济总量占世界比重上升至47.4%（按购买力平价标准计算）。[①] 借助人口、市场以及政府支持，亚洲经济体在新技术发展和应用领域呈现后来居上态势，中国、韩国、日本、印度等在大数据、互联网和人工智能领域迅速发展，以产业实践带动技术研发。

随着经济的发展，亚洲经济体更需在国际社会上完善自己的话语体系和提升影响力，深入参与制度建设。知识产权作为数字化、智能化时代经济、技术发展的重要动力来源，是当前亚洲经济体参与国际合作的重要切入点。在后TRIPS时代的国际知识产权合作和规则设计上，亚洲经济体正在发挥更为积极主动的作用：无论是签订《北京视听表演条约》、中国加入《马拉喀什条约》，还是在《区域全面经济伙伴关系协定》(RCEP)、《全面与进步跨太平洋伙伴关系协定》(CPTPP)中亚洲经济体的积极参与乃至主导构建，都体现了亚洲经济体在推进知识产权全球合作中的积极意向和重要作用。[②] 对亚洲知识产权制度的深入研究，是新时期亚洲经济体参与国际知识产权治理的重要基础。

（二）亚洲知识产权研究的杰出成果

刘孔中教授较早关注亚洲知识产权制度的特殊性与研究价值，成就斐然，其多年来持续研究的议题包括：知识产权保护在中国与印度特定产业发展的对

---

① 参见《博鳌亚洲论坛亚洲经济前景及一体化教程 2022 年度报告》，对外经济贸易大学出版社 2022 年版；《博鳌亚洲论坛可持续发展的亚洲与世界 2022 年度报告：绿色转型亚洲在行动》，对外经济贸易大学出版社 2022 年版。

② RCEP 由东盟十国发起，同时包括中国、日本、韩国等亚洲国家；签署 CPTPP 的国家也包括日本、新加坡、文莱、马来西亚、越南等亚洲国家。

比研究；[①]亚洲经济体的商业秘密保护比较研究；[②]标准必要专利许可中FRAND标准在亚洲的实践和特点；[③]亚洲经济体在商标、著作权和专利领域的典型判例评析；[④]亚洲贸易法与知识产权的互动与发展；[⑤]等等。此外，刘孔中教授积极推动亚洲范围内知识产权学者的交流，主办亚洲知识产权前瞻研究论坛（Visionary Intellectual Property Professors for the Betterment of IP Study and Regimes in Asia，VIPP，2015—2019）和亚洲知识产权论坛（Asian IP Works-in-Progress Conference，2016—2020）系列活动。他在德国、新加坡、美国、英国、中国、日本等地的研究与教学经历，为其对亚洲知识产权制度的研究积累了丰富素材。

在专著《亚洲主要经济体的知识产权法与制度：梳理千丝万缕的知识产权，走向亚洲和平》中，刘孔中教授整合其研究成果，系统梳理亚洲主要经济体的知识产权制度，提炼其制度设计和运行特点，并针对重点知识产权问题及重要经济体的知识产权发展进行具体分析。第一部分（第一章）从亚洲经济体知识产权发展的背景和历史入手，分析亚洲主要经济体知识产权制度发展的特点，讨论亚洲经济体开展知识产权合作的重要意义。第二部分（第二、三、四章）探讨亚洲主要经济体的著作权法、专利法和商标法的核心议题与典型案例。第三部分（第五、六章）分析亚洲知识产权制度的两个重要争议问题，即商业秘密保护和法定赔偿制度的适用。第四部分（第七、八、九、十章）讨论亚洲代表性经济体（中国、印度、中国台湾地区和新加坡）策略运用知识产权提升国际竞争力的经验和启示。

该专著的研究范围、范式和方法体现出作者宽宏的研究视野。在研究范围

---

① See Kung-Chung Liu, Uday Racherla (eds.), *Innovation, Economic Development, and IP in India and China—An Analysis of Six Industries*, Springer, 2019; Kung-Chung Liu, Uday S. Racherla (eds.), *Innovation and IPR in China and India—Myth, Realities and Opportunities*, Springer, 2016.

② See Kung-Chung Liu, Reto Hilty, *Trade Secret Protection—Asia at a Crossroads*, Wolters Kluwer, 2021.刘孔中、李文博：《论商业秘密保护及其过度保护的问题》，《知识产权》2022年第5期。

③ See Kung-Chung Liu & Reto Hilty (eds.), *SEPs, SSOs and FRAND-Asian and Global Perspectives on Fostering Innovation in Interconnectivity*, Routledge, 2019；刘孔中：《论标准必要专利公平合理无歧视许可的亚洲标准》，《知识产权》2019年第11期。

④ See Kung-Chung Liu (ed.), *Annotated Leading Patent Cases in Major Asian Jurisdictions*, City University of Hong Kong Press, 2017; Kung-Chung Liu (ed.), *Annotated Leading Trademark Cases in Major Asian Jurisdictions*, Routledge, 2019; Kung-Chung Liu (ed.), *Annotated Leading Copyright Cases in Major Asian Jurisdictions*, City University of Hong Kong Press, 2019.

⑤ See Kung-Chung Liu and Julien Chaisse (eds.), *The Future of Asian Trade Deals and IP Law*, Hart Publishing, 2019.

上，专著将亚洲作为整体分析其共性和特殊性，同时在诸多制度分析中引入德国、欧盟等经济体的知识产权制度进行对比分析。研究范围的广泛性在各国知识产权制度及规则相互影响的全球化背景下更具现实的参考价值。在研究范式上，该专著一方面在法律框架内讨论亚洲知识产权制度，另一方面又探讨法律设计与政府政策、产业发展、区域合作的协调和相互推进，体现出知识产权在价值目标和制度功能上的多维属性。[①] 通过考察亚洲经济体如何经由知识产权制度实现其推动科学文化事业发展、维护公众利益、促进发展转型的目标，该专著通过多维度解读亚洲知识产权制度，为读者提供相对全面的视野和研究成果。

本文首先介绍该专著主要内容和观点，然后结合亚洲主要经济体的发展进行补充评论。

二、亚洲知识产权制度的建设与探索

亚洲经济体的知识产权制度发展经历了从被动的法律移植到主动的本土制度探索和创新的过程，其中既有成功经验，也不乏教训和不足。该专著对亚洲知识产权制度的系统梳理和分析，可帮助读者更好地认识这一历史过程。

（一）亚洲知识产权制度的建设与特点

作为工业革命和高新技术经济的后发者，多数亚洲经济体在20世纪80年代后迫于国际贸易和国际政治压力被动建立知识产权法律体系，表现为移植国际条约和欧美国家的知识产权制度，通过立法构建高于本土需求的知识产权保护，彼时的知识产权法对多数亚洲经济体意味着高昂的技术许可成本以及自由模仿或竞争的障碍。[②] 知识产权保护在消耗大量资源的同时，也对传统产业、国民收入等带来一定冲击。在经历挣扎发展并达到一定的经济水平、本国（地区）技术得到发展与创新后，亚洲经济体逐渐受益于知识产权制度。

上述历史也促使亚洲经济体在较快的时间内完成了知识产权制度体系建设，并取得较大成就。各经济体构建了包括立法、司法、行政管理在内的相对完整的知识产权制度体系；少数经济体在部分领域的制度建设和技术创新已可比

---

① 有学者将知识产权的多重维度总结为三方面：在私人层面，知识产权是知识财产私有的权利形态；在国家层面，知识产权是政府公共政策的制度选择；在国际层面，知识产权是世界贸易体制的基本规则。参见吴汉东：《知识产权本质的多维度解读》，《中国法学》2006年第5期。

② 参见刘孔中、郑淑凤：《亚洲知识产权法——美丽新世界》，《清华知识产权评论》2020年第1期。

肩欧美发达国家；各经济体尝试推动经济从劳动密集型向技术驱动型转化，日本、韩国等经济体已成功完成这一转型；等等。该专著总结了主要亚洲经济体的知识产权制度建设和现实应用的各自特点。

在知识产权制度建设过程中，各亚洲经济体普遍采用国家知识产权发展战略指导制度建设和发展，包括由技术官僚制定立法推动规则建设、设立知识产权专业法院等。[①] 知识产权领域的国际压力一般最先通过行政渠道接收并传导，可能率先反映为政策，在政策的引导或影响下固定在法律文本中，或反映在更多政策文件中，或在案件判决中得以体现。[②] 此种国际知识产权压力传导机制促使诸多亚洲经济体的知识产权制度构建遵循自上而下、专业化的政府主导模式。

在知识产权法的实施过程中，主要亚洲经济体普遍存在如下特点：对著作权侵权行为施加过度刑事处罚；注册商标数量爆炸式增长；知识产权实施行为可豁免适用竞争法；对标准必要专利 FRAND 许可的标准逐渐趋同；[③]等等。这些特点反映出知识产权在亚洲市场的蓬勃发展，以及主要亚洲经济体的知识产权制度规则的合理性需要进一步分析。

（二）亚洲知识产权的规则探索

在知识产权的规则探索中，亚洲经济体面临的挑战之一是如何推动移植的知识产权制度服务于本土发展，避免因产业基础、制度背景等差异出现知识产权制度在亚洲“水土不服”的问题。解决该问题的本质在于避免陷入为知识产权而知识产权的机械逻辑，回归知识产权制度的基本目标。[④] 知识产权制度应保持其设立和运行的合理性、可行性和有效性，协调创新者、再创新者、竞争者以及公众消费者的利益分配，激励智力成果的创造、传播和使用行为，最终促进社会和经济福利增长。[⑤] 就此而言，亚洲经济体的规则探索既有成功创新也有不足之处。

---

① See Kung-Chung Liu, *IP Laws and Regimes in Major Asian Economies: Combing Through Thousand Threads of IP To Peace in Asia*, Routledge, 2022, pp.3-4.

② 参见刘银良：《知识产权的制度理性与制度建设》，《北大知识产权评论》（2020—2021 年卷），知识产权出版社 2022 年版，第 6 页。

③ See Kung-Chung Liu, *IP Laws and Regimes in Major Asian Economies: Combing Through Thousand Threads of IP To Peace in Asia*, Routledge, 2022, pp.5-8.

④ 参见刘银良：《知识产权的制度理性与制度建设》，《北大知识产权评论》（2020—2021 年卷），知识产权出版社 2022 年版，第 2 页。

⑤ 参见 TRIPS 协议第 7 条。

1.更好的利益平衡规则创新

不少亚洲经济体发展出针对非权利人的利益保护规则，体现了知识产权制度对创新者、传播者和公众之间的利益平衡理念。早期知识产权法是科学技术和市场经济发展到一定阶段形成的制度。它需兼顾各方利益，但更强调保护知识产权以实现激励创新的目的，侧重对权利人的保护和对侵权行为的惩罚。该专著第二、三、四章指出，亚洲经济体在引入西方知识产权制度的同时也兼顾使用者权利和公共利益，在知识产权限制规则上有所创新。

第一，部分亚洲经济体发展了技术使用者保护规则。如中国早在1987年《技术合同法》中就将提供必要技术指导作为专利许可方的主要义务，后被1999年《合同法》继承；2020年《民法典》进一步延续了原来的规定，设立专利权人主动帮助被许可人实施专利技术的义务，降低被许可人风险。① 在国际合作层面，亚洲经济体在RCEP中提出构建专利授权前异议、实验使用等专利例外制度，在国际条约中唯一关注专利权人以外的主体利益。②

第二，部分亚洲经济体对专利权人不当延长专利保护期的策略加以限制。如印度基于公共健康需求，禁止“仅发现已知物质的新形式、新特征或新用途、欠缺增进疗效等发明”③的可专利性，有效限制了医药企业通过申请获得常青专利不当延长药品专利保护期限的行为，平衡了药企的知识产权保护与公众对药品可及性的诉求。

第三，部分亚洲经济体对知识产权人的权利保护界限提供了更明确的原则或规则指引。如日本、韩国和中国将民法中的禁止权利滥用原则应用于知识产权领域，限制权利人利用知识产权垄断性阻碍市场竞争的行为。在商标法领域，中国（立法）、日本（司法）和韩国（司法）发展出“无商标性使用，无损害赔偿”抗辩，明确商标权人在对方未使用商标带来实际损害时不得获取金钱赔偿，避免权利人通过诉讼获利使知识产权侵权赔偿制度回归其本来目的。④

---

① 参见《中华人民共和国技术合同法》（1987年，现已失效）第37、39条，《中华人民共和国合同法》（1999年，现已失效）第345、347条，《中华人民共和国民法典》（2020年）第866、868条规定。

② 参见《区域全面经济伙伴关系协定》（RCEP）第40、41条。

③ The 2005 Amendment to the Patents Act , Section 3(d). The Patents (Amendment) Act in India, 2005, Section 3(d).

④ 参见 Kung-Chung Liu, *IP Laws and Regimes in Major Asian Economies: Combing Through Thousand Threads of IP To Peace in Asia*, Routledge, 2022, pp.80-81；《中华人民共和国商标法》（2019年）第64条第1款；Ichiro Nakayama, “Trademark Damages Defence Based on Non-Occurrence of Damage in Japan”, in Kung-Chung Liu (ed.), *Annotated Leading Trademark Cases in Major Asian Jurisdictions*, Routledge, 2019; Supreme Court of Korea Case No. 2014Da59712, 59729 (decided on 30 September 2016)。

2.部分领域保护力度过大

尽管亚洲经济体在知识产权制度建设的自主性方面有所坚持,但迫于国际贸易和政治压力,且本土对如何完善知识产权制度研究不足,因此在部分知识产权领域仍出现超历史阶段的制度发展现象,表现为部分知识产权保护力度过大。

该专著第五章对商业秘密的保护及法定赔偿制度的适用进行了深入讨论。该专著首先指出商业秘密的产权化保护存在权利边界模糊、阻碍技术公开和公众监督、被用于规避政府信息公开规定[美国《信息自由法》(Freedom of Information)]等风险。该专著接着指出亚洲经济体整体上呈现对商业秘密的过度保护。在刑事保护方面,主要亚洲经济体对蓄意侵犯商业秘密的行为施加刑事处罚,其中韩国、中国大陆、中国台湾和日本对侵犯商业秘密的行为的刑事处罚力度高于对假冒商标或盗版行为的刑事处罚力度,存在刑事保护力度过高的问题。① 亚洲经济体的一些特点也加剧了立法过度保护的问题,带来诸多负面影响。其一,亚洲经济体普遍缺乏对侵犯商业秘密行为的有效民事调查程序,反向激励了商业秘密的刑事公诉案件。其二,部分经济体赋予公诉主体即检察机关特殊职权,破坏刑事诉讼中控辩双方"平等武装"(Equality of Arms among Parties)②原则,使被告处于不利地位。③ 其三,当事人申请商业秘密案件保密的宽松条件,可能导致破坏司法公开透明原则的风险。④

部分亚洲经济体对商业秘密的过高保护还体现为过度允许竞业禁止。例如在"台×电诉梁×松案"中,台湾地区法院在前雇主台×电未提供任何额外补

① 从知识产权的国际保护规则来看,TRIPS 协定对侵犯知识产权行为的刑事保护限定于具有商业规模的蓄意假冒商标或盗版行为,并未提出对商业秘密的刑事保护要求。尽管 CPTPP 协议要求缔约国为商业秘密提供刑事保护,但未作出处罚力度的要求。从上述规定出发,该专著认为对商业秘密刑事保护的合理力度应为:对商业秘密的刑事处罚不高于对假冒商标和盗版行为的处罚。参见 TRIPS 协定第61条,CPTPP 协议第18、78条;Kung-Chung Liu, *IP Laws and Regimes in Major Asian Economies: Combing Through Thousand Threads of IP To Peace in Asia*, Routledge, 2022, pp.147-148;刘孔中、李文博:《论商业秘密保护及其过度保护的问题》,《知识产权》2022年第5期。

② See Kung-Chung Liu, *IP Laws and Regimes in Major Asian Economies: Combing Through Thousand Threads of IP To Peace in Asia*, Routledge, 2022, p.148, 158; Stefania Negri, "The Principle of Equality of Arms and the Evolving Law of International Criminal Procedure", *International Criminal Law Review*, vol.5, no.513, 2005.

③ 中国台湾地区的检察官可在商业秘密案件中不经法院批准对涉案人员(嫌疑人、被告、证人、律师等)核发侦查保密令,违反者可被判处最高达3年的有期徒刑。

④ See Kung-Chung Liu, *IP Laws and Regimes in Major Asian Economies: Combing Through Thousand Threads of IP To Peace in Asia*, Routledge, 2022, pp.149-151.

偿的情况下，仍判决禁止前员工梁×松在2年竞业禁止期过后的4年内加入×星[①]，使雇员背负较重的商业秘密保护责任，存在阻碍人才自由流动、压缩市场竞争空间的风险。相比之下，普通法仅在有限情况下认可竞业禁止条款的有效性。

考虑到亚洲经济体的经济结构以中小企业为主，且多为技术引进方，依赖技术人员的自由流动，其对商业秘密的过高保护不符合引入先进技术、提高人才流动性的经济发展诉求，该专著以德国为镜鉴加以比较。在商业秘密的刑事保护方面，德国虽将侵犯商业秘密行为纳入刑事处罚范畴，但仅规定2—5年自由刑或罚金的处罚，且在实践中鲜少适用。作为同样依赖中小企业和技术发展的经济体，德国对竞业禁止条款的限制兼顾了人才流动的诉求。德国商法典规定，竞业禁止条款只在雇主支付不少于雇员近期酬金一半的赔偿金时方为有效；竞业禁止期限不得超过离职后2年；若竞业禁止条款不合理阻碍雇员的事业发展，则无约束力。[②] 因此，该专著特别强调亚洲经济体的商业秘密立法和司法应当基于本土商业现实，同时考虑商业秘密保护本身存在的风险。

主要亚洲经济体还存在另一个知识产权保护力度过高的问题，即法定赔偿制度。法定赔偿是针对侵权损失数额难以证明的情形，赋予法官自由裁量权确定赔偿数额，避免权利人因举证困难无法获得充分补偿，目的在于实现实质正义。该制度不仅被大量亚洲经济体引入，还存在不断扩张的趋势。[③] 然而，法定赔偿制度存在自由裁量权过大的风险，法院在裁定法定赔偿数额时还可能会评估其威慑作用，与惩罚性赔偿制度的功能混同。法定赔偿制度的不当适用，可能会导致权利人通过诉讼获利、鼓励知识产权蟑螂的风险，同时给市场竞争和累积创新带来寒蝉效应。

该专著第六章从法定赔偿解决损失举证困难的初衷出发，提出该制度的替代方案以及适用该制度的调整措施。针对损失举证困难的问题，专著建议立法者推行替代措施，包括提高权利人的证据收集能力，允许知识产权人要求涉嫌侵权人甚至第三方提供其所拥有的材料；将知识产权侵权诉讼分为确认侵权和

① 参见中国台湾地区智慧财产及商业法院(2013年)民营上字第3号民事判决书。

② See Kung-Chung Liu, *IP Laws and Regimes in Major Asian Economies: Combing Through Thousand Threads of IP To Peace in Asia*, Routledge, 2022, pp.153-154.

③ 亚洲经济体包括日本、中国大陆、中国台湾、韩国、新加坡等都引入了该制度。部分经济体将其作为实践中确定损害赔偿的主要甚至优先的计算方法；诸多亚洲经济体加入的CPTPP协议，还要求成员在该制度与额外赔偿即惩罚性赔偿中至少择一适用(后者同样存在适用风险)。参见刘银良：《知识产权惩罚性赔偿的类型化适用与风险避免——基于国际知识产权规则的视角》，《法学研究》2022年第1期。

确认赔偿数额两阶段，使双方在明确侵权的情况下于第二阶段更容易协商赔偿数额。专著建议已引入法定赔偿制度的亚洲经济体可将法定赔偿的制度功能限制在解决损害证明困难问题的范畴，避免将其与威慑功能混同，并且明确法定赔偿制度的适用不能排除原告就损失的举证责任。如新加坡法院在适用法定赔偿制度时仍要求原告建立证据基础，法院在此基础上结合法定指导因素得出具体数额，以保障赔偿数额可恰当补偿权利人损失。①

从上述分析可见，过度的知识产权保护和不当的规则实施可能会阻碍技术交流与累积创新、缩小竞争空间并带来寒蝉效应。亚洲经济体在引入知识产权制度时应秉承理性态度，考察制度的设计逻辑，判断其是否存在内在矛盾和固有风险，并分析制度对实施环境和配套措施的要求。只有全面分析知识产权制度的可行性和适用风险并提供应对措施，立法者才能保障知识产权保护实现预期目标。

三、亚洲经济体的知识产权国际策略与合作机遇

在知识经济和全球化的背景下，知识产权规则与国际贸易和技术发展紧密相连，成为经济体提升国际市场竞争力的重要基础，国际知识产权规则正成为全球治理规则的重要组成部分。该专著考察亚洲经济体在国际市场中的知识产权策略，同时提出推动亚洲知识产权合作的观点，为推进亚洲经济体参与知识产权全球治理提供参考。

（一）国际市场中亚洲经济体的知识产权策略

该专著考察中国大陆、中国台湾、印度以及新加坡几个亚洲重要经济体运用知识产权策略提升全球产业竞争力的经历，为经济体如何运用知识产权提升其国际竞争力提供借鉴。

1.知识产权在推动产业发展中的作用：中印对比

中国和印度都具有较丰富的人力资源和积极发展技术产业的动力，两经济体在人力资本、研发投入、学术研究、快速的经济发展等方面相似。该专著第七章考察知识产权在推动产业发展中的作用，发现在类似优势产业的背景下，两经济体迥异的知识产权策略都起到了推动产业发展的作用。对两经济体利用

---

① 参见 Kung-Chung Liu, *IP Laws and Regimes in Major Asian Economies: Combing Through Thousand Threads of IP To Peace in Asia*, Routledge, 2022, pp.144-154；刘孔中、张浩然：《著作权侵权和商标假冒的法定赔偿金：亚洲经验对 CPTPP 及 RCEP 的启发》，《重庆大学法律评论》2019 年第 2 期。

知识产权策略推动产业发展的对比考察，可为客观认识知识产权保护对产业发展的影响提供参考。

在国际市场中，尽管优势各异，但中国与印度都在信息技术、电影、药品研发制作等产业中取得了一定成绩。[①] 在产业发展中，中国和印度的知识产权策略呈现明显差异，前者积极提升知识产权保护以推动产业创新，后者则对知识产权保护持审慎策略。中国加强专利保护，推动了其在国际通信领域标准必要专利布局中抢占优势；对网络盗版活动开展严厉打击有效推动了网络电影产业的发展和新传播技术的开发。印度在药品领域灵活适用国际条约的过渡期制度，通过拒绝专利保护和缩小药品专利保护期，推动了 20 世纪 70 年代仿制药产业的迅速发展。

因此，知识产权保护能否推动经济技术发展，受产业背景、发展阶段等因素影响。中国强化知识产权保护对推动技术发展创新和巩固国际市场竞争优势具有积极意义，值得印度学习；而印度灵活运用知识产权策略的经历对中国摆脱长期以来对知识产权的盲目信仰，调整国际知识产权谈判策略具有重要参考意义。[②] 当前中国提出深入参与全球知识产权治理的愿景，推动构建开放包容、平衡普惠的知识产权国际规则[③]，因此更应探索知识产权保护与本土发展利益的关系，在构建知识产权国际合作规则时，关注协调知识产权国际保护的必要成本与本国产业学习和发展利益的关系，平衡知识产权保护与公共利益的需求。该专著第八章从该角度出发，建议中国可在全球知识产权治理规则的创新中有所作为。

2.中国台湾地区对知识产权穷竭的探索

在知识产权穷竭方面，采取绝对穷竭还是相对穷竭立场是一个国家或经济体的重要选择。是否允许知识产权的绝对穷竭，即是否允许他人进口域外知识产权产品在本土销售（平行进口）的行为，关系到知识产权所有人能否开展全球差异化定价和布局策略，本土消费者能否自由获取域外知识产权产品。中国台湾地区作为较早融入国际市场的亚洲经济体，为维护本土利益诉求和承接发达

---

① 如印度信息技术产业中软件占优势，中国则硬件占据优势；印度电影产业在满足本土需求的同时做了较好的国际化发展，中国在依附巨大国内市场的基础上在作品发行渠道和技术上做出更多创新；印度仿制药产业发展较早且较为成熟，中国国内仿制药市场巨大但多集中在技术含量较小的简单仿制和原料供应层面。参见 Kung-Chung Liu，*IP Laws and Regimes in Major Asian Economies：Combing Through Thousand Threads of IP To Peace in Asia*，Routledge，2022，pp.188-193。

② See Kung-Chung Liu，*IP Laws and Regimes in Major Asian Economies：Combing Through Thousand Threads of IP To Peace in Asia*，Routledge，2022，p.229.

③ 参见《知识产权强国建设纲要（2021—2035 年）》。

国家的贸易压力，在权利穷竭问题上反复探索，该专著第九章建议中国台湾地区知识产权应一律采取绝对穷竭立场。

中国台湾地区较早在其所谓“商标法”（1993年）、“集成电路保护法”（1995年）和“专利法”（2002年）中明确规定了绝对穷竭规则。但在著作权法领域，受与美国自由贸易协定的影响，中国台湾地区对是否采取绝对穷竭规则摇摆不定。作为作品输出大国，美国在与中国台湾地区自由贸易协定的草案中要求中国台湾地区采取著作权相对穷竭立场，禁止平行进口①，以维护美国文娱产业的全球差异化定价和发行策略。② 尽管中国台湾地区在与美谈判中意图对此作出保留，但迫于美国贸易压力最终仍采取著作权相对穷竭立场，间接承认著作权人享有进口权。③ 但中国台湾地区作为以作品进口而非出口为主的经济体，采取禁止平行进口行为的策略并不符合本土利益，且不利于自由开展国际贸易。近年来，中国台湾地区逐渐采取绝对穷竭策略。中国台湾地区公平交易委员会表达允许平行进口、采取绝对穷竭的立场。④ 中国台湾地区在与新西兰的自由贸易协议中明确采取知识产权绝对穷竭规则⑤，该专著建议中国台湾地区着手推进终止上述与美国的自由贸易协议。

从中国台湾地区的经历可见，除非基于强烈的政策需求，亚洲经济体内的不同知识产权部门在法律与政策等方面应保持一致并维护本土经济发展诉求。高度依赖国际市场或进口知识产权产品居多的经济体，宜采用绝对穷竭立场，维护本土发展利益。

3.新加坡提升其全球价值链地位的国际知识产权策略

融入全球价值链将吸引跨国企业的入驻，带来外国直接投资、技术、知识产

① The Draft Agreement for the Protection of Copyright between the Coordination Council for North American Affairs and the American Institute in Taiwan of 1989 (US-Taiwan Copyright Protection Agreement), 16 July 1993, Article 14(1).

② 1992年，中国台湾地区在其所谓“著作权法”中规定进口受著作权保护的作品并意图在本土销售的行为构成侵权。参见中国台湾地区所谓“著作权法”第87条第3款。

③ 1993年，中国台湾地区修改其所谓“著作权法”，规定进口权的同时，提供了非常有限的例外规则，如政府使用、非营利学术研究目的而进口一定数量等。参见中国台湾地区所谓“著作权法”第87条之一。

④ 中国台湾地区公平交易委员会认为，只要平行进口行为未误导消费者对产品来源产生错误认识，则不侵犯台湾地区所谓“公平交易法”。参见中国台湾地区公平交易委员会1981年4月22日第27次委员会讨论议案，2022年6月20日，https://www.ftc.gov.tw/internet/main/doc/docDetail.aspx? uid=223&docid=410；Kung-Chung Liu, *IP Laws and Regimes in Major Asian Economies: Combing Through Thousand Threads of IP To Peace in Asia*, Routledge, 2022, p.212。

⑤ The Agreement between New Zealand and the Separate Customs Territory of Taiwan, Penghu, Kinmen, and Matsu on Economic Cooperation (ANZTEC), Chapter 10, Article 3(4)(a).

权和知识产权交易。因此，即便对于具有巨大本土市场的经济体而言，实现国内价值链与全球价值链的协调，也是全球化条件下实现产业升级的重要战略。[①] 因此，该专著第十章以新加坡为例，探讨亚洲经济体融入全球合作，提高其在价值链中位置的重要意义。[②] 作为新兴市场居多的亚洲经济体，应通过完善加入国际贸易体系，完善知识产权保护规则，以提升对核心产业和价值链上游分工企业的吸引力，并策略性地平衡国际规则需求和本土知识产权政策的需要，考核加入具体规则的利弊，以期在国际竞争中打造独特竞争优势，提升其非替代性。

与印度和中国等具有较大本土市场的经济体不同，新加坡国土资源不足，更具融入全球产业链的动力。为提升其竞争力，新加坡通过加强对技术发明、文学艺术作品、商业标识等成果的保护，成功吸引如高通、联发科、戴森等跨国公司入驻开展技术研究和市场开发业务，扩展其微笑曲线两侧的高附加值产业，提升在全球价值链中的位置。随着跨国公司通过国际贸易规则和知识产权对全球价值链进行监管，知识产权策略对于新加坡融入全球合作、提升其在产业链中的位置具有重要意义。

新加坡的国际知识产权合作与发展策略，为亚洲经济体融入全球贸易、提升自身在全球价值链中的位置提供了良好示范。第一，在国际合作中选择恰当的知识产权保护标准。新加坡签订的双边、多边贸易协定有 26 项之多，但只有当提高知识产权保护能够吸引合作方外商直接投资或大型药品、通信企业入驻时，新加坡才会在与美国和欧盟的自由贸易协定中提高自身知识产权保护标准，否则不讨论知识产权保护问题。[③] 该策略性选择保障了提升知识产权保护成本可带来的充分投资回报。第二，在全球知识产权治理体系中打造独特竞争优势。新加坡计划成为全球知识产权纠纷解决枢纽，在知识产权替代性纠纷解决机制（ADR）领域建立国际声誉。为此，新加坡于 2005 年加入《海牙选择法院协议公约》（Hague Convention on Choice of Court Agreements，HCCCA），并于 2016 年颁布《选择法院协议法》（Choice of Court Agreements Act，CCAC），

① 参见刘志彪、张杰：《从融入全球价值链到构建国家价值链：中国产业升级的战略思考》，《学术月刊》2009 年第 9 期。

② See Kung-Chung Liu，*IP Laws and Regimes in Major Asian Economies：Combing Through Thousand Threads of IP To Peace in Asia*，Routledge，2022，p.229.

③ See Kung-Chung Liu，*IP Laws and Regimes in Major Asian Economies：Combing Through Thousand Threads of IP To Peace in Asia*，Routledge，2022，pp.225-227.

赋予前者以国内法效力，并在实践判例中将上述公约和法律作为裁判依据。[①] 新加坡还同时推进《新加坡调解公约》即《联合国关于调解所产生的国际和解协议公约》(United Nations Convention on International Settlement Agreements Resulting from Mediation)的落实。在激烈的国际市场中，打造自己的独特竞争优势，可有效避免同质化竞争带来的过度损耗，提升在全球市场的竞争力。

(二)亚洲知识产权的合作机遇与全球参与

该专著副标题名为“梳理千丝万缕的知识产权以走向和平”，呼吁亚洲经济体通过加强知识产权的合作，提升亚洲的经济凝聚力和地区稳定性，扩大其全球影响力。在贸易壁垒层出和全球合作碎片化的当下，更凸显其时代意义。亚洲知识产权研究不仅可为亚洲经济体各自的知识产权制度建设提供借鉴，更可为亚洲经济体凝聚合作、参与全球知识产权治理提供支持。

从亚洲内部来看，各经济体在发展阶段的差异性，使其具有更好的合作基础和互补需求。一方面，亚洲各经济体之间开展合作有助于企业根据各经济体的发展情况开展产业链的差异化分工布局，推动上下游产业链的协同发展，促进经济体间分工协作以增强技术交流的外溢效应。另一方面，亚洲经济体的知识产权规则完善和能力建设，有助于减少国际贸易中的差异阻碍，推动技术、人才、资本等创新要素充分流动，扩大贸易市场。有实证研究指出，东盟经济体提高知识产权保护水平，对中国等经济体的贸易的影响表现为市场扩张效应，在一定程度上可激励科技发展水平对其贸易出口的正向影响。[②]

从外部来看，亚洲经济体开展知识产权合作、参与全球知识产权治理正面临新契机。一方面，传统全球知识产权治理框架正经历转型。以 WTO 为后盾的 TRIPS 协议等国际统一知识产权规则面临落实困难，各国开始通过“场景转换”的方式，借助密集的自由贸易协定将国际知识产权秩序切割为碎片。[③] 新的知识产权治理规则正处于探索阶段。另一方面，亚洲新兴市场国家在经济技术方面取得巨大成就，为其参与全球知识产权规则构建增强话语权。2022 年，世

---

① Ermgassen & Co Ltd v. Sixcap Financial Pte Ltd, [2018] SGHCR 8; Geert Van Calster, “Ermgassen v Sixcap Financials: Singapore High Court the first to recognise and enforce under the Hague Choice of Court Convention”, *GAVC Law*, https://gavclaw.com/2018/07/13/ermgassen-v-sixcap-financials-singapore-high-court-the-first-to-recognise-and-enforce-under-the-hague-choice-of-court-convention/, last visited on 4th July 2022.

② 参见陈修谦：《东盟国家知识产权保护对中国出口的影响效应及其提升对策》，《中国软科学》2021 年第 8 期。

③ See Laurence R. Helfer, “Regime Shifting: The Trips Agreement and New Dynamics of International Intellectual Property Lawmaking”, *Yale Journal of International Law*, vol.29, 2003, pp.53-62.

界知识产权组织指出，亚洲经济体在信息技术产业迅速崛起，日本、韩国和中国等利用其技术、资本、政策支持，成为信息技术全球价值链的积极参与者。① 在新兴技术领域的影响力将帮助亚洲经济体在相关规则构建上发挥更大影响力。

亚洲经济体的知识产权合作和国际参与，可为国际知识产权规则构建提供更为平衡的视角，实现对现有知识产权规则的补充和创新。以 TRIPS 协议为核心的传统国际知识产权规则，强调知识产权的私权保护，对先进与落后国家知识产品分配悬殊的现实观照不足，而自由贸易协定的相关规则更是呈现知识产权保护的加强趋势。② 亚洲包含大量发展中国家和正处于经济社会结构转型期的新兴经济体，其深入参与国际知识产权规则构建有助于推动对国际社会不断强化知识产权保护趋势的反思，关注知识产权背后的发展问题，考量知识产权与公平竞争、生命伦理、能力培养之间的关系。③ 通过推动关注不同发展阶段经济体对知识产权保护的不同诉求，有助于构建更为理性、多元的知识产权保护规则。

在亚洲经济体的内部合作中，应提升亚洲经济体的知识产权管理运用能力，减少各经济体间的差异，同时凝练亚洲经济体的创新智慧，提升其在国际知识产权规则构建中的影响力。在能力培养与合作建设上，亚洲经济体可适当借鉴欧洲专利公约、欧盟专利法院等模式，在知识产权的审核注册和纠纷解决层面开展合作，并继续推进专利审查高速路（PPH）项目在亚洲的适用。考虑到亚洲经济体的繁荣发展背景，亚洲经济体可从商标注册管理的合作入手，形成商标注册和案例纠纷池，推动商标注册和纠纷解决的合作。④ 在此基础上，应当鼓励开展对亚洲知识产权制度的研究，深入亚洲经济体知识产权规则的探索。通过汇集规则创新，构建知识产权与技术应用、公共利益、公平竞争等政策的平衡规则和话语体系，增强亚洲知识产权的规则创新和规则说服力。

---

① World Intellectual Property Report 2022，The Direction of Innovation，p.11，https://tind.wipo.int/record/45356，last visited on 24th June 2022.

② See Peter Drahos，*A Philosophy of Intellectual Property*，Dartmouth：Dartmouth Publishing Company，1996，pp.181-193.

③ 参见董涛：《全球知识产权治理结构演进与变迁——后 TRIPs 时代国际知识产权格局的发展》，《中国软科学》2017 年第 12 期。

④ See Kung-Chung Liu，*IP Laws and Regimes in Major Asian Economies：Combing Through Thousand Threads of IP To Peace in Asia*，Routledge，2022，p.81.

四、展望

在当前历史阶段，知识产权成为推动全球经济持续复苏的重要驱动力，世界正在经历以创新为内核的全球化。亚洲经济体已经或正在经历从被动适应和构建知识产权制度到灵活运用现有规则，再到主动参与国际知识产权规则构建的转换过程。在亚洲经济体内部，对这一历程的研究可为各经济体发展知识产权制度、开展制度移植和本土转化、推动经济技术发展提供切实的经验借鉴。在国际舞台上，亚洲知识产权制度的研究可为国际知识产权规则构建提供新视角，推动知识产权保护与可持续发展、实质公平等多重议题的平衡。就此而言，《亚洲主要经济体的知识产权法与制度：梳理千丝万缕的知识产权，走向亚洲和平》为亚洲知识产权制度的构建与研究提供了丰富的研究成果和深刻的洞见。

通过梳理亚洲经济体千丝万缕的知识产权现象与制度进而促进亚洲和平，是作为知识产权法学者的刘孔中教授的殷切期待。然而世事多艰，知识产权制度仅属解析现代社会的维度之一。亚洲是世界范围内最具多样性、复杂性和异质性(heterogeneity)的大洲，各经济体不仅在经济形态和发展阶段方面多样且复杂，其背后的政治、历史、地理、文化、宗教等因素纵横交织，如意识形态与地缘政治等，皆复杂多样，都可能对亚洲的未来与和平产生重大影响。各经济体的管理者或贤或愚，视野或开阔兼深远或局促加短视，国家治理结构迥异，策略或灵活或机械且固步自封，皆可能给亚洲的未来与和平带来影响乃至挑战。无论如何，合理的知识产权制度终究能够激励创新，促进社会福利增长，这也是研究亚洲及其各国或经济体知识产权制度的意义所在。

(郑淑凤、刘银良：《新的视角与期待：亚洲知识产权的制度探索与区域合作——〈亚洲主要经济体的知识产权法与制度：梳理千丝万缕的知识产权，走向亚洲和平〉评析》，周林主编：《知识产权研究》第29卷，社会科学文献出版社2023年版，第297—316页)

前 言

知识产权法已成为促进亚洲经济繁荣的重要工具。众所周知,中国(含港台地区)、日本、韩国、新加坡和印度以各自的方式成为知识产权领域的成功案例。没有亚洲知识产权法律的小块,世界知识产权拼图就不完整。这些亚洲经济体历经三个阶段:法律移植、本土化和参与国际知识产权规则制定。[①] 其知识产权法律制度已独特地融入其发展结构。亚洲经济体的一些特点和见解或许可以为国际知识产权界提供反思的启发。

然而,综合研究亚洲主要法域知识产权法律的文献短缺。[②] 亚洲人自身撰写的、以亚洲为中心的知识产权法文献也同样缺乏。[③] 仅此而言,本书的写作与出版可回应这一迫切需求。

此外,亚洲比以往任何时候需要更多的理解与合作,以在这个长期受到多重地缘政治和历史摩擦困扰的地区确保和平。新冠(Covid-19)大流行造成很多

---

① 对此三个阶段的概念化,可参见 Min-Chiuan Wang,"The Asian Consciousness and Interests in Geographical Indications", *The Trademark Reporter*, vol. 96 (2006), pp.906-942。

② See Christopher Heath, "Intellectual Property Rights in Asia—An Overview", *The International Review of Industrial Property and Copyright Law* (*IIC*), vol. 28, no. 3 (1997), pp. 303-309. A special issue on Intellectual Property Rights in Asia II was published in IIC, vol. 30, no. 4 (1999)。德国马克斯·普朗克创新与竞争研究所于20世纪90年代开始出版"亚洲知识产权法丛书"(迄今共17卷,包括2004年 Christopher Heath 主编的 *Parallel Import in Asia*, Christopher Heath 与笔者2007年主编的 *Copyright Law and the Information Society in Asia*, *IIC Studies in Industrial Property and Copyright Law*)。

③ See Kung-Chung Liu (ed.), *Annotated Leading Patent Cases in Major Asian Jurisdictions*, Hong Kong: City University of HK Press, 2017, pp.1-468; Kung-Chung Liu (ed.), *Annotated Leading Copyright Cases in Major Asian Jurisdictions*, Hong Kong: City University of HK Press, 2019, pp.1-564; Kung-Chung Liu (ed.), *Annotated Leading Trademark Cases in Major Asian Jurisdictions*, London: Routledge, 2019, pp.1-468; Kung-Chung Liu and Reto Hilty (eds.), *Trade Secret Protection-Asia at a Crossroads*, Netherland: Kluwer Law International BV, 2021, pp.1-456.

国家边界隔离或关闭(并可能以不同形式重复出现),加剧笔者的担忧。这也可以解释为何笔者在完成《解构知识产权法及其与竞争法的冲突与调和——亚洲背景下的全球规范》(*Deciphering IP Law and Its Conflict with Competition Law-Global Norms Against Asian Context*)前,先行写就本书,毕竟知识产权是亚洲国家发展最普遍接受的机制和工具。

亚洲知识产权法律多样而复杂,没有任何一本书能涵盖这些法律。本书只能针对亚洲主要经济体,包括但不限于中国(含港台地区)、印度、印度尼西亚、日本、韩国、马来西亚、新加坡、泰国(有时甚至限于单一亚洲经济体),选择能反映亚洲知识产权法律和制度的特征、问题或演进的特定主题,或者笔者本身格外关注的议题。

笔者衷心希望亚洲的法院、学者和企业不仅能了解、引用和学习知识产权制度传统出口方(如美国或欧盟)的法律制度和体系,还能向亚洲其他国家和地区学习和借鉴。藉此,亚洲在发展知识产权法律和制度时有更强的"亚洲意识",并对各国(地区)基本情况、法律文化和发展需求的差异抱有同理心。

鉴于所涉经济体知识产权法律和制度快速变化,本书将仅引用相关制度的最新术语、命名和编号(例如条文或章节),以保持现时性和一致性并避免滋生疑惑。例如,台湾地区知识产权法院于2008年成立,并于2021年7月更名为"台湾智慧财产及商业法院",同时扩大其职权范围。因此,全书统称"台湾地区智慧财产及商业法院"。所有网络材料核查截至2021年11月,个别脚注不再注明访问日期。

本书旨在系统研究亚洲主要经济体知识产权法律的制度构造与体系,研究对象包括但不限于中国(含港台地区)、印度、印度尼西亚、日本、韩国、马来西亚、新加坡与泰国。希望通过探索其中有价值的"亚洲模式",助力国际知识产权法的推进。

本书开篇概述亚洲近现代史与知识产权法,接着讨论三大传统知识产权部门法(专利法、商标法与著作权法),继而研究侵犯著作权与假冒商标行为的法定损害赔偿,并继续讨论亚洲商业秘密保护及其过度保护的问题。

此外,本书考察中国如何从知识产权游戏的"规则追随者"成为"赛局改变者",并比较中印两国的知识产权法律与四个相关行业(IT业、电影业、制药业和汽车业),评估知识产权法对这些行业发展的作用,提出两国的知识产权法应如何相互借鉴、取长补短。

最后,本书研究两个亚洲中小型经济体知识产权的奋进历程和成功经验,分别检视台湾地区建立一贯的知识产权权利用尽制度的尝试和努力,以及新加坡如何利用其知识产权法体系确保其在全球价值链中的地位。

本书对有兴趣了解亚洲、亚洲知识产权法律和行业及其奋进历程，并寻找改善亚洲乃至全球知识产权法方法的学子、学者、从业人员和知识产权专业人员而言，可提供有益参考。

感谢 Reto Hilty、Yeo Tiong Min、David Llewelyn、Christopher Heath、李治安、田村善之和孙浩琛等教授对笔者工作的长期支持。特别感谢 Ng-Loy Weeloon、Masabumi Suzuki、Byungil Kim、LIM Heng Gee、Heinz Goddar 等教授分别对新加坡、日本、韩国、马来西亚和德国知识产权法的指导，Prashant Reddy 对本书印度部分的审阅。感谢赵歆扬、Shaquil Ahmad Woozeer、Genevi Lim Xuan Ying、张浩然博士、刘建臣博士、郑淑凤博士、程文婷博士、厉彦冰教授、王佳教授和魏立舟教授对检索、收集材料和文献的帮助。

刘孔中

2023 年 7 月 1 日

目　录

第一章　亚洲知识产权法:一个日渐重要的领域 …… 1

一、亚洲的特点及其重要性 …… 1

二、亚洲主要法域知识产权格局的一些结构特征 …… 7

三、亚洲知识产权的发展特色 …… 11

四、亚洲知识产权法未来的重要议题 …… 16

五、本章小结 …… 18

第二章　专利法与专利案件的特点 …… 19

一、亚洲主要经济体的专利概况 …… 19

二、亚洲大陆法系法域的双轨制专利诉讼 …… 32

三、强制许可 …… 37

四、亚洲的专利法律制度可以提供什么? …… 49

第三章　商标法与商标案件的特点 …… 54

一、亚洲商标图景 …… 54

二、持续纠结于商标“使用”问题 …… 55

三、驰名商标的保护 …… 61

四、商标权的限制 …… 66

五、侵权与损害赔偿 …… 79

六、亚洲的商标法体制能提供何种借鉴? …… 82

第四章　著作权法及著作权案件的特点 …… 84

一、互联网中介机构 …… 84

二、著作权集体管理 …… 90
三、著作权的限制 …… 93
四、著作权与(外观)设计保护的关系 …… 105
五、对亚洲经济体的建议 …… 108

第五章 著作权侵权及商标假冒的法定损害赔偿——探索亚洲模式 …… 113

一、令民间团体与知识产权学者不安的自贸协议 …… 113
二、美国著作权侵权与商标假冒法定损害赔偿的起源 …… 114
三、从 ACTA 到 TPP、CPTPP 以及 RCEP …… 116
四、亚洲主要经济体的法定损害赔偿 …… 119
五、CPTPP 法定损害赔偿之批判 …… 129
六、对亚洲经济体的建议 …… 130

第六章 论商业秘密保护及其过度保护的问题——正处于十字路口的亚洲 … 134

一、商业秘密保护的有关问题 …… 134
二、商业秘密的过度保护及其副作用 …… 138
三、亚洲经济体面临的十字路口 …… 144
四、对亚洲经济体的建议 …… 149

第七章 中国知识产权之路——从制度追随者到赛局改变者 …… 154

一、二十七载国家知识产权战略 …… 155
二、中国有望成为知识产权赛局改变者 …… 158
三、对中国的建议 …… 165

第八章 中印两国的经济发展与知识产权 …… 169

一、中印两国经济发展与知识产权之比较 …… 169
二、宏观视角下的中印两国 …… 169
三、IT 产业 …… 177
四、电影产业 …… 178
五、制药产业 …… 181
六、汽车产业 …… 184
七、结语 …… 188

第九章 中国台湾地区如何将绝对用尽原则适用于所有知识产权 ········ 190

一、工业知识产权法下的用尽和平行输入 ································ 190
二、奇特的著作权法 ·· 196
三、中国台湾地区应改采全球日益采纳的绝对用尽原则 ·············· 201
四、应终止与美国的著作权保护协议 ···································· 202
五、对亚洲经济体的启示 ·· 203

第十章 新加坡凭借知识产权攀登全球价值链 ·························· 205

一、全球价值链:知识产权的重要性 ···································· 205
二、新加坡经济模式及其在全球价值链的地位 ························ 208
三、新加坡知识产权机构及知识产权实施 ······························ 210
四、新加坡双管齐下,巩固其在全球价值链的地位 ···················· 213
五、对亚洲经济体的建议 ·· 218

译后记 ··· 219

第一章　亚洲知识产权法:一个日渐重要的领域

一、亚洲的特点及其重要性

(一)近代欧洲列强与日本的殖民化

亚洲主要位于东半球和北半球。它是世界上人口最多的大陆(截至2021年8月[①]有46.8亿人,约占世界人口的60%),也是地理面积最大的大陆,占地球陆地面积的30%。[②] 现代亚洲由19世纪欧洲列强的大规模殖民统治开启,只有不丹、中国、日本、尼泊尔和泰国(暹罗)是独立的国家。

其中日本迅速崛起为世界强国,一定程度上得益于其采行专利制度[③],一度被亚洲人视为将亚洲从欧洲殖民者手中解放出来的希望。但是,因为日本同样采取侵略政策,这种希望很快就变为幻想。1895年,日本夺取中国台湾[④],又于1910年吞并韩国[⑤]。其于1931年入侵中国东北地区,并从1941年开始占领东南亚,直到1945年无条件投降。殖民和战争的历史对亚洲产生巨大的影响,甚

---

① 历史上,亚洲一直是地球上大部分人口的家园。根据联合国经济和社会事务部人口司的"60亿的世界人口",1750年世界人口估计为7.91亿,其中64%在亚洲。参见 https://www.populationof.net。

② 亚洲面积为44,579,000平方公里(地球陆地总面积为148,300,000平方公里),统计不包括澳大利亚和新西兰。

③ 根据1894年签订的《日英通商航海条约》,英国从1899年7月起放弃对日本的治外法权。1902年,日本与英国结盟,确立其国际强国的地位。更多关于日英同盟的信息,参见 Phillips O'Brien, *The Anglo-Japanese Alliance, 1902-1922*, London: Taylor & Francis, 2004, pp.1-304。

④ 1895年,中国战败,被迫与日本签订《马关条约》。根据《马关条约》第1条和第2条,中国失去对朝鲜的主权,台湾割让给日本。

⑤ 根据1905年的《日韩条约》,韩国成为日本的保护国,并根据1910年的《日韩合并条约》在法律上并入日本,参见 https://www.japantimes.co.jp/opinion/2010/08/29/editorials/the-annexation-of-korea/#.XT3PtPZuKXY。

至在今天也是如此。

(二)战后的紧张局势

二战后,共产主义在中国、朝鲜、越南、柬埔寨和老挝蔓延,亚洲无暇达成真诚的和解[①],因为要实现此目的,在东京特别法庭惩处战犯之外,需要长期努力。[②] 美国匆忙地与日本、韩国、中国台湾国民党当局和南越形成战线,以遏制共产主义。

中国自抗美援朝后,在 20 世纪 50—60 年代与苏联和印度发生了军事冲突,并在 1979 年与越南发生边境战争。[③] 越南也与柬埔寨发生过军事冲突。[④] 此外,在南亚,印度和巴基斯坦于 1947 年、1965 年、1971 年和 1999 年爆发过四场战争,小规模冲突还持续发生。如今,日本与韩国、俄罗斯、中国都存在领土争端,而中国与印度、日本、越南、菲律宾也存在类似的问题。更糟糕的是,朝鲜半岛局势持续恶化,国际社会高度关注。[⑤]

(三)融合程度最低的大陆

过去几个世纪的历史使亚洲陷入难以融合的境地,尽管安重根 1910 年在《东洋和平记》中曾倡议泛亚洲主义,结果表明,并没有真正的亚洲机构或亚洲一体化。以下两个所谓的“亚洲”机构覆盖面有限:由日本和美国主导的亚洲开

---

① See Donald Zagoria, “Commentary: Communism in Asia”, February 1965, https://www.commentarymagazine.com/articles/communism-in-asia.

② 根据 Motoko Rich 的研究 :“在美国和其他盟国,要求裕仁被起诉为战争罪犯的压力越来越大。麦克阿瑟有其他想法,决定放过裕仁,转而利用他。考虑到总统竞选,麦克阿瑟将天皇视为实现日本非军事化和将其重塑为民主国家的关键。”(Motoko Rich,“Survival of the Throne: Episode One-Japan Would Make Akihito Emperor, but She Called Him ‘Jimmy’”, April 29, 2019, https://www.nytimes.com/2019/04/29/world/asia/emperor-akihito.html)根据约翰·道尔的说法:“在麦克阿瑟总部的全力支持下,控方实际上是天皇的辩护团队。”(John W. Dower, *Embracing Defeat: Japan in the Wake of World War II*, New York: W.W. Norton & Company, 1999, p.326)“麦克阿瑟将裕仁从战犯的审判中解救出来的非常措施,对日本理解这场失败战争产生持久而深刻的扭曲影响。”(Herbert Bix, *Hirohito and the Making of Modern Japan*, New York: Harper Perennial: Harper Perennial, 2000, pp.583, 585)

③ 中苏珍宝岛事件(1969 年);1962 年中印边境自卫反击战;西沙海战(1974 年)和中越边境自卫还击战(1979 年)。

④ 柬埔寨—越南战争发生于 1975—1978 年。

⑤ See Yongho Kim,“North Korea's Threat Perception and Provocation Under Kim Jong-un: The Security Dilemma and the Obsession with Political Survival”, *North Korean Review*, vol. 9, no. 1 (2013), pp.6-19.

发银行[1]（简称“亚开行”，1966年成立），由中国主导的亚洲基础设施投资银行[2]（简称“亚投行”，2015年成立）[3]。于1967年成立的东南亚国家联盟（东盟）的10个成员[4]，与其说是正式的亚洲机构，不如称之为“软性的东南亚机构”，因为它遵循“基于离散、非正式、建立共识和非对抗性谈判风格的区域互动与合作过程”[5]。其他面向亚洲地区的区域性组织，如于1989年成立的亚太经济合作组织（APEC，目前共有21个成员）[6]、2018生效的《全面与进步跨太平洋伙伴关系协议》（CPTPP）[7]和2022年生效的《区域全面经济伙伴关系协议》（RCEP）[8]，都不具有“纯粹”的亚洲性，尽管它们的大多数成员来自亚洲。

毫无疑问的是，亚洲是所有大洲中融合程度最低的。换言之，不存在一个可供亚洲经济体之间友好解决分歧的亚洲机构。亚洲至今仍陷于克服历史仇恨和不信任的挣扎中。一个生动的事例为，2018年，韩国最高法院（韩国大法院）判决日本企业对二战期间的韩国被强征劳工进行赔偿，引发韩国和日本的

---

① 亚开行于1996年12月19日在马尼拉成立，有31个成员。截至2018年12月31日，日本和美国合计出资占15.571%，享有12.756%的投票权，是亚开行最具影响力的成员。参见ASB，“Annual Report 2018—Members，Capital Stock，and Voting Power”，December 31，2018，https://www.adb.org/documents/adb-annual-report-2018。

② 截至2021年6月7日，中国在亚投行总出资297.804亿美元，占30.7776%，并享有26.5668%的投票权，成为亚投行最具影响力的成员。参见https://www.aiib.org/en/about-aiib/governance/members-of-bank/index.html。

③ 2015年，有57个潜在创始成员的代表签署亚投行的协议条款。参见https://www.aiib.org/en/news-events/news/2015/20150629_001.html。

④ 东盟的10个成员包括文莱、柬埔寨、印度尼西亚、老挝、马来西亚、缅甸、菲律宾、新加坡、泰国和越南。

⑤ Amitav Acharya，*Constructing a Security Community in Southeast Asia：ASEAN and the Problem of Regional Order*，London，New York：Routledge，2009，p.64，cited in Sarah Eaton and Richard Stubbs，“Is ASEAN Powerful? Neo-realist versus constructivist approaches to power in Southeast Asia”，*The Pacific Review*，vol.19，no.2 (2016)，pp.135，138.

⑥ 关于APEC的介绍，参见www.apec.org/About-Us/About-APEC。

⑦ CPTPP是亚太经合组织11个成员之间的自由贸易协定（FTA）。参见https://www.mti.gov.sg/Trade/Free-Trade-Agreements/CPTPP。

⑧ RCEP建立在东盟成员和5个非东盟成员（澳大利亚、中国、日本、韩国和新西兰）的基础上。

贸易与安全争端。[①] 面对这种形势，亚洲各国人民应该共同努力，为促进地区合作与稳定探索路径。在此情况下，还有什么比知识产权更好的工具呢？为推进实现亚洲合作与稳定的目标，知识产权领域能够且需要发挥作用。如果平衡地推进亚洲经济体在知识产权领域的合作，政治敏感性低，不仅有利于未来的繁荣，也有利于亚洲的持久和平。

（四）亚洲众多的知识产权成功案例

1871年，日本制定专利法以促进国家发展。[②] 除日本外，亚洲引入知识产权法主要由外国强加，以保护欧洲在亚洲殖民地的利益，例如在印度[③]、新加坡[④]

---

① 2018年，韩国最高法院判令一些日本公司赔偿二战期间的韩国被强征劳工。2019年，韩国法院又分别于1月和3月批准对新日本制铁公司、住友金属、三菱重工的资产扣押。为表示抗议，日本对韩国科技产业生产半导体和智能手机屏幕所需的化学品和其他材料实施出口限制。2019年8月，日本和韩国先后将对方排除在各自的贸易白名单之外。中韩贸易争端的内容，参见 https://en.wikipedia.org/wiki/Japan%E2%80%93South_Korea_trade_dispute#cite_note-146；Terrence Roehrig, "The Rough State of Japan-South Korea Relation: Friction and Disputes in the Maritime Domain", *The National Bureau of Asian Research*, January 16, 2021, https://www.nbr.org/publication/the-rough-state-of-japan-south-korea-relations-friction-and-disputes-in-the-maritime-domain/。

② 1871年，日本尝试通过暂行的"专卖略规则"建立专利制度，此由19项条款构成的制度，授予每一项新发明垄断权，该规则摘要于次年暂停适用。参见 Paul Goldstein, Joseph Straus, *Intellectual Property in Asia: Law, Economics, History and Politics*, Berlin: Springer, 2009, p.132; Christopher Heath, "Intellectual Property Rights in Asia—An Overview", *The International Review of Industrial Property and Copyright Law* (*IIC*), vol.28, no.3 (1997), pp.303-309。

③ 1847年《印度著作权法》、1859年第15号《专利法》和1889年第4号《商品标记法》均由英国控制。当印度试图改革其著作权法时，第一次是在1876年，第二次是在1885年，尽管印度政府的提案是以英国起草(由约翰·马蒂斯勋爵)的法案为蓝本的，但印度被要求在英国进行著作权法改革之前不能采取行动。参见 Statement of Objects and Reasons: Indian Copyright Bill 1885, June 5, 1885, IOL, L/PJ/6/156, file 1137, p.1, Gov't of India to the Sec'y of State; Lionel Bently, "The 'Extraordinary Multiplicity' of Intellectual Property Laws in the British Colonies in the Nineteenth Century", *Theoretical Inquiries in Law*, vol.12, no.1 (2011), p.179。

④ 《1911年新加坡著作权法》由英国议会颁布。直到20世纪80年代后半期，新加坡还没有自己的知识产权制度。1992年以前，虽然商标可以在新加坡直接注册，但商标仍然受到英国1938年《商标法》的注册制度的保护。在2014年之前，新加坡的专利申请需要先在英国注册，然后在新加坡重新注册，不需要进行独立审查。参见 Christoph Antons, "Intellectual Property Law in Southeast Asia: Recent Legislative and Institutional Developments", *Journal of Information, Law and Technology*, vol.1, no.1 (2006), pp.1-11; Alisha Gill, Zsuzsanna Va'ri-Kova'cs and Ashish Lall, "Lee Kuan Yew School of Public Policy, The Development of Singapore's Intellectual Property Rights Regime", *Microsoft Case Studies Series on Information Technology, Public Policy and Society*, 2014, p.7; Ng Siew Kuan, "Intellectual Property Law in Singapore: A General Over-view", *Singapore Academy of Law Journal*, vol.4, no.1 (1992), pp.32-34。

和印度尼西亚[①]。在欧洲列强的压力下，中国在清朝末年开始起草著作权法和商标法。[②] 20世纪80年代后，在美国的贸易压力下，二战后大多数新独立的亚洲国家都采用美国版本的知识产权法律。[③] 20世纪60—70年代的日本[④]，1990

---

① 1844年，荷兰人在荷属东印度群岛(现为印度尼西亚的一部分)引入第一部知识产权法。参见Christoph Antons，"Indonesia"，in Christopher Health (ed.)，*Intellectual Property Law in Asia*，London：Kluwer Law International，2003，pp.391，395-396。

② 例如，1902年与英国签订的《续议通商行船条约》要求中国政府保护商标。因此，清政府于1904年颁布《商标注册试办章程》。

③ 美国通过《1974年贸易法》和《1988年综合贸易和竞争力法》确立"特别301"条款，授权美国贸易代表署(USTR)每年编写特别301报告，查明拒绝给予美国企业充分知识产权保护的国家。从20世纪80年代中期开始，美国尤其利用这份报告向各国施压，要求它们改善其知识产权。参见Christoph Antons，"Specialised intellectual property courts in Southeast Asia"，in Annette Kur，Stefan Luginbühl and Eskil Waage (eds.)，"*... und sie bewegt sich doch!*"— *Patent Law on the Move*，Cologne，Berlin，Munich：Carl Heymanns，2005，p.287。在1991年和1994年，美国对中国发起"特别301调查"，要求中国加强对知识产权的法律保护，包括加入《伯尔尼公约》，修改专利法和商标法，采取措施打击侵犯知识产权行为。参见United States General Accounting Office，Washington，D. C. 20548，U.S.，China Trade Implementation of Agreements on Market Access and Intellectual Property，https:// www.gao.gov/products/GGD-95-61；Peter Yu，"Intellectual Property，Economic Development，and the China Puzzle"，in Daniel J. Gervais (ed.)，*Intellectual Property，Trade and Development：Strategies to Optimize Economic Development in a TRIPS Plus Era*，Oxford：Oxford University Press，2007，p.173。1994年，在美国知识产权政策对话的压力下，日本政府修改《专利法》，包括将专利授予前的异议制度改为授予后的异议制度，扩大专利审查"快速通道"，使向外国专利局提交专利申请的申请人也能享受"快速通道"。参见Sadao Nagaoka，"Reform of Patent System in Japan and Challenges"，in National Research Council，etc.，*21st Century Innovation Systems for Japan and the United States：Lessons from a Decade of Change：Report of a Symposium*，Washington：National Academies Press，2009，p. 153；Christoph Antons，"Intellectual Property Law in ASEAN Countries：A Survey"，*European Intellectual Property Review*，vol.13，no.3 (1991)，p.78。

④ 日本曾于20世纪60—80年代取得创新成果，包括1967年卡西欧推出的可编程台式计算器AL-1000，1967年索尼公司推出便携式自带录像带模拟记录系统，1964年西泽发明的固态光纤等。到20世纪70年代，日本成功生产机床、计算机和液晶显示器(National Research Council，National Academy of Sciences Committee on Japan，*Maximizing U.S. Interests in Science and Technology Relations with Japan*，Washington：The National Academies Press，1997，pp.33-35)，并成为世界第三大工业国。日本技术出口与进口的比率从1971年的0.12上升到1983年的0.3(Factsanddetails.com，"Japan in the 1950s，60s and 70s under Yoshida，Ikeda，Sato and Tanaka"，http://factsanddetails.com/japan/cat16/sub110/item524.html)。

年的韩国和中国台湾地区①,2000年之后的中国香港和新加坡②以及2010年之后的中国③和印度④都是知识产权的成功案例。在工业化初期,知识产权法仅意味着自由模仿的成本和障碍。经历过挣扎并达到一定的经济发展水平后,这些经济体不遗余力地向全球价值链上游移动,努力实现本土技术进步和创新,并开始受益于知识产权法。⑤ 它们已经从侵权者和盗版者转变为知识产权的创造者和保护者。

---

① 自20世纪90年代初以来,韩国和中国台湾地区都提高自己的技术能力,并走向创新。韩国的技术获取模式从借鉴和学习外国资源转变为自主研发,中国台湾地区企业成为个人电脑、笔记本电脑和电路板的创新设计师。参见 Jenn-Hwan Wang, "From technological catch-up to innovation based economic growth: South Korea and Taiwan compared", *Journal of Development Studies*, vol.43, no.6 (2007), p.1084; Sungchul Chung, "Excelsior: The Korean Innovation Story", *Science and Technology*, vol.24, no.1 (2007), https://issues.org/chung; Sungchul Chung, "Innovation, Competitiveness and Growth: Korean Experiences", in Justin Yifu Lin, Boris Pleskovic (eds.), *Annual World Bank Conference on Development Economics-Global* 2010: *Lessons from East Asia and the Global Financial Crisis*, Lanham: Bernan Distribution, 2011, p. 333; Haider Khan, "Technology and economic development: The case of Taiwan", *Journal of Contemporary China*, vol.13, no.40 (2004), pp.507-521。

② 中国香港的相关资料,参见 Henry Cheung, "Innovation and Technology Industry in Hong Kong", https://research.hktdc.com/en/article/MzEzOTIwMDI? ref_source=hkservices。关于新加坡在2000年后成功转型为发达经济体的情况,请参阅本书第十章"新加坡凭借知识产权攀登全球价值链"。

③ 改革开放后,1982年中国已成为世界上最大的制造业经济体和商品出口国。参见 Bruce McKern, "Made in China: Three ways Chinese business has evolved from imitation to innovation", October 27, 2016, http://theconversation.com/made-in-china-three-ways-chinese-business-has-evolved-from-imitation-to-innovation-67236; Yanfei Li, "Understanding China's Technological Rise", August 3, 2018, https://thediplomat.com/2018/08/understanding-chinas-technologica l-rise; WIPO, "Global Innovation Index 2018: China Cracks Top 20. Top Rankings: Switzerland, Netherlands, Sweden, UK, Singapore, U.S.", July 10, 2018, https://www.wipo.int/pressroom/en/articles/2018/article_0005.html。

④ 凭借低廉的劳动力成本、政策支持和英语水平等优势,2000年后印度在服务出口行业、商业软件等方面同样取得经济上的成功。参见 Kung-Chung Liu, Uday Racherla (eds.), *Innovation, Economic Development, and Intellectual Property in India and China—Comparing Six Economic Sectors*, Singapore: Springer, 2019, pp.1-514。印度目前正在制药信息技术等领域进行创新。参见 Science and Technology Development in India, https://www.nasscom.in/knowledge-center/publications/tech-start-ups-india-bright-future; Rishikesha T. Krishnan, Shameen Prashantham, "Innovation in and from India: The who, where, what, and when", *Global Strategy Journal*, vol.9, no.3 (2018) pp.357; R. Basant, S. Srinivasan, "Intellectual Property Protection in India and Implications for Health Innovation: Emerging perspectives", *Innovation and Entrepreneurship in Health*, vol.3 (2016), p.57。

⑤ 大卫-卢埃林(David Llewelyn)曾在其书中对亚洲知识产权的成功案例进行过令人信服的阐述。参见 David Llewelyn, *Invisible Gold in Asia-Creating Wealth Through Intellectual Property*, Singapore: Marshall Cavendish Business, 2010, pp.1-319。

在演绎知识产权成功事迹的同时，亚洲在过去40年已成为出口、区域内贸易甚至创新方面的世界工厂和增长引擎。[①] 受益于人口方面的部分助力，亚洲现在也是全球最大市场的所在地。[②] 在基础设施和教育的支持下，曾经阻碍亚洲现代化的庞大人口已经变成动力，因为庞大人口意味着更多的劳动力、更大的消费、快速的经济增长以及巨大的人与物网络。亚洲也已经为未来做好准备，毕竟其拥有最多的网民和快速增长的智能手机渗透率[③]，这将创造大量大数据，以推动人工智能的发展。[④] 然而，普遍缺乏有效的民主和较弱的法治对亚洲的知识产权体制有深远的影响。

二、亚洲主要法域知识产权格局的一些结构特征

知识产权已经成为亚洲主要经济体讨论的焦点，讽刺的是，这要归功于美国的压力。本节聚焦于亚洲主要法域知识产权格局的一些结构特点，而正是这些特点影响着亚洲的知识产权法律发展。

（一）作为普遍现象的国家知识产权战略

在日本的引领下[⑤]，亚洲主要经济体采取国家知识产权战略，以促进对知识产权重要性的认识及其商业化。例如，中国于2008年通过《国家知识产权战略纲要》，该战略持续至2020年，后为2021年9月发布的《知识产权强国建设纲要（2021—2035年）》所承接。紧随中国台湾地区2012年的《智财战略纲领》[⑥]，

---

① 这并不令人惊讶，因为亚洲是印度、中国和佛教文明（以及一些基础创新，如造纸术、印刷术和火药）的发源地。参见 Masakazu Yamazaki, "Asia, a Civilization in the Making", *Foreign Affairs*, vol.75, no.4 (1996), p.106。

② 与中国、日本、韩国等东亚地区严峻的老龄化问题形成鲜明对比的是，2015—2019年，印度的中位年龄为29.5—30.5岁。参见"Population Data Online", https://www.populationof.net/india。

③ 截至2019年6月30日，亚洲网民总数为2,200,658,148人，占全球网民总数的49.8%。参见 https://internetworldstats.com/stats.htm。

④ 李开复认为，在这个人工智能实施的时代，数据是关键，石油成就了沙特，而中国是"数据时代的沙特阿拉伯"。参见 Kai-Fu Lee, *AI Superpowers-China, Silicon Valley and the New World Order*, Boston: Houghton Mifflin Harcourt, 2018, pp.14-55。

⑤ 参见日本知识产权战略总部：《知识产权战略推进计划》，https://japan.kantei.go.jp/policy/titeki/kettei/030708f_e.html。2002年，日本政府成立知识产权战略委员会，公布知识产权政策纲要和年度知识产权战略计划，参见日本专利局：《国家知识产权创新战略——日本的经验》，https://www.wipo.int/edocs/mdocs/aspac/en/wipo_reg_ip_sin_14/wipo_reg_ip_sin_14_t3_a.pdf。

⑥ 台湾地区《智财战略纲领》，可查阅 https://www.moea.gov.tw/MNS/doit/content/Content.aspx?menu_id=13453。

韩国已经启动两项国家知识产权总体规划[①](分别为2012—2016年和2017—2021年),新加坡于2013年发布《知识产权枢纽总体规划》(2017年更新)和《2030年新加坡知识产权战略》(2021年发布)[②]。柬埔寨《国家知识产权战略(2013—2023年)》涉及六个关键领域和37项倡议。[③] 印度于2016年推出国家知识产权政策[④];泰国政府于2009年成立国家知识产权政策委员会,并于2017年发布《知识产权20年路线图》[⑤]。2002年,日本颁布《知识产权基本法》,将国家知识产权战略制度化[⑥],韩国随后颁布《韩国知识产权框架法》[⑦]。据称,中国也有意跟进,但目前尚未付诸行动。[⑧]

这些国家和地区知识产权战略大多是自上而下推动。日本《知识产权基本法》第24条规定:"为有重点、有系统地促进知识产权创造、保护和利用的措施,知识产权战略总部应设于内阁。"总部由总干事领导,而总干事由首相本人担任。[⑨]

(二)由知识产权技术专家起草的成文法驱动

我们可以从上述自上而下推动的国家知识产权战略得出一个合理的结论,

---

① 参见韩国总统知识产权委员会:《国家知识产权第一个总体计划(2012—2016年)》《国家知识产权第二个总体计划(2017—2021年)》,可查阅 http://www.ipkorea.go.kr/frontEn/strategic_plan/strategic_plan.do。

② Charting Our Future with IP Over the Next Decade—Singapore IP Strategy 2030, https://www.ipos.gov.sg/media-resources/media/events/singapore-ip-strategy-2030.

③ *Cambodian Framework of the Draft National IP Strategy*, https://www.moc.gov.kh/tradeswap/userfiles/file/uploadedfiles/Job/9.IPStrategy-DetailsObjectives-Initiatives-Final5_21_2013_1_50_54.pdf.

④ 参见印度商业和工业部:《2016年国家知识产权政策》,https://dipp.gov.in/policies-rules-and-acts/policies/nationa l-ipr-policy。

⑤ IBP Inc., *Thailand: Doing Business and Investing in Thailand Guide Volume 1—Strategic, Practical Information and Contacts*, Int'l Business Publications, 2015, p.61. "Intellectual Property Roadmap for Thailand", December 22, 2016, https://thaila nd.prd.go.th/ewt_news.php?nid=4480&filename=index; Daniel Greif, "Dhanasun Chumchuay, Thailand: 20-Year IP Roadmap Published", April 28, 2017, https://www.managingip.com/Article/3714893/Thailand-20-year-IP-Roadmap-published.html?ArticleId=3714893.

⑥ 参见日本《知识产权基本法》(2002年第122号法案),https://www.cas.go.jp/jp/seisaku/hourei/data/ipba.pdf。

⑦ 参见韩国《知识产权框架法》,http://www.ipkorea.go.kr/frontEn/ip_Framework/ip_framework.do。

⑧ 据《知识产权日报》(IPR Daily)2019年6月4日的报道,中国知识产权基本法草案已提交。参见 http://www.iprdaily.cn/news_21874.html。

⑨ 参见日本《知识产权基本法》第27条。

即亚洲知识产权法律的发展是由供职于贸易部、工业部以及知识产权局的知识产权技术专家推动的，新加坡和中国香港等普通法法域也不例外。[①] 这可能是缺乏活跃和有效运作的民主的结果。然而，知识产权技术专家在纯市场驱动型经济中不断受到特殊利益集团和游说团体的压力，在非市场经济体内不断受到意识形态的压力。此种现象的缺点显而易见。其结果是，不同的知识产权专门法对同一议题的回应并不一致，如权利用尽、合理使用和强制许可。而优化知识产权体制以适应不同发展需要下的公众利益经常受到损害，甚至被舍弃以与其他国际贸易或政治考虑相折中。知识产权高于其他所有权利，有时甚至高于基本人权和消费者保护。

（三）专门的知识产权法官、分庭或法院

毫不夸张地说，亚洲拥有世界上最多的知识产权专业法官和法院。1950年，东京高等法院设立一个特别部门，以管辖侵犯专利权和对日本专利局（JPO）决定提起上诉的案件，2005年更名为“知识产权高等法院”。[②] 对于涉及技术类知识产权（专利、实用新型、计算机程序等）的一审侵权案件，东京和大阪地方法院享有专属管辖权。泰国于1996年设立中央知识产权和国际贸易法院。[③] 韩国于1998年设立专利法院[④]，并于2018年在专利法院和五个指定的地方法院（首尔中央地方法院、大田法院、大邱法院、釜山法院和光州法院）设立国际庭，处理知识产权纠纷（专利、实用新型、外观设计、商标和植物品种案件），允许当事各方用一致同意的外语提出证据和论点。法院会先用韩文作出裁决，然后将

---

① Christopher Heath，“Intellectual Property Rights in Asia—An Overview”，*The International Review of Industrial Property and Copyright Law* (*IIC*)，vol.28，no.3(1997)，p.305.

② 1950年11月，东京高等法院成立第五特别法庭审理JPO决定和地区法院关于知识产权裁决方面的上诉案件。随后，东京高等法院的四个民事法庭被指定专门处理知识产权案件，而不是将所有的知识产权案件专门分配给第五特别法庭。2004年，这四个专业民事法庭被命名为“知识产权专庭”（第1—4分部）。有关知识产权高等法院的历史，可查阅 http://www.ip.courts.go.jp/eng/aboutus/history/index.html。

③ 1996年，泰国通过《知识产权和国际贸易法院设立及诉讼程序法》，设立中央知识产权和国际贸易法院，对商标、著作权、专利等知识产权事项以及集成电路布局设计、商品名称、地理标志、商业秘密、植物品种等事项具有专属管辖权限。法院可审理民事和刑事案件。参见 Vichai Ariyanuntaka，“TRIPS and the Specialised Intellectual Property Court in Thailand”，*International Review of Intellectual Property and Competition Law*，vol. 30，no. 4 (1999)，pp. 360-376；Christoph Antons，“Specialised Intellectual Property Courts in Southeast Asia”，in Annette Kur，Stefan Luginbühl and Eskil Waage (eds.)，“*... und sie bewegt sich doch!*”— *Patent Law on the Move*，Cologne，Berlin，Munich：Carl Heymanns，2005，p.287。

④ 韩国专利法院根据《法院组织法》第3条第1款于1998年3月1日成立。自2016年1月起，专利法院除审理专利有效性案件外，对所有与知识产权有关的民事诉讼具有排他上诉管辖权。参见 https://patent.scourt.go.kr/patent_new/index_e.work。

其翻译成该外语。[①] 印度尼西亚于 2000 年授权其商业法庭审理与知识产权有关的民事案件。[②] 菲律宾于 2003 年成立特别商业法庭。[③]

2007 年，马来西亚指定六个高等法院审理知识产权民事案件，以及针对 15 个仅审理知识产权刑事案件的中级法院(Sessions Courts)判决所提起的刑事上诉。[④] 中国台湾地区于 2008 年成立独立的知识产权法院(2021 年 7 月更名为“智慧财产及商业法院”)，统一审理知识产权民事、刑事和行政案件(所谓的“三审合一”)。它是民事和行政案件的初审法院，也是民事和刑事案件的二审法院(“二合一”)。[⑤] 新加坡于 2015 年成立新加坡国际商事法院(SICC)，其 16 名国际法官中包括来自英国的知识产权专家西蒙·托利(Simon Thorley)，任期三年。[⑥]

印度 2015 年《商事法院法》允许邦政府指定地区级商事法院和商事上诉法院审理标的超过一定数额的知识产权纠纷。[⑦] 2014 年，中国在北京、上海和广州设立三个中级知识产权法院。[⑧] 同时，为进一步加强对知识产权的保护，最高人民法院于 2019 年成立知识产权法庭，专门处理对高级法院和中级法院(包括

---

① Kim & Chang Intellectual Property,“New‘International Panel’to Be Established in the Korean Courts”,2018. https://www.kimchang.com/newsletter/ 2018newsletter/ip/eng/html/newsletter_ip_en_winter2018_article04.html.

② 但是，刑事案件仍在一般法院的管辖范围内。因此，《植物品种法》(2000 年第 29 号法律)和《商业秘密法》(2000 年第 30 号法律)所规定的情形都属于一般地区第一审法院的民事管辖范围。参见 Christoph Antons, “Specialised intellectual property courts in Southeast Asia”, in Annette Kur, Stefan Luginbühl and Eskil Waage (eds.), “*... und sie bewegt sich doch!*”— *Patent Law on the Move*, Cologne, Berlin, Munich: Carl Heymanns,2005, p.287。

③ 菲律宾最高法院在其《知识产权法院与商事法院合并决议》中(Re: Consolidation of Intellectual Property Courts with Commercial Courts Resolution, Cm A.M. NO. 03-03-03-SC, 2003)明确要求，除民事案件已进入审前阶段或刑事案件被告人中有人被提审的案件外，所有知识产权案件均应移送至指定的特别商事法院。

④ 有刑事管辖权的 15 个中级法院(Sessions Courts)，每个州均有一个，包括行政及司法首都布特拉贾亚(宪法规定的首都及国会仍在吉隆坡)。然而，根据 1983 年专利法，中级法院对侵犯专利权或专利权无效事项没有管辖权，只有在吉隆坡、雪兰莪、柔佛、霹雳、沙巴和沙捞越的六个高等法院具有民事和上诉管辖权。这些高等法院对所有知识产权事项拥有管辖权，而不限于专利。参见 OECD, *Boosting Malaysia's National Intellectual Property System for Innovation*, Paris: OECD Publishing, 2015, p.84。

⑤ 对中国台湾地区智慧财产及商业法院的介绍，可查阅 https://ipc.judicial.gov.tw/ en/np-669-092.html。

⑥ 有关新加坡国际商事法院(SICC)的介绍，参见 https://www.sicc.gov.sg/about-the-sicc。

⑦ The Indian Commercial Courts Act [2015] s 2 (1)(c) (xvii), s 2(1) Explanation (i).

⑧ 参见《最高人民法院关于北京、上海、广州知识产权法院案件管辖的规定》，http://www.lawinfochina.com/display.aspx? id=18117&lib=law。

三个知识产权法院)所作出的专利、反垄断和技术秘密类不正当竞争等案件判决的上诉。[①] 最高人民法院知识产权法庭成立两年后，共收到5,121起案件，判决4,220起案件(其中约有40名法官参与)。[②]

三、亚洲知识产权的发展特色

显而易见的是，亚洲知识产权的发展至少有以下四个明显特色。

(一)对侵犯著作权行为全面定罪

尽管《与贸易有关的知识产权协议》(Agreement on Trade Related Aspects of Intellectual Property Rights, TRIPS，以下简称“TRIPS协议”)第61条只要求成员对蓄意伪造商标或具有商业规模的盗版行为实施刑事处罚，但亚洲显然存在对侵犯著作权行为过度适用刑罚的问题。[③] 例如在中国台湾地区，侵犯著作权，无论是否牟利，可能导致长达三年监禁[④]，而预备故意杀人只判处两年监禁[⑤]。平均而言，台湾地区侵犯著作权的刑事案件超过民事案件300%。[⑥] 日本也是如此，并对侵犯著作权的行为处以更严厉的惩罚：最高十年监禁，最高1000万日元罚款，或双罚并举。[⑦] 新加坡自1965年独立以来一直将监禁作为阻止侵犯著作权的手段。[⑧] 为履行其在2003年《美国—新加坡自由贸易协议》中的义

---

① 参见《最高人民法院关于知识产权法庭若干问题的规定》(2018年12月28日)。

② 参见《最高人民法院知识产权法庭两年受理案件5121件　结案率82%》，http://legal.people.com.cn/n1/2021/0226/c42510-32037769.html。

③ TRIPS协议第61条规定：“成员应规定刑事诉讼程序和处罚，至少在具有商业规模的故意假冒商标或侵犯著作权的案件中……各成员可就侵犯知识产权的其他案件，特别是蓄意并具有商业规模的案件，规定适用的刑事程序和处罚。”

④ 参见台湾地区所谓“著作权法”第91条。

⑤ 参见台湾地区所谓“刑法”第271条：(普通杀人罪)杀人者，处死刑、无期徒刑或十年以上有期徒刑。前项之未遂犯罚之。预备犯第1项之罪者，处二年以下有期徒刑。

⑥ 参见刘孔中、谢铭洋、冯震宇：《著作权判决实证研究——从智财法院成立后三年相关判决出发》，(台湾)《月旦法学》2012年第203期，第47—62页。

⑦ 日本《著作权法》第119条第1款：侵犯著作权、著作权或邻接权者(第30条第1款所述个人为私人使用而复制作品或表演等的权利除外)，处十年以下有期徒刑、1000万日元以下罚款，或双罚并举。

⑧ Ng-Loy Wee Loon, “The Criminal Offense of Wilful Copyright Infringement Where the Extent is Significant or Where a Commercial Advantage is Obtained”, in Kung-Chung Liu (ed.), *Annotated Leading Copyright Cases in Major Asian Jurisdictions*, Hong Kong: City University of Hong Kong Press, 2019, p.159.

务，新加坡在2004年的《著作权法(修订)》中增加第136条第3A款[①]，2021年该法案的部分内容被第445条和第447条取代，更严厉的处罚不再要求侵权的程度重大：个人故意侵犯商业利益，将被处以不超过100,000新加坡元的罚款或不超过五年的监禁，或双罚并举。

马来西亚对侵犯著作权行为的刑事处罚，50多年来是其著作权制度的标准组成部分。[②] 马来西亚将持有哪怕一件非供私人和家庭使用的侵权复制品都规定为犯罪，当然持有人可提供证据以证明其对持有著作权侵权材料并不知情。[③] 在印度，一些邦扩充其法律，将为遏制暴力犯罪允许不经审判的预防性拘留的《古达法》(Goonda Act)[④]适用于电影盗版者。2005年，泰米尔纳德邦警方羁押一名商业电影盗版商，马德拉斯高等法院的萨塔西瓦姆(Palanisamy Sathasivam)法官裁决维持这种羁押的使用，他后来成为印度首席大法官(2013—2014年)。[⑤]

此外，就"点对点"(P2P)文件共享的刑事制裁已在亚洲蔓延。韩国音乐网站Soribada的运营商提供P2P文件共享服务，允许用户未经授权复制，其因协助和教唆用户侵犯著作权而被追究刑事责任。2007年，韩国最高法院(韩国大法院)判决，通过P2P文件共享协议下载MP3文件构成《著作权法》在有形载体

---

① 新加坡2004年《著作权法(修订)》第136条第3A款规定："对享有著作权的作品，(a)任何人做出任何构成侵犯著作权的行为(除第1、2、3或6款所述的行为外)；(b)侵犯该作品的著作权出于故意；以及(c)以下任一项或两项适用：(i)侵权程度重大；(ii)该人做出该作为以获取商业利益，即属犯罪，可处罚款不超过20,000新加坡元或监禁不超过6个月或两者兼有，如属第二次或其后的罪行，可处罚金不超过50,000新加坡元或监禁不超过3年或两者兼而有之。"参见Cheng Lim Saw, "The Case for Criminalising Primary Infringements of Copyright-Perspectives from Singapore", *International Journal of Law and Information Technology*, vol.18, no.109 (2010), pp.95-126。第136条第3A款是"立法机关发出的强烈信号，表明国家不容忍此类形式的活动，并对一旦有机会很容易受到诱惑而上传或下载的潜在侵权者构成切实的威慑"。

② 1969年马来西亚《著作权法》最先在第15条规定刑事执法措施，将销售、发行和持有侵权复制品等传统犯罪行为定为刑事犯罪。参见Ainee Adam, "The Crime of Possessing Infringing Copies Not for Private and Domestic Use in Malaysia", in Kung-Chung Liu (ed.), *Annotated Leading Copyright Cases in Major Asian Jurisdictions*, Hong Kong: City University of Hong Kong Press, 2019, p.172。

③ 马来西亚《著作权法》第41条第1款第d项规定："任何人在作品著作权存续期间……持有任何侵犯著作权的复制品，而不是供其私人和家庭使用的，除非他能够证明是出于善意的并且没有合理理由认为……著作权会或可能会因此受到侵犯，否则应构成犯罪。"第41条第2款澄清什么是"私人和家庭使用"："除非相反证明成立，否则持有、保管或控制同一形式的作品或记录的三份或三份以上侵权复制品应被推定为拥有……此类复制品，但私人和家庭用途除外。"

④ Arpan Banerjee, "Preventive Detention and Criminal Copyright Enforcement in India", in Kung-Chung Liu (ed.), *Annotated Leading Copyright Cases in Major Asian Jurisdictions*, Hong Kong: City University of Hong Kong Press, 2019, pp.184, 185.

⑤ Madras High Court, Siva v. Commissioner, Indlaw MAD 199 (24 June 2005).

上的固定和复制。[①] 日本京都地方法院在 2006 年的一个案件中认定，在互联网上提供 P2P 文件共享软件的被告是侵犯著作权的从犯。然而，大阪高等法院和日本最高法院推翻了该判决，认定被告无罪。日本最高法院认为，只有当提供软件被用于侵犯著作权的可能性很高，并且提供者意识到并接受这种可能性时，提供软件者才构成从犯。[②]

然而，刑事制裁应该仅适用于从一开始就可以明确识别的犯罪。著作权领域并没有公告机制，何为合法使用和何为侵权之间的界限往往并不清楚。只有故意和盲从抄袭他人作品并为商业利益盗版（公然盗版）的行为，才应受到刑事处罚。此外，刑罚被过度使用容易将共同（间接）侵权、共同侵权的民事问题与协助教唆、共犯构成的刑法问题混淆。刑法对协助、教唆和共犯的认定有时甚至取代民法对共同（间接）侵权的讨论。

一些仍然有效但已过时的刑罚规定提醒我们，与著作权相关的刑事处罚何其泛滥。它们与已被云端流媒体传输取代的光盘制造有关，该等规定的入法源于美国的压力。未经主管当局许可或登记，或违反该许可或登记的条款制造光盘；未经许可或违反许可条款出口光盘，或进口/出口生产零件、原材料或机器；伪造许可证文件；在许可或登记场所以外的地方制造/生产光盘；不使用法律指定的标识符，在新加坡[③]、泰国[④]、马来西亚[⑤]以及中国台湾和香港地区[⑥]可能会受到刑事处罚。

---

① 参见韩国大法院 2005do872 决定（2007 年 12 月 14 日）。因没有该决定的英文版本，该信息转引自 Sang Jo Jong，"Criminal Sanctions Against P2P File Sharing Service in Korea"，in Kung-Chung Liu (ed.)，*Annotated Leading Copyright Cases in Major Asian Jurisdictions*，Hong Kong：City University of Hong Kong Press，2019，pp.198-211。

② 日本最高法院，Third Petty Bench，2009(A) 1900 (19 December 2011)，Keishu Vol.65，no.9 at 1380。相关分析，请参阅 Takeshi Maeda，"Requirements for Criminal Accessoryship Liability for Copyright Infringement through Release of a File-sharing Software Program in Japan"，in Kung-Chung Liu (ed.)，*Annotated Leading Copyright Cases in Major Asian Jurisdictions*，Hong Kong：City University of Hong Kong Press，2019，pp.212-226。

③ 在新加坡，根据《2004 年光碟制造法》（2005 年修订）第 22 条的规定，违反该法案可处以不超过 20 万新加坡元的罚款或不超过两年的监禁，或两者兼而有之。

④ 在泰国，根据《光碟制造法》（B.E. 2548）第 29 条的规定，任何违法行为都可能导致最高 5 年的监禁或罚款。

⑤ 在马来西亚，任何违反规定的行为都可能导致最高 3 年的监禁或罚款；根据 2000 年马来西亚《光碟法》第 26 条的规定，重复犯罪的监禁可增加到 6 年。

⑥ 根据台湾地区"光碟管理条例"第 4 条、第 6 条、第 8 条、第 9 条、第 11 条、第 12 条、第 13 条、第 15 条、第 16 条之规定，如有违反，可处 3 年以下有期徒刑及新台币 600 万元以下罚金。根据香港地区"著作权条例"第 528 章第35(6A) (6B)、118 及 119 条，"防止盗用著作权条例"第 544 章第 21 条的规定，违规者可被处以最高 4 年的监禁和罚款。参见 Christopher Heath，Kung-Chung Liu (ed.)，*The Protection of Well-Known Marks in Asia*，Hague：Kluwer Law International，2000，pp.1-227。

(二)注册商标的数量激增

亚洲的商标格局已发生翻天覆地的变化,至少从笔者在 2000 年编写《亚洲驰名商标的保护》(*The Protection of Well-Known Marks in Asia*)一书以来如此。[①] 当时谁能想到,截至 2021 年年底,中国的年度商标申请量已达到惊人的 570 万件(比 2016 年增长 55.7%),占全球申请量的 62.5%[②],有效注册商标达到 3,734 万件呢?

在中国澳门[③]和新加坡也可以观察到这一数字的爆炸性增长——两地每百万人的商标数量甚至高于中国内地。[④] 印度也出现类似的热潮,商标注册从 2013 年的 67,796 件上升至 2017 年的 300,913 件,数量猛增近四倍。[⑤] 在其他主要亚洲经济体如日本[⑥]和马来西亚[⑦],可以观察到对商标的兴趣不断增长,仅韩国在 2016—2018 年的注册商标数量略有下降。[⑧]

值得探讨的是,商标申请是否会出现拥堵,甚至无商标可申请的问题?应如何平衡那些永远不会投入商业使用的商标在申请、审查、公布、异议和宣告无

---

① Christopher Heath, Kung-Chung Liu (ed.), *The Protection of Well-Known Marks in Asia*, Hague: Kluwer Law International, 2000, pp.1-227.

② 根据世界知识产权组织发布的《世界知识产权指标:中国专利、商标、工业设计申请量创新纪录》,2017 年全球共有 911 万件商标申请,可查阅 https://www.wipo.int/pressroom/en/articles/2018/article_0012.html。

③ 在澳门地区,2013 年商标申请总数达到 10,000 件,这个数字一直在上升,2013 年 10,084 件,2014 年 12,287 件,2015 年 13,140 件,2016 年 11,507 件,2017 年 13,135 件,2018 年 16,474 件。参见 https://www.economia.gov.mo/en_US/web/public/pg_ip_sd。

④ 在新加坡,2015 年有 50,218 件注册商标(9,224 件属于新加坡人,40,994 件属于外国人),2016 年有 53,000 件(10,432 件属于新加坡人,42,568 件属于外国人),2017 年有 37,030 件(8,595 件属于新加坡人,28,435 件属于外国人)。参见 https://www.ipos.gov.sg/who-we-are/statistics。

⑤ 在印度,注册商标数量增长如下:2013 年 67,796 件;2014 年 41,583 件;2015 年 65,045 件;2016 年 250,070 件;2017 年 300,913 件。参见印度知识产权局年度报告,http://www.ipindia.nic.in/annual-reports-ipo.htm。

⑥ 2014—2018 年,日本的年注册商标数已突破 10 万:2014 年 99,896 件;2015 年 98,085 件;2016 年 105,207 件;2017 年 111,180 件;2018 年 116,547 件。参见 https://www.jpo.go.jp/e/resources/statistics/syutugan_toukei_sokuho/index.html。

⑦ 2013—2018 年,马来西亚注册商标数量:2013 年 26979 件;2014 年 27428 件;2015 年 28800 件;2016 年 32,806 件;2017 年 33,225 件;2018 年 34,566 件。参见 http://www.myipo.gov.my/en/statistic-application-registration/#toggle-id-2。

⑧ 韩国的商标申请数量一直在增长:2013 年 147,667 件;2014 年 150,226 件;2015 年 185,443 件;2016 年 170,347 件;2017 年 168,556 件;2018 年 185,968 件。然而,2017 年、2018 年注册商标数量略有下降:2013 年 10,093 件;2014 年 99,791 件;2015 年 114,746 件;2016 年 119,255 件;2017 年 116,704 件;2018 年 115,025 件。参见 https://www.kipo.go.kr/en/HtmlApp? c=60114&catmenu=ek07_01_01_15。

效过程中所产生的社会浪费？商标会成为亚洲后进者的地雷或壁垒吗？

(三)知识产权的行使享有竞争法的法定豁免

无论是二战后不久(日本于1947年通过《关于禁止私人垄断和保护公平贸易法》),还是20世纪90年代,亚洲主要经济体的竞争法都明确规定,知识产权的行使免受竞争法的审查(欧盟和美国缺乏这样明确的法律规定)。日本《关于禁止私人垄断和保护公平贸易法》第21条率先提供无条件豁免:“本法的条款不适用于著作权法、专利法、实用新型法、设计法或商标法所认定的行使权利的行为。”韩国完全比照此原则。[①] 另外,中国台湾地区[②]和印度[③]提供模糊的、有条件豁免。

鉴于知识产权法是广泛的竞争法的一部分,只有在与竞争法兼容的情况下才允许行使知识产权。日本和韩国反垄断法的“无条件”豁免(至少名义上)在实践中显然没有得到遵守。另外,中国台湾地区和印度重申不言自明的法律立场,对知识产权行使模糊的有条件豁免,只能导致误解和混淆。建议四个法域都删除各自的规定,并效仿亚洲反垄断法的后进者(中国),因为它实现了最合理的平衡:如果滥用知识产权以消除或限制市场竞争,则没有豁免。

中国2022年的《反垄断法》第68条对有条件豁免的界定较为明确:“经营者依照有关知识产权的法律、行政法规规定行使知识产权的行为,不适用本法;但是,经营者滥用知识产权,排除、限制竞争的行为,适用本法。”经过多年筹备,国务院反垄断委员会于2019年1月发布《关于知识产权领域的反垄断指南》。

(四)标准必要专利FRAND许可的亚洲标准

标准必要专利(Standard Essential Patent, SEP)的公平、合理和非歧视性许可(Fair, Reasonable, and Non-Discriminatory, FRAND)问题是行使知识产权的一种类型,对亚洲经济体尤其重要。因为它们是标准接受者和SEP实施者,而不是标准制定者。迄今为止,在日本、韩国、中国、印度等亚洲主要国家和地区,有关SEP的FRAND许可的某些标准已经趋于一致,这些标准可以概括

---

① 韩国《规制垄断和公平交易法》第59条规定:“《专利法》《实用新型法》《设计法》或《商标法》所规定的权利之正当行使,不适用本法。”

② 台湾地区所谓“公平交易法”第45条规定:“依照‘著作权法’‘商标法’或‘专利法’行使权利之正当行为,不适用本法之规定。”

③ 印度《竞争法》(2002年)第3(5)节规定:本节中的任何规定均不得限制(i)任何人为保护其根据(a)《著作权法》;(b)《专利法》授予或可能授予的任何权利而限制任何侵权行为或必要情形下为保护其权利而施加合理条件;(c)《贸易与商品标记法》或《商标法》;(d)《商品地理标志(注册和保护)法》;(e)《外观设计法》;(f)《半导体集成电路布局设计法》。(强调符由笔者标明,下同)

为三个“不”和一个“是”。

第一个“不”是“不允许将非 SEP 与 SEP 捆绑”。韩国(高通二号案)、中国(国家发改委对高通的处罚决定)、日本公正交易委员会(JFTC)《关于知识产权利用的反垄断法指南》(2016 年最新修订)第 4(5)部分和中国台湾地区公平交易委员会(以下简称“公平会”)“对于技术授权协议案件之处理原则”(2016 年最新修订)第 6(3)部分均禁止“强制被授权人购买、接受或使用其不需要之专利或专门技术”。具体而言,这些法域规定,拥有市场支配地位的 SEP 持有者将 SEP 和非 SEP 的许可捆绑销售构成当然违法。

第二个“不”是“不允许在 SEP 到期后继续支付专利权使用费”。第一个“不”的自然结果是,一旦专利(无论是 SEP 还是非 SEP)到期,被许可人均不应继续支付专利许可费。韩国(高通一号案)、中国(国家发改委对高通的处罚决定)和中国台湾地区(飞利浦 CD-R 案)的竞争主管机构都采取这一立场。

此外,日本(高通案)、韩国(微软/诺基亚案、高通二号案)和中国(国家发改委对高通的处罚决定)的竞争主管部门已明确对免专利使用费的交叉许可表示第三个“不”。

一个“是”是韩国、中国(国家发改委诉高通)和中国台湾地区(飞利浦与 CD-R 案)的竞争主管部门要求 SEP 持有人与有意愿的被许可方谈判许可协议时应提供专利清单。[①]

四、亚洲知识产权法未来的重要议题

展望未来,在将知识产权法作为促进亚洲繁荣与和平的工具方面,还有一些重要问题有待解决。

(一)寻找加强亚洲合作的途径

迄今为止,亚洲的知识产权合作并不多。2009 年启动的东盟专利审查合作计划(ASEAN Patent Examination Cooperation, ASPEC)是东盟各成员知识产权局合办的第一个次区域项目(适用于除缅甸外的九个成员)。该计划旨在促进参与国之间共享检索和审查结果,以使申请人更快、更有效地获得专利。[②] 截

① 更多内容可参见 Kung-Chung Liu,“Introduction: As a Matter of Standard for Asia and Beyond?”, in Kung-Chung Liu, Reto Hilty (eds.), *SEPs, SSOs and FRAND-Asian and Global Perspectives on Fostering Innovation in Interconnectivity* ,New York: Routledge, 2019, pp.7-8。

② 更多内容可查阅 https://www.aseanip.org/Services/ASEAN-Patent-Examination-Co-operation-ASPEC/What-is-ASPEC。

至2023年1月，该计划成效有限，因为它未能吸引足够的申请量达到2015年设定的5%的目标。截至2021年4月，提交给ASPEC的申请只有804份。[①]

可能的原因如下：第一，ASPEC成员之间专利相互申请是有限的。[②] 第二，ASPEC成员专利制度和审查标准的差异使得来自某专利审查机构的信息对其他机构的参考价值有限。因此，协调专利可专利性的积极要件（新颖性、创造性和实用性）是区域专利合作的必要且关键的第一步。[③]

事实上，鉴于东盟的专利申请数量较少[④]，以及亚洲经济体之间的巨大技术差距，专利可能不是启动亚洲知识产权合作最合适的领域。相较之下，商标可能是值得尝试的领域，因为它们不需要在技术能力建设方面进行大笔投资，而且比著作权争议性更小（著作权涉及基本权利的许多方面，如获取信息的权利和表达自由）。此外，亚洲主要法域的商标申请激增，并未显示任何减退迹象。也许值得考虑缔结亚洲商标条约，设立亚洲商标局，允许一项申请进行多个商标的跨境注册。

（二）探索更公平或更有效的向创造者付费机制

一般而言，除日本、新加坡等少数经济体外，亚洲缺乏有效的著作权集体管理机制，以缩小著作权人与用户之间的交易鸿沟。这会使著作权体制降低流为“书本上的法律”（law on the books），并导致亚洲的“猖獗盗版”，从而引发前述刑事制裁的过度使用。亚洲主要经济体可以从普及应用的信息通信技术（ICT）、物联网（IoT）、智能手机找到解决的技术方案，以摆脱这种恶性循环。

享有著作权内容的移动支付触手可及，在线内容的价格因为交付快速而显

---

① See ASPEC Statistics at https://www.aseanip.org/Statistics/ASEAN-Patent-Examination-Cooperation-ASPEC-Statistics.

② See Reto Hilty, Roberto Romandini, "Developing a Common Patent System-Lessons to be Learnt from the European Experience", in E. Siew-Kuan Ng, G. W. Austin (eds.), *International Intellectual Property and the ASEAN Way. Pathways to Interoperability*, Cambridge: Cambridge University Press, 2017, pp.254, 286.

③ See Reto Hilty, Roberto Romandini, "Developing a Common Patent System-Lessons to be Learnt from the European Experience", in E. Siew-Kuan Ng, G. W. Austin (eds.), *International Intellectual Property and the ASEAN Way. Pathways to Interoperability*, Cambridge: Cambridge University Press, 2017, pp.254, 287.

④ 例如2015年专利申请数量：泰国1395件；新加坡6185件；印度尼西亚1178件；马来西亚2348件；菲律宾736件；越南682件。没有柬埔寨、文莱和老挝人民民主共和国的统计数据（实际上可能是零）。参见https://www.wipo.int/ipstats/en/statistics/country_profile#C。

著降低,因此可以抑制从事侵权行为的动机。[①] 特别是在中国,著作权内容不受限制的跨平台授权正在促进内容的最大化利用、市场竞争和收入增长。再加上中国要求网络用户实名制,作品的变现和对创作者实际再支付(分销)所需的基础设施几近完备。如果能够在亚洲及其他地区建立对创作者更公平有效的付费机制,著作权机制便更容易完成正当性论证、获得认可并得到进一步改善。

(三)评估知识产权或专利法官

截至 2023 年 1 月,尚未有对亚洲知识产权法官或专利法官(分庭或法院)现象的系统研究。它们的类型和优缺点是什么?它们与亚洲以外的专门知识产权法官或专利法官[如德国慕尼黑第一地区法院的三个专利诉讼庭和联邦专利法院、英国知识产权企业法院(Intellectual Property Enterprise Court)、欧洲专利局上诉委员会、瑞士专利法院和美国联邦巡回上诉法院]相比如何?知识产权专业知识应该如何与良好的常识相平衡?可以采用何种程序创新加快诉讼进程?这将对知识产权实体法律产生什么影响?专业的知识产权法官是暂时性或过渡性的安排,还是会一直存在下去?对于那些正在考虑引入专业的专利法官的国家来说,亚洲有什么经验教训?这些问题值得进一步仔细思考。

五、本章小结

总体而言,尽管遭遇技术挫折、贸易制裁和知识产权争端,但亚洲主要法域正走向全球知识产权价值链的上游。亚洲知识产权法律的重要性正在上升,需要更多的研究和调查。可以预见的是,亚洲知识产权制度的一些特点在不久的将来将会输出到世界其他地区。亚洲人民和经济体应该更加熟悉亚洲知识产权法律,并将其作为促进亚洲繁荣和维护亚洲和平的战略工具。在这方面,欧洲专利公约、欧洲专利局和欧洲知识产权局是值得亚洲学习的榜样。

---

① 在中国,每月支付约 14 元(2 美元左右)的订阅费,即可无限制地在线观看(如在优酷、腾讯视频)数千部电影、电视剧和综艺节目。参见 https://www.youku.com /and https://film.qq.com。

第二章　专利法与专利案件的特点

一、亚洲主要经济体的专利概况

亚洲经济体对“专利”的理解有差异，在下文中，专利的概念包括发明专利、实用(新型)专利和(工业)设计专利(外观设计专利)。①

本章收集并分析2016—2020年亚洲主要经济体本国(地区)申请人和专利权人、国(地区)外(或非居民)申请人和专利权人的专利申请量、专利授权数量、专利平均审查期(包括首次审查决定期和平均处理期)②的数据。③ 通过对该类数据的检视，中国、印度、日本、韩国、马来西亚、菲律宾、新加坡和泰国这几个经济体可以被分为两层。一级经济体是指在申请、授权(注册)专利数量和专利审查期方面表现较强的经济体，而二级经济体是指在该方面专利表现较弱的经济体。

(一)一级经济体

1.中国

(1)中国大陆专利法承认和保护三种专利，即发明专利、实用新型专利和外观设计专利。只有发明专利需要经过实质审查。2016—2020年中国大陆境内申请人、境外申请人申请、授权(注册)的专利总数分别见表2.1、表2.2，2016—2020年中国大陆发明专利平均首次审查申请决定期和审查授权期见表2.3，以下数据摘自中国国家知识产权局年报及IP5统计报告。

---

① 关于主要亚洲经济体如何处理专利池问题，以及应如何监管专利池问题的相关探讨，可参见刘孔中：《解构知识产权法及其与竞争法的冲突与调和》，中国法制出版社2015年版，第235—254页。

② 首次审查决定平均期和平均审查授权期是衡量专利局效率的指标，而专利局在接收专利申请方面存在竞争关系。每个专利局对这两个术语都有自己的定义，将在适当的时候予以解释。

③ 所有经济体的专利合作条约(Patent Cooperation Treaty，PCT)申请均未计算在内。“居民申请”是指其本国居民在该国提出的申请；“非居民”或“外国”申请是指外国申请人在该国提交的申请，不包括本国居民向外国专利局提起的申请。

表 2.1　2016—2020 年中国大陆境内申请人申请、授权(注册)的专利总数(件)

	申请				授权(注册)			
	发明	实用新型	外观设计	总计	发明	实用新型	外观设计	总计
2016	1,205,000	N/A	N/A	N/A	302,136	897,035	429,710	1,628,881
2017	1,245,709	1,679,807	620,817	3,536,333	326,970	967,416	426,442	1,720,828
2018	1393,815	2,063,860	689,097	4,146,772	345,959	1,471,759	517,693	2,335,411
2019	1,243,568	2,259,765	691,771	4,195,104	360,919	1,574,205	539,282	2,474,406
2020	1,344,817	2,918,874	752,339	5,016,030	440,691	2,368,651	711,559	3,520,901

表 2.2　2016—2020 年中国大陆境外申请人申请、授权(注册)的专利总数(件)

	申请				授权(注册)			
	发明	实用新型	外观设计	总计	发明	实用新型	外观设计	总计
2016	134,000	N/A	N/A	N/A	102,072	6,385	16,425	124,882
2017	135,885	7,786	17,841	161,512	93,174	5,878	16,554	115,606
2018	148,187	8,451	19,702	176,340	86,188	7,303	18,558	112,049
2019	157,093	8,425	19,846	185,364	91,885	8,069	17,247	117,210
2020	152,342	7,759	18,023	178,124	89,436	8,572	20,359	118,367

注:中国大陆 2016 年的专利申请总数为 3,465,000 件。然而,国家知识产权局 2016 年的年度报告对实用新型和外观设计专利并未区分本国申请和外国申请。该年度的实用新型专利申请量为 1,476,000 件,外观设计专利申请量为 650,000 件。

表 2.3　2016—2020 年中国大陆发明专利平均首次审查申请决定期和审查授权期

	平均首次审查申请决定期:从申请人提请审查后的实质性审查阶段到作出首次审查决定的平均时间(月)	审查授权期:发明专利申请被授权的平均花费时间,自申请进入实质审查阶段之日起至作出授予决定之日止(月)
2016①	16.9	22.0
2017②	14.4	22.0
2018③	15.4	22.5

① IP5 Statistics Report 2017 Edition, 68, https://www.cnipa.gov.cn/transfer/docs/2019-06/20190606084725354142.pdf。

② IP5 Statistics Report 2017 Edition, 68, https://www.cnipa.gov.cn/transfer/docs/2019-06/20190606084725354142.pdf。

③ IP5 Statistics Report 2019 Edition, 68, https://www.fiveipoffices.org/sites/default/files/attachments/844f5362-8589-46f6-a538-3a4ba1bd2f88/2019+IP5+Statistics+Report_chapter4_activities_rev2.pdf。

续表

	平均首次审查申请决定期：从申请人提请审查后的实质性审查阶段到作出首次审查决定的平均时间(月)	审查授权期：发明专利申请被授权的平均花费时间，自申请进入实质审查阶段之日起至作出授予决定之日止(月)
2019①	14.9	22.2
2020	N/A	N/A

资料来源：IP5 Statistics Report 2017 Edition；IP5 Statistics Report 2019 Edition。

统计数据显示，中国大陆是世界上申请和授权(或注册)专利数量最多的国家，专利审查期相当一致且可预测。来自中国大陆内的发明专利申请量和授权量均远超国外，体现出技术创新的本土力量。

(2)在中国台湾地区，专利法保护发明专利、实用新型专利和外观设计专利。发明专利和外观设计专利需要经过实质审查，而实用新型专利则不需要。2016—2020年中国台湾地区专利申请、授权(注册)总数见表2.4，2016—2020年中国台湾地区(地区内申请人)申请和授权(注册)专利总数见表2.5，2016—2020年中国台湾地区(地区外申请人)申请、授权(注册)专利总数见表2.6，2016—2020年中国台湾地区平均首次审查决定期和审查授权期见表2.7。

表2.4　2016—2020年中国台湾地区专利申请、授权(注册)总数(件)

	申请/授权(注册)总数	地区内申请/授权(注册)总数	其他国家申请/授权(注册)总数
2016	72,442/76,406	40,443/43,971	31,999/32,435
2017	73,791/71,877	40,835/40,132	32,956/31,745
2018	73,421/62,193	39,278/35,824	34,143/26,369
2019	74,652/57,886	39,604/33,065	35,048/24,821
2020	72,238/58,719	39,404/33,682	32,834/25,037

注：因中国台湾地区并非PCT成员，故所有申请统计数据均不包括PCT申请。

① IP5 Statistics Report 2019 Edition, 68, https://www.fiveipoffices.org/sites/default/files/attachments/844f5362-8589-46f6-a538-3a4ba1bd2f88/2019+IP5+Statistics+Report_chapter4_activities_rev2.pdf。

表 2.5　2016—2020 年中国台湾地区(地区内申请人)申请、授权(注册)专利总数(件)

	申请总数			授予(注册)总数		
	发明	实用新型	设计专利	发明	实用新型	设计专利
2016	16,866	18,998	4,579	21,178	18,608	4,185
2017	18,199	18,343	4,293	18,569	17,934	3,629
2018	18,365	16,661	4,252	14,651	17,270	3,903
2019	18,984	16,412	4,208	14,481	15,213	3,371
2020	19,102	16,445	3,947	13,986	16,345	3,351

表 2.6　2016—2020 年中国台湾地区(地区外申请人)申请、授权(注册)专利总数(件)

	申请总数			授予(注册)总数		
	发明	实用新型	设计专利	发明	实用新型	设计专利
2016	26,970	1,163	3,866	27,769	1,185	3,481
2017	27,923	1,206	3,827	27,141	1,103	3,501
2018	29,064	1,249	3,830	21,496	1,289	3,584
2019	29,284	1,168	4,596	20,445	1,087	3,289
2020	27,652	1,110	4,072	19,825	1,144	4,068

表 2.7　2016—2020 年中国台湾地区平均首次审查决定期和审查授权期(件)

平均首次审查决定期(月)			平均审查授权期(月)		
发明	实用新型	设计专利	发明	实用新型	设计专利
12.0	—	5.3	19.8	2.5	6.9
8.8	—	6.0	15.5	2.4	7.1
8.7	—	6.1	14.0	2.4	7.4
8.4	—	6.2	13.6	2.6	7.5
8.7	—	6.2	13.9	2.2	7.4

统计数据显示，中国台湾地区申请、授权（注册）的专利数量稳定，审查期限一致、可预测，因此极具竞争力，地区内申请人实用新型专利的申请和注册数量远超过地区外申请人。但地区内申请人发明专利的申请、授权（注册）数量均略低于地区外申请人，表明其本土技术创新实力已接近地区外申请人。

2.日本

日本专利法只涉及发明专利，实用新型专利规定在《实用新型法》中，工业设计专利则受《意匠法》保护。与发明专利和外观设计专利不同，实用新型专利不经实质审查即可授权。2016—2020年日本国内申请人、国外申请人申请、授权（注册）的专利总数分别见表2.8、表2.9，2017—2020年日本发明专利平均首次审查决定期和审查授权期见表2.10，2017—2020年日本外观设计专利平均首次审查决定期和审查授权期见表2.11。

日本专利局（JPO）的各种年度报告不区分授予国内申请人和国外申请人的专利。为保证数据的准确性，本章除参考日本专利局的各种年度报告，还另外参考世界知识产权组织（World Intellectual Property Organization，WIPO）统计数据库中2016—2019年的相关数据（截至2021年1月）。

表2.8 2016—2020年日本国内申请人申请、授权（注册）的专利总数（件）

	申请				授权（注册）			
	发明	实用新型	外观设计	总计	发明	实用新型	外观设计	总计
2016	260,244	4,928	24,552	296,232	160,643	4,756	6,667	172,066
2017	260,292	4,577	24,435	289,304	156,844	4,526	8,251	169,981
2018	253,630	3,810	23,460	280,900	152,440	3,796	8,111	164,347
2019	245,372	3,693	22,920	271,985	140,865	3,535	9,256	153,656
2020	200,070①	4,370②	22,258③	226,698	N/A	N/A	N/A	N/A

注：①该数字由专利申请总数、国际专利申请数量与外语申请数量计算得出。

②该数字由实用新型专利申请的总数量与国际实用新型专利申请的数量得出。

③该数字由外观设计专利申请的总数量、国际外观设计专利申请的数量得出。

表2.9 2016—2020年日本国外申请人申请、授权（注册）的专利总数（件）

	申请				授权（注册）			
	发明	实用新型	外观设计	总计	发明	实用新型	外观设计	总计
2016	58,137	1,552	6,667	66,356	42,444	1,541	6,005	49,990
2017	58,189	1,528	8,251	67,968	42,733	1,498	6,512	50,743

续表

	申请				授权(注册)			
	发明	实用新型	外观设计	总计	发明	实用新型	外观设计	总计
2018	59,937	1,578	8,111	69,626	42,085	1,507	6,629	50,221
2019	62,597	1,548	9,256	73,401	39,045	1,498	7,436	47,979
2020	11,372①	1,641②	6,508③	19,521	N/A	N/A	N/A	N/A

注:①这一数字是在"申请人国家/地区分类的专利申请数量"的标题下,将专利申请总数的第一行中不包括国际专利申请和外语专利申请的数量相加得出:3,415+2,703+2,025+581+259+108+171+98+986+119+907=11,372。

②这个数字是在"申请人国家/地区的实用新型申请数量"的标题下,将实用新型申请总数的第一行相加得出:799+652+44+42+19+85=1,641。

③这个数字是在"申请人国家/地区的外观设计申请数量"的标题下,将外观设计申请数量第一行中不包括国际设计注册申请的数量相加得出:1,975+1,958+506+294+339+198+102+183+236+50+667=6,508。

表 2.10　2017—2020 年日本发明专利平均首次审查申请决定期和审查授权期

	平均首次审查决定期(月)	平均审查授权期(月)
2017	9.4	14.6
2018	9.3	14.1
2019	9.3	14.1
2020	9.5	14.3

表 2.11　2017—2020 年日本外观设计专利平均首次审查决定期和审查授权期

	平均首次审查决定期(月)	平均审查授权期(月)
2017	6.1	7.0
2018	5.9	N/A
2019	6.02	N/A
2020	6	N/A

统计数据显示,日本申请、授权(注册)的专利数量稳定,专利审查期一致且可预测(比中国大陆短)。来自日本国内申请人的发明专利申请量和授权量均远超国外申请人,体现出技术创新的本土优势。

3.韩国

在韩国,《专利法》只保护发明专利。自 2006 年 10 月 1 日起,根据《实用新型法案》,实用新型专利仅在经实质性审查后才能获得保护。① 工业设计受《工业设计保护法》保护。工业设计专利申请的审查由实质审查或部分实质审查组成,这取决于修改后的洛迦诺分类②下的相关类别。③ 相关的统计数据由韩国知识产权局提供(见表 2.12—2.14)。④

表 2.12 2016—2020 年韩国国内申请人申请、授权(注册)的专利总数(件)

	申请				授权(注册)			
	发明	实用新型	外观设计	总计	发明	实用新型	外观设计	总计
2016	163,424	7,395	61,499 (62,629)	232,318 (233,448)	82,400	2,694	50,242	135,336
2017	159,031	6,449	59,096 (60,394)	224,576 (225,874)	90,847	2,810	44,052	137,809
2018	162,561	5,768	58,725 (60,047)	227,054 (228,376)	89,227	2,521	44,150	135,898
2019	171,603	4,975	59,946 (61,274)	236,524 (237,852)	94,852	2,238	46,011	143,101

注:括号中的数据包括多项申请。

表 2.13 2016—2020 年韩国国外申请人申请、授权(注册)的专利总数(件)

	申请				授权(注册)			
	发明	实用新型	外观设计	总计	发明	实用新型	外观设计	总计
2016	45,406	372	4,160 (6,696)	49,938 (52,474)	26,475	160	5,360	31,995
2017	45,744	360	4,357 (6.980)	50,461 (53,066)	29,815	183	5,241	35,239

① KIPO, Overview of the Utility Model System,可访问 https://www.kipo.go.kr/en/HtmlApp?c=92001&catmenu=ek03_01_02。

② 洛迦诺分类法包含 32 个类别,但是韩国只使用其中的 31 个。参见 https://www.kipo.go.kr/en/HtmlApp? c=93001&catmenu=ek04_01_02。

③ KIPO, Application Procedure for Design Application, https://www.kipo.go.kr/en/HtmlApp?a=user.english.html.HtmlApp&c=93002&catmenu=ek04_02_02.

④ 相关数据可访问 https://www.kipo.go.kr/en/HtmlApp? c=97000&catmenu=ek07_03_01。

续表

	申请				授权(注册)			
	发明	实用新型	外观设计	总计	发明	实用新型	外观设计	总计
2018	47,431	464	4,955 (7,674)	52,850 (55,569)	29,785	194	5,755	35,734
2019	47,372	472	5,093 (7,663)	52,937 (55,507)	30,809	179	6,839	37,827

表 2.14　2016—2020 年韩国专利平均首次审查决定期和审查授权期

	专利/实用新型 平均首次审查决定期①(月)	外观设计 平均首次审查决定期②(月)	专利 平均审查授权期①(月)
2016	10.6	4.7	N/A
2017	10.4	4.9	N/A
2018	10.3	4.9	15.9
2019	10.8	5.4	15.8
2020	N/A	N/A	15.6

注:①根据 2019 年、2020 年和 2021 年 JPO 状况报告。

统计数据显示,韩国与中国、日本的趋势相似,专利申请量和授权量稳定,专利审查期一致且可预测,韩国国内申请人发明专利和实用新型专利的申请、授权(注册)量远远超过国外申请人,技术创新具有本土优势。

4.新加坡

在新加坡,专利仅指发明专利。实用新型专利不受保护,注册外观设计受专门法律《注册外观设计法》的保护。2016—2020 年新加坡(国内外)发明专利申请、授权(注册)总数、外观设计申请、授权(注册)总数见表 2.15—2.16,表中数据来自 WIPO。[③]

---

① 详细内容可访问 https://www.kipo.go.kr/en/HtmlApp? c=91000&catmenu=ek02_01_01。

② 详细内容可访问 https://www.kipo.go.kr/en/HtmlApp? c=91000&catmenu=ek02_01_01。

③ 详细内容可访问 https://www.wipo.int/ipstats/en/statistics/country_profile/profile.jsp? code=SG。

表 2.15 2016—2020 年新加坡(国内外)发明专利申请、授权(注册)总数(件)

	申请发明专利总数(国内)	授权(注册)发明专利总数(国内)	申请发明专利总数(国外)	授权(注册)发明专利总数(国外)
2016	1,601	432	9,379	6,909
2017	1,609	414	9,321	5,803
2018	1,575	312	10,270	4,860
2019	1,727	264	12,409	3,924
2020	N/A	N/A	N/A	N/A

表 2.16 2016—2020 年新加坡(国内外)外观设计申请、授权(注册)总数(件)

	申请外观设计总数(国内)	授权(注册)外观设计总数(国内)	申请外观设计总数(国外)	授权(注册)外观设计总数(国外)
2016	642	684	3,817	3,797
2017	587	492	937	897
2018	336	342	916	787
2019	365	357	1,045	1,152
2020	N/A	N/A	N/A	N/A

目前还没有关于平均首次审查决定期和审查授权期的信息。不过,新加坡知识产权局被认为是世界上最高效的知识产权局之一,申请人可以在提交申请后的 6—12 个月内获得授权。①

在专利审查高速公路(Patent Prosecution Highway,PPH,各参与方知识产权局间通过参考另一参与方知识产权局的审查结果,以加快本国知识产权局对专利申请的审查过程)下,专利申请从 PPH 请求到首次审查决定作出的平均期限不到 6 个月。② 统计数据显示,新加坡正处于提升专利和注册外观设计审查数量的早期阶段。作为一个拥有 570 万人口的国家,新加坡的专利、外观设计申请、授权(注册)数量尽管过去几年有所下降,但仍令人印象深刻。此外,国内申请人专利和外观设计的申请、授权(注册)量仅为国外申请人的一小部分③,这表明其在技术创新和外观设计方面的本土实力尚有待增强。

① https://www.iam-media.com/patents/patents-in-asia-2020-singapore.

② https://www.thepatent.news/2021/06/04/tips-for-handling-substantive-examination-in-singapore/.

③ Ronald Yu, "Patent Law Reform: Lessons from Singapore", in Yahong Li (ed.), *Patent and Innovation in Mainland China and Hong Kong*, Cambridge: Cambridge University Press, 2017, pp.240-241.

(二)二级经济体

1.印度

在印度,专利法只承认发明专利。2000 年的《设计法》承认并保护通过实质性审查的外观设计。印度 IPO 发布的年度报告截至 2018 和 2019 年[①],缺乏国内和国外申请人获得授权的专利数量。2016—2020 年印度国内申请人、国外申请人发明专利和外观设计申请、授权(注册)总数分别见表 2.17、表 2.18,表中数据来自 WIPO。[②]

表 2.17 2016—2020 年印度国内申请人发明专利和外观设计申请、授权(注册)总数(件)

	申请发明专利总数	申请外观设计总数	授权(注册)发明专利总数	授权(注册)外观设计总数
2016	13,199	6,753	1,115	4,901
2017	14,961	7,534	1,712	6,622
2018	16,289	8,928	2,311	5,422
2019	19,454	9,381	3,690	9,652
2020	N/A	N/A	N/A	N/A

表 2.18 2016—2020 年印度国外申请人发明专利和外观设计申请、授权(注册)总数(件)

	申请发明专利总数	申请外观设计总数	授权(注册)发明专利总数	授权(注册)外观设计总数
2016	12,654	3,920	5,582	2,430
2017	13,048	3,583	5,800	3,566
2018	13,746	3,704	6,039	2,776
2019	14,598	4,342	7,114	4,058
2020	N/A	N/A	N/A	N/A

虽然新外观设计申请的审查周期继续保持在一个月左右,但专利的首次审查决定期已显著缩短,从 2016 年的 72 个月减少到 2019 年的 27 个月。[③]

总的来说,相对于同样拥有庞大人口的中国而言,印度专利和外观设计申

① 详细内容可访问 https://ipindia.gov.in/writereaddata/Portal/Images/pdf/IP_India_Annual_Report_2019_Eng.pdf。

② 详细内容可访问 https://www.wipo.int/ipstats/en/statistics/country_profile/profile.jsp?code=IN。

③ 目前尚无审查授权期的数据,具体可参见 https://ipindia.gov.in/writereaddata/Portal/Images/pdf/IP_India_Annual_Report_2019_Eng.pdf,4。

请和授权数量非常少。印度国内申请人发明专利的授权量仅是国外申请人的一小部分，这表明本土技术创新的实力落后。

2.马来西亚

在马来西亚，《专利法》保护经实质审查的发明和实用新型（自提交之日起十年，可续展两次，每次五年，视使用情况而定），1996年的《工业设计法》保护经实质审查的外观设计。

鉴于马来西亚知识产权局（MyIPO）完全用马来语发布其年度报告，且2019年年度报告被密码锁定无法访问，2016—2020年马来西亚国内申请人、国外申请人申请、授权（注册）的专利总数分别见表2.19、表2.20，表中数据来自WIPO。①

表2.19　2016—2020年马来西亚国内申请人申请、授权（注册）的专利总数（件）

	申请				授权（注册）			
	发明	实用新型	外观设计	总计	发明	实用新型	外观设计	总计
2016	1,109	110	701	1,920	355	N/A	648	1,003
2017	1,166	134	517	1,817	437	N/A	499	936
2018	1,116	132	528	1,776	469	N/A	405	874
2019	1,071	111	574	1,756	565	N/A	337	902
2020	N/A	N/A	N/A	N/A	N/A	N/A	N/A	N/A

表2.20　2016—2020年马来西亚国外申请人申请、授权或注册的专利总数（件）

	申请				授权（注册）			
	发明	实用新型	外观设计	总计	发明	实用新型	外观设计	总计
2016	6,127	49	726	6,902	2,969	N/A	1,252	4,221
2017	5,906	72	1,297	7,257	4,626	N/A	880	5,506
2018	6,179	66	1,317	7,562	3,818	N/A	1,070	4,888
2019	6,480	81	1,330	7,891	3,541	N/A	901	4,442
2020	N/A	N/A	N/A	N/A	N/A	N/A	N/A	N/A

一项专利申请通常需要四年时间才能获得批准。根据MyIPO-JPO的PPH计划，预计第一次审查决定将在申请人提请实质审查后三个月内作出，并

① 详细内容可访问 https://www.wipo.int/ipstats/en/statistics/country_profile/profile.jsp?code=MY。

在申请人提请实质审查后的六个月内作出是否授权的决定。

统计数据显示，在马来西亚，超过 80%的专利是由国外申请人申请并获得授权的。国内专利授权量的增量和绝对数量的增长都非常缓慢（从 2016 年的 355 件到 2019 年的 565 件）。过去四年（2016—2019 年），国内外申请人的实用新型专利申请量甚至不到 150 件，表明该制度功能失调。马来西亚在增强本国技术创新实力方面还有很长的路要走。

3.泰国

在泰国，《专利法》承认发明专利、外观设计专利和小专利（期限为六年，可续展两次，每次有效期为两年）。对于发明专利，申请人需要提交实质性审查请求。[①] 相比之下，外观设计专利在公布后自动进行实质性审查。[②] 然而，小专利在注册前只有初步审查。[③] 2016—2020 年泰国国内申请人、国外申请人专利申请、授权（注册）总数分别见表 2.21、表 2.22，2016—2020 年泰国专利平均首次审查决定期和平均审查授权期见表 2.23，表中数据来自 WIPO[④]，因为泰国 IPO 网站没有提供英文版本。[⑤]

表 2.21　2016—2020 年泰国国内申请人专利申请、授权（注册）总数（件）

	申请				授权（注册）			
	发明	实用新型	外观设计	总计	发明	实用新型	外观设计	总计
2016	1,098	2,462	3,759	7,139	61	N/A	2,306	2,367
2017	979	2,335	3,698	7,012	88	N/A	2,092	2,180
2018	904	2,832	4,044	7,780	128	N/A	2,250	2,378
2019	821	3,170	3,541	7,532	172	N/A	1,841	2,013
2020	N/A	N/A	N/A	N/A	N/A	N/A	N/A	N/A

① WIPO, Overview of the Patent System and Procedure in Thailand, https://www.wipo.int/edocs/mdocs/aspac/en/wipo_ip_cnx_17/wipo_ip_cnx_17_1.pdf.

② WIPO, Understanding the Use of Industrial Designs in ASEAN Countries National Report for Thailand, 16, https://www.wipo.int/edocs/pubdocs/en/wipo_pub_ds_2018_03.pdf.

③ 然而，根据泰国《专利法》第 65 条的规定，在一年内公布注册的小专利，任何人都可以请求进行实质审查。

④ 详细内容可访问 https://www.wipo.int/ipstats/en/statistics/country_profile/profile.jsp?code=TH。

⑤ 详细内容可访问 https://www.ipthailand.go.th/。

表 2.22　2016—2020 年泰国国外申请人专利的申请、授权(注册)总数(件)

	申请				授权(注册)			
	发明	实用新型	外观设计	总计	发明	实用新型	外观设计	总计
2016	6,722	109	1,098	7,929	1,777	N/A	1,449	3,226
2017	6,886	182	1,424	8,492	2,992	N/A	1,469	4,461
2018	7,245	137	1,425	8,807	3,690	N/A	1,377	5,067
2019	7,351	140	1,752	9,243	2,949	N/A	1,289	4,238
2020	N/A	N/A	N/A	N/A	N/A	N/A	N/A	N/A

表 2.23　2016—2020 年泰国专利平均首次审查决定期和平均审查授权期

	平均首次审查决定期(天)	平均审查授权期(月)
2016	1,740(约 58 个月)	N/A
2017	630(约 21 个月)	57.0
2018	1,170(约 39 个月)	49.0
2019	960(约 32 个月)	N/A
2020	N/A	N/A

注:在泰国,专利从申请到授权,平均需要七年半的时间,详细内容可访问 https://www.tilleke.com/insights/expediting-patent-examination-system-thailand-recent-developments/。

统计数据显示,泰国申请、授权(注册)的发明专利数量非常少,甚至少于新加坡。国内申请人发明专利申请、授权(注册)的数量分别不到 1,000 项和 200 项,仅为国外专利的一小部分,这表明对于一个拥有 6900 万人口的国家来说,本土技术创新力量几乎不存在。令人鼓舞的是,其国内申请人外观设计专利的申请、授权(注册)数量高于国外申请人。

4.菲律宾

菲律宾《知识产权法》保护发明专利、实用新型专利和工业设计专利,但仅对专利要求实质审查。2016—2019 年菲律宾申请和授权的专利总数以及平均首次审查决定期见表 2.24,2016—2020 年菲律宾申请和授权的实用新型专利总数见表 2.25,2016—2020 年菲律宾申请和授权的外观设计专利总数见表 2.26,表中数据来自菲律宾知识产权局(IPOPHL)[①]和 WIPO 统计数据库(该数据库提供部分平均首次审查决定期数据)。

① 详细内容可访问 https://www.ipophil.gov.ph/reference/statistics/。

表 2.24　2016—2019 年菲律宾申请和授权的专利总数以及平均首次审查决定期

	申请专利数	授权专利数	国内申请者与专利权人(人)	国外申请者与专利权人(人)	平均首次审查决定期
2016	491	154	248/31	243/123	N/A
2017	527	117	284/18	243/99	N/A
2018	1,019	594	469/29	550/565	180 天(6.1 月)
2019	801	136	434/35	367/101	180 天(6 个月)

表 2.25　2016—2020 年菲律宾申请和授权的实用新型专利总数

	申请实用新型专利数(件)	国内申请者与持有人(人)	国外申请者与持有人(人)
2016	1,148	1,102/555	46/35
2017	1,394	1,332/504	62/27
2018	2,146	2,080/1,052	66/61
2019	2,227	2,141/969	86/23

表 2.26　2016—2020 年菲律宾申请和授权的外观设计专利总数

	申请外观设计专利数(件)	国内申请者与持有人(人)	国外申请者与持有人(人)
2016	1,488	972/532	516/483
2017	1,393	727/955	666/555
2018	1,522	877/804	645/896
2019	1,631	1,019/731	612/675

统计数据显示，在九个经济体中，菲律宾的专利申请和授权数可能是最少的。对于一个拥有 1.08 亿人口的国家来说，菲律宾的知识产权优势显然不在于专利。

二、亚洲大陆法系法域的双轨制专利诉讼

日本、韩国、中国(不含港澳)这些大陆法系经济体中，专利诉讼制度采取双轨制。根据这种制度，审理专利侵权案件的普通法院不会审查所涉专利的有效性，专利无效只能通过单独的程序审理，且审理结果对第三方具有约束力。该

程序首先起于专利局,然后法院有权对专利局的决定进行司法审查。这样做的原因在于尊重专利局的专利专业知识,这再次反映了亚洲知识产权法的结构特征之一,即由贸易部、工业部和知识产权局的知识产权技术专家推动。然而,这种双轨制导致效率低下,原因至少有二:第一,侵权案件可能会拖延,因为即使面对明显无效的专利,审理侵权案件的法院也不得不暂停审判,以等待其他无效程序的结果。第二,如果允许审理侵权案件的法院认定案涉专利的有效性(该专利仅对有关各方具有约束力),其意见可能会与审理专利有效性的法院的意见产生分歧,这可能会导致进一步的法律复杂化。因此,这四个经济体均修改了其双轨制的专利诉讼制度。

(一)日本

在日本,虽然法院可以审查JPO的专利无效决定,但无权自行宣布专利无效。因此,涉案当事人不得直接向法院申请专利无效(日本《专利法》第178条第6款)。无效宣告在本质上不是民事审判,而是行政审判。日本是第一个纠正僵化双轨制的国家。在1997年的"Kilby案"判决中,东京知识产权高等法院的前身东京高等法院(知识产权庭)作出了具有开创性的判决,法院认为行使极有可能被认定无效的专利权将构成权利滥用[①],这为处理侵权案件的法院打开决定专利是否显然应该被无效和不予执行的大门。日本最高法院维持该判决,理由如下:

> 最好在单一程序中尽可能简单快速地解决争议。如果在侵犯专利权的诉讼中(正如在本院审理的本项诉讼),不允许被告提出专利权无效的理由以作为对原告行使专利权的抗辩,被告随后将被迫在专利局启动无效宣告程序,以获得无效宣告的最终决定,即使被告原本无意寻求此类途径使专利被公开无效。这种结果与司法经济的原则相冲突。

据该判决,当作出专利权无效的最终决定时,该专利视为根本不存在。然而,在此之前,专利保留其有效性和可执行性,不会被公开无效。[②]

2004年的《专利法》修正案新增第104条第3款第1项:"在涉及侵犯专利权或排他许可的诉讼中,该专利被认定为应当被专利无效程序宣告无效的,专利权人或排他被许可人不得针对对方行使权利。"需要注意的是,第104条第

① 日本《民法典》第1条第2款规定,权利人不得滥用权利。

② 参见日本最高法院1998(O)364判决(2000年4月11日),Minshu, vol.54, no.4, 1368。英文版本可访问https://www.courts.go.jp/app/hanrei_en/detail?id=487。

3款第1项并没有要求无效的证据是明显的，仅规定“该专利被认定为被应当宣告无效的专利”。之所以这样规定，是因为无效的证据是否明确和令人信服，可能并不清晰。[①]

（二）韩国

早在1983年，韩国最高法院就允许审理侵权案件的法院驳回涉案专利缺乏“新颖性”的诉讼。[②] 韩国最高法院在2012年经联席审理一致判决，即使在韩国知识产权局知识产权审裁处（IP Tribunal）正式宣布专利无效之前，民事法院可以基于涉案专利缺乏非显而易见性驳回原告的禁令或损害赔偿诉请。根据该判决，专利权的行使应取决于其实质价值，并遵正义和公平的精神。允许专利权人基于缺乏新颖性的发明专利针对专利实施人取得禁令或者损害赔偿判决，会给予专利权人不公平的优势，并对专利实施人造成损害，给当事人造成不公正的待遇。[③] 该司法说理与日本的立场非常一致。

为提高专利法院的功效，2015年，韩国修订《法院组织法》。从2016年1月1日起，规定专利法院对韩国知识产权局知识产权审裁处关于专利有效性的决定享有管辖权外，还赋予专利法院对与知识产权有关的民事诉讼上诉的专属管辖权（第28条第4款第2项）。[④]

2018年，韩国最高法院承认在专利侵权诉讼未决的情况下，独立寻求确认权利范围诉讼（专利无效性审判）的正当性。原因在于，确认权利范围的诉讼本身就具有价值，虽然在侵权诉讼中也会确认权利范围。[⑤]

---

① See Ichiro Nakayama, “Recognizing the Abuse of Rights Defense and the Invalidation Defense”, in Kung-Chung Liu (ed.), *Annotated Leading Patent Cases in Major Asian Jurisdictions*, Hong Kong: City University of HK Press, 2017, pp.27-28.

② 参见韩国最高法院1983年7月26日判决（81 Hu 56），因没有英文版（https://www.scourt.go.kr/supreme/supreme. jsp），转引自 Byungil Kim, “Recognizing the Abuse of Rights Defense and the Invalidation Defense”, in Kung-Chung Liu (ed.), *Annotated Leading Patent Cases in Major Asian Jurisdictions*, Hong Kong: City University of HK Press, 2017, p.35。

③ 韩国最高法院2021年1月19日判决（2010Da95390），但没有英文版本，参见 https://www.scourt.go.kr/supreme/supreme.jsp），转引自 Byungil Kim, “Recognizing the Abuse of Rights Defense and the Invalidation Defense”, in Kung-Chung Liu (ed.), *Annotated Leading Patent Cases in Major Asian Jurisdictions*, Hong Kong: City University of HK Press, 2017, p.35。

④ 详细内容可参见 https://patent.scourt.go.kr/patent_e/intro/intro_01/index.html。

⑤ 参见韩国最高法院2018年2月8日判决（2016Hu328号），因无法获取英文版本，可访问 https://www.scourt.go.kr/supreme/supreme.jsp，转引自 Hyoun Ja Park, Minji Ryan Kim, *Analysing Key South Korean Patent Cases in* 2017 *and* 2018, September 26, 2018, https://www.managingip.com/article/b1kbps5t6qb9ss/analysing-key-south-korean-patent-cases-in-2017-and-2018.

(三)中国

1.中国台湾地区

按照双轨制,普通民事法院和智慧财产及商业法院均不能在专利侵权案件中宣告专利无效。然而,为防止民事诉讼被专利有效性的行政诉讼拖延,台湾地区 2007 年的所谓“智慧财产案件审理法”效仿日本做法,允许智慧财产及商业法院在审理专利侵权案件时决定涉案专利的有效性。① 但智慧财产及商业法院的裁决仅对诉讼双方具有约束力,并不影响专利的有效性。

这将不可避免地产生一个问题,即当民事决定和行政决定对同一专利的效力得出不同的结论时,是否应当允许复审程序。② 在台湾地区,曾有一宗地方法院和智慧财产及商业法院认定被告侵犯实用新型专利的判决被“最高法院”维持原判。但被告提出的专利无效诉讼结果却支持被告的主张,认定涉案专利为无效,被告随后向智慧财产及商业法院提出再审申请,被该院基于以下两个理由驳回。第一,智慧财产及商业法院的法官在专业上可以胜任判定知识产权的有效性。基于其认定,该法院能够继续审理案件,并决定知识产权是否可执行、侵权是否成立、是否给予救济。第二,复审程序会损害民事诉讼的法律确定性,致使败诉方提起撤销程序或行政救济程序。造成的结果是,知识产权的效力争议和侵权纠纷也将无法得到有效解决。③

但“最高法院”推翻智慧财产及商业法院的判决,认为利害关系方有权要求复审,理由有二:

(1)台湾地区所谓“智慧财产案件审理法”第 82 条第 3 项进一步规定,在用尽撤销程序且专利最终被有拘束力地宣告无效,该专利权即视为不存在。由于被撤销的专利被视为自始不存在,因此既不允许执行该专利,也不允许主张侵权。

(2)本案中专利无效抗辩仅在二审程序中提出。但智慧财产及商业法院却基于被告未在答辩期限届满前提出答辩,拒绝此项抗辩。很明显,在民事诉讼中,

---

① 台湾地区所谓“智慧财产案件审理法”第 16 条规定:当事人主张或抗辩智慧财产权有应撤销、废止之原因者,法院应就其主张或抗辩有无理由自为判断,不适用“民事诉讼法”“行政诉讼法”“商标法”“专利法”“植物品种”及“种苗法”获其他法律有关停止诉讼程序之规定。前项情形,法院认为有撤销、废止之原因时,智慧财产权人于该民事诉讼中不得对他造主张权利。

② 台湾地区所谓“民事诉讼法”第 496 条第 1 项规定:“有下列各款情形之一者,得以再审之诉对于确定终局判决声明不服。但当事人已依上诉主张其事由或知其事由而不为主张者,不在此限:……(11)为判决基础之民事、刑事、行政诉讼判决及其他裁判或行政处分,依其后之确定裁判或行政处分已变更者。”

③ 参见台湾地区智慧财产及商业法院民专上再字第 4 号判决(2013 年 9 月 1 日作出)。

专利效力问题在一审和二审程序中都从未被普通法院仔细地、实质性地审查过。[①]

2.中国大陆

作为大陆法系的一员，中国也坚持双轨制。最高人民法院试图软化这种制度的刚性，2001 年颁布《关于审理专利纠纷案件适用法律问题的若干规定》[②]（法释〔2001〕21 号），赋予法院不中止侵权案件审理的裁量权（第 5 条、第 7 条），更在 2012 年民事裁定检视一项实用新型专利的有效性，但因其权利要求有明显缺陷而拒绝执行，没有宣告其无效[③]。裁定认为：

> 准确界定专利权的保护范围，是认定被诉侵权技术方案是否构成侵权的前提条件。如果权利要求的撰写存在明显瑕疵，结合涉案专利说明书、本领域的公知常识以及相关现有技术等，仍然不能确定权利要求中技术术语的具体含义，无法准确确定专利权的保护范围的，则无法将被诉侵权技术方案与之进行有意义的侵权对比。因此，对于保护范围明显不清楚的专利权，不应认定被诉侵权技术方案构成侵权。[④]

这一裁定被最高人民法院评为“2012 年中国法院知识产权司法保护十大创新性案件”之一，因为它“体现了最高人民法院强化民事程序对纠纷解决的优先和决定地位、促进民行交叉的知识产权民事纠纷的实质性解决的政策导向，对类似案件的处理有一定的指导意义”[⑤]。

然而，在下级法院的司法实践中，只要被告提出专利无效的问题，法院原则上就会中止对侵犯专利权案件的审理，导致专利诉讼的拖延、不确定甚至不公正等不良后果，而大量未经审查的实用新型和外观设计专利又进一步加剧这种情况。[⑥]

---

① 参见台湾地区“最高法院”台上字第 407 号判决（2015 年 3 月 12 日）。对此判决的分析可参见 Su-Hua Lee, “Solving Challenges Resulting from the Bifurcation System”, in Kung-Chung Liu (ed.), *Annotated Leading Patent Case in Major Asian Jurisdictions*, Hong Kong: City University of Hong Kong Press, 2017, pp.39-50。

② 该司法解释先后于 2013 年、2015 年、2020 年修正，最新版为《关于审理专利纠纷案件适用法律问题的若干规定》（法释〔2020〕19 号）。

③ 在中国大陆，裁定与判决不同，裁定应只涉及程序问题，但最高人民法院经常不注意这种分际。相关批评，可参见刘孔中、张浩然：《最高人民法院知识产权法见解及其作成方式的评价与反思》，《知识产权》2018 年第 5 期。

④ 最高人民法院（2012）民申字第 1544 号民事裁定书。

⑤ 《最高人民法院知识产权案件年度报告（2012）》，https://www.chinacourt.org/article/detail/2013/04/id/949762.shtml.

⑥ 参见朱理：《专利民事侵权程序与行政无效程序二元分立体制的修正》，《知识产权》2014 年第 3 期。

长期以来,学者们一直在提出各种颇具说服力的建议,以改善僵化的双轨制[①],但令人遗憾的是,2020 年《专利法》第四次修正未能就此作出改动。

三、强制许可

专利制度从来都不是单方面、无限制地保护专利和专利权人。专利制度真正含义是在公共利益和私人利益之间取得平衡。强制许可是实现这一平衡不可或缺的制度工具。强制许可的最终目的不是剥夺专利权人的权利,而是作为刺激专利权人实施或自愿许可专利的最后手段。此外,强制许可在促进兼容性、互联互通、(法律上和事实上的)标准实施和后续创新[②]方面的潜在效用被严重低估。[③]

从许可使用费谈判的角度来看,强制许可的作用是从完全事前(使用前)谈判向部分事前、部分事后(使用后)谈判的转变。因此,强制许可不会破坏自愿许可,反而会加速自愿许可,因为它可以避免旷日持久的谈判所造成的缔约延误和高成本。此外,部分事后确定使用费的方案可以为当事人提供更好的依据,以评估所使用专利的实际价值,因为当事人掌握实际使用专利产生的具体结果。[④]

话虽如此,专利权人常常担心专利法承认强制许可会自动导致其过度使用或滥用。然而,至少亚洲的情况并非如此。亚洲在适用强制许可方面极为克制,迄今为止,签发的强制专利许可总数仅为 16 项。二级经济体共颁发 13 项与制药相关的强制许可,而作为一级经济体之一的中国台湾地区共发放 3 项强制性许可,1 项与医药相关,2 项与技术相关。

(一)菲律宾

菲律宾迄今颁发 3 项专利强制许可。第一次是在 1963 年,针对帕克-戴维斯(Parke-Davis),所确定的专利许可费率为制造和销售产品净销售额的 8%。

---

① 例如,"随着知识产权专门法院的建立,可以考虑由专门的知识产权上诉法院同意审理专利侵权二审案件和专利无效行政案件……鉴于案件审理的专门化和裁判标准的统一化,可以取消无效理由的'明显性'要求"。参见朱理:《专利民事侵权程序与行政无效程序二元分立体制的修正》,《知识产权》2014 年第 3 期。

② 更多论述参见刘孔中:《解构知识产权法及其与竞争法的冲突与调和》,中国法制出版社 2015 年版,第 235—254 页。

③ 在著作权领域,强制许可可导致创造性地使用受保护的作品(例如翻录他人录制的音乐),从而丰富文化生活和加强市场竞争。

④ 更多相关讨论,参见 Reto Hilty, Kung-Chung Liu (eds.), *Compulsory Licensing: Practical Experiences and Ways Forward* Berlin, Heidelberg: Springer, 2015, p.8。

第二次是在1997年，由菲律宾专利、商标和技术转让局(Bureau of Patents, Trademarks and Technology Transfer)局长授予Doctors Pharmaceuticals对史密斯-克莱恩和法国实验室(Smith Kline & French Laboratories)专利强制许可，专利许可费率为净销售额的2.5%。第三起专利强制许可也是针对该实验室的同一种专利药物，授予Danlex Research Laboratories，专利许可费率同样为净销售额的2.5%。这三项专利强制许可均得到菲律宾最高法院的维持。①

在20世纪60年代，帕克-戴维斯的业务在强制许可期间和之后基本上没有受到影响。② 史密斯克莱恩法国实验室亦是如此，其现已整合为葛兰素史克(GSK)。③ 菲律宾人口的增长(1965年为3000万人，2021超过1.11亿人)及其带来对药品需求和消费的长期增加，给菲律宾原研药公司带来的收益，实际上远超过前述三个强制性许可的负面影响。④

目前，菲律宾的专利强制许可制度已被限制为更符合TRIPS协议的规定。强制许可由IPO局长签发，其决定只能由最高法院限制或禁止。此外，可基于政府确定的“国民经济发展的重要部门”颁发强制许可。强制许可也可颁发适用于专利药品的生产、进口和出口。⑤

(二)马来西亚

根据马来西亚《专利法》(1983年)，在两种不同情况下可授予狭义强制许可：(1)无正当理由未实施或未充分实施专利，以至于专利产品被以不合理的高价出售或未能满足公众需求(第49条)；(2)相互依赖的专利(第49条A款)。

---

① The Philippine Supreme Court, Parke Davis & Co. v. Doctors' Pharmaceuticals, Inc., G.R. No. L-22221 31 August 1965; Smith Kline & French Laboratories v. Court of Appeals, BPTTT and Doctors Pharmaceuticals, Inc. G.R. No. 121867 24 July 1997; Smith Kline & French Laboratories, Ltd. v. Court of Appeals and Danlex Research Laboratories, Inc. G.R. No. 121267 23 October 2001。查阅三个案件的判决书可访问 https://lawphil.net/。

② Ferdinand Fider, “Grounds for Compulsory Licensing: From Ambiguity to Clarity?”, in Kung-Chung Liu (ed.), *Annotated Leading Patent Cases in Major Asian Jurisdictions*, Hong Kong: City University of Hong Kong Press, 2017, p.77.

③ 资料来源为葛兰素史克2020年年报。葛兰素史克(GSK)在菲律宾有四家子公司，其实际权益超过68%：邓肯消费者医疗保健(菲律宾)公司(Duncan Consumer Healthcare Philippines)(68%)，邓肯(菲律宾)公司(Duncan Pharmaceuticals Philippines)(92.5%)，葛兰素史克消费者医疗保健(菲律宾)公司(GSK Consumer Healthcare Philippines)(68%)以及葛兰素史克(菲律宾)公司(GSK Philippines)(92.5%)。

④ See Ferdinand Fider, “Grounds for Compulsory Licensing: From Ambiguity to Clarity?”, in Kung-Chung Liu (ed.), *Annotated Leading Patent Cases in Major Asian Jurisdictions*, Hong Kong: City University of Hong Kong Press, 2017, p.97.

⑤ Sections 93, 93-A, and 93-A.2, the Philippines's IP Code.

广义上的强制许可还包括政府使用发明专利(第 84 条)。狭义的强制许可由马来西亚知识产权公司决定,而政府使用则由国内交易和消费者事务部部长决定。

马来西亚是《TRIPS 和公共健康多哈宣言》之后第一个在 2003 年针对葛兰素史克和施贵宝(Bristol-Myers)公司颁发用于公共卫生目的(艾滋病毒/艾滋病)政府使用许可的亚洲国家。根据联合国开发计划署(UNDP)《2001 年人类发展报告》中的建议,基础使用费率为所交付药品价值的 4%。葛兰素史克和施贵宝虽然不服该决定,但并未真正启动程序,也未收取指定的使用费。

马来西亚从印度进口抗逆转录病毒药物后,每位患者每月的治疗费用从 315 美元降至 58 美元(降幅达 81%)。与此同时,去政府医院和诊所治疗的患者从 1500 人增加到 4000 人。[①] 2017 年,马来西亚再次成为第一个向吉利德颁发丙型肝炎(HCV)治疗用药政府使用许可的国家[②],旨在将药品价格从每位患者 30 万令吉(约 71,300 美元)降至 1000 令吉(约 237 美元)。[③]

位于马来西亚的专利制药公司并没有受到强制许可太大的影响。至少,葛兰素史克公司在如今马来西亚的业务很活跃。[④]

(三)泰国

1983 年,泰国的强制许可规定与马来西亚类似。根据《专利法》关于狭义强制许可的规定,可在两种不同情况下授予强制许可:(1)专利权人无正当理由未能行使其合法权利,例如未使用或未充分使用专利,以至于专利产品被以不合理的高价出售或未满足公众需求(第 46 条);(2)相互依赖性专利(第 47 条和第 47 条之二),狭义强制许可是由知识产权局局长作出的决定。广义上的强制许可还包括政府使用,由政府主管部委、局或部门决定(第 51 条),但在战争或紧

① See Tay Pek San, "Government Use of Patented Drugs to Facilitate Access to Medicines", in Kung-Chung Liu (ed.), *Annotated Leading Patent Cases in Major Asian Jurisdictions*, Hong Kong: City University of Hong Kong Press, 2017, p.110.

② Lekhya Kintada, "Compulsory Licensing for Hepatitis C Medication in Malaysia", April 10, 2019, https://www.citizen.org/news/compulsory-licensing-for-hepatitis-c-medication-in-malaysia/.

③ See Catherine Saez, "Malaysia Grants Compulsory Licence For Generic Sofosbuvir Despite Gilead Licence", September 15, 2017, https://healthpolicy-watch. news/malaysia-grants-compulsory-licence-generic-sofosbuvir-despite-gilead-licence/.

④ 根据葛兰素史克 2020 年年度报告(详见 https://www.gsk.com/en-gb/investors/corporate-reporting/annual-report-2020/),葛兰素史克在马来西亚有三家全资子公司:葛兰素史克制药有限公司(GSK Pharmaceutical Sdn Bhd)、葛兰素史克商业服务中心(GSK Business Service Centre Sdn Bhd)和 UCB 制药亚太有限公司(UCB Pharma Asia Pacific Sdn Bhd)。此外,它还有两家子公司——葛兰素史克消费者医疗保健公司和斯特林药业公司[Sterling Drug (Malaya) Sdn Berhad],其实际权益超过 68%。

急状态必须由总理决定(第52条)。

为使国家卫生保障体系的所有受益者(均是由政府资助的计划)都能普遍获得基本药物,泰国政府于2006—2008年在与专利权人进行降价谈判不成后,颁发政府使用的7项强制性许可,用于以下专利救命药物:

(1)依法韦仑(商标"Strocin"),默沙东(Merck Sharp&Dohme)为专利权人,0.5%使用费。

(2)洛匹那韦和利托那韦(商标"Kaletra"),雅培公司(Abbott Laboratories)为专利权人,0.5%使用费。

(3)氯吡格雷(商标"Plavix"),赛诺菲圣德拉堡(Sanofi-Synthelabo)集团(泰国)有限公司为专利权人,0.5%使用费。

(4)多西他赛(商标"Taxotere"),赛诺菲-安万特(Sanofi-Aventis)为专利权人,3%使用费。

(5)埃罗替尼(商标"Tarceva"),瑞士罗氏(Roche)为专利权人,3%使用费。

(6)伊马替尼(商标"Glivec"),诺华(Novartis)为专利权人,5%使用费。

(7)来曲唑(商标"Femara"),诺华为专利权人,3%使用费。

所有强制许可的使用费由政府医药组织(Government Pharmaceutical Organization)根据仿制药的销售情况支付,以上强制许可均未受到专利权人的质疑。[①]

受泰国公共卫生部下属机构委托而开展的评估——2006—2008年泰国强制许可政策的影响研究表明,强制许可实施五年内共节省约4.9亿美元(泰国政府购买所有七种产品的仿制版节省3.58亿美元,五年内生活和生存质量的改善占1.32亿美元)。美国政府为此对泰国施加贸易报复措施,取消泰国对三种出口产品所享有的一般特惠制关税优惠,但该措施对泰国的出口总值没有产生影响。[②]

总体而言,由于人口增长和老龄化(约7000万),泰国在东南亚拥有仅次于

---

① See Weerawit Weeraworawit, "Seven Compulsory Licenses on Pharmaceutical Product Patents", in Kung-Chung Liu (ed.), *Annotated Leading Patent Cases in Major Asian Jurisdictions*, Hong Kong: City University of HK Press, 2017, pp.91-96.

② See Weerawit Weeraworawit, "Seven Compulsory Licenses on Pharmaceutical Product Patents", in Kung-Chung Liu (ed.), *Annotated Leading Patent Cases in Major Asian Jurisdictions*, Hong Kong: City University of HK Press, 2017, p.98.

印度尼西亚的第二大药品市场规模。[1] 没有任何一家专利制药公司因为这七项强制许可而放弃泰国市场。

(四)印度

印度的专利强制许可制度宽松,类似于马来西亚和泰国(印度《专利法》第84—94条),有诸多详细的规定,如"合理期限内(努力未成功)"中的"合理期限"应解释为通常不超过6个月。

印度颁发的唯一强制许可是在2012年的"拜耳(Bayer)诉纳特科制药公司(Natco)制药公司案",由专利局局长(Controller of Patents)针对拜耳的专利药"Nexavar"(治疗肾癌/肝癌)而颁发。[2] 金奈知识产权上诉委员会于2013年维持授予强制许可的决定,并承认申请人已做出合理努力,其试图以合理的条款和条件从拜耳处获得自愿许可,要求拜耳向纳特科制药公司授予自愿许可,允许纳特科制药公司以合理条款和条件生产和销售该产品,并承诺不会阻止纳特科制药公司以每月低于10,000卢比的公众可负担得起的价格向公众提供该药物。[3] 该委员会还认为,《专利法》第84条第6款第1项所规定的要求已完全满足。[4] 金奈知识产权上诉委员会将专利局长所确定的6%的许可费率提高到7%。拜耳对上诉委员会的决定提起上诉,但孟买高等法院于2014年维持该决定[5],并驳回拜耳的上诉特别许可请求(Special Leave Petition)。

强制许可导致该药品降价97%,而非人们所担心的跨国制药公司撤出印

---

① See Sathaporn Nimkulrat, Sorada Wangmethekul, Prinya Powthong, "Current Situation of the Modern Pharmaceutical Manufacturing Industry in Thailand", *Journal of Health Science*, vol. 29 (2020), Special Issue 130, 137.

② 英国殖民统治时期,印度的哈芬研究所(Haffine Institute)曾在1944年试图申请针对英国制药公司玛丽贝克(Mary and Baker)的专利申请强制许可,但以失败告终。参见 Prashant Reddy, Sumathi Chandrashekaran, *Create, Copy, Disrupt-India's Intellectual Property Dilemmas*, Oxford: Oxford University Press, 2017, p.1。

③ Bayer v. Natco, decided by the Intellectual Property Appellate Board, Chennai on 4 March 2013, Order No. 45 of 2013, pp.12-16.

④ 印度《专利法》第84条第6款第1项要求"在考虑本条下的申请时,专利局局长应考虑:申请人是否已努力以合理的条款和条件从专利权人处获得许可,并且该努力在专利局局长认为合适的合理期间内未成功"。

⑤ See N. S. Gopalakrishnan, "Compulsory License of Bayer's Patented Drug Nexavar", in Kung-Chung Liu (ed.), *Annotated Leading Patent Cases in Major Asian Jurisdictions*, Hong Kong: City University of HK Press, 2017, pp.99-119.

度,“因为印度制药市场巨大,跨国公司如果离开印度,将遭受庞大损失”。[①] 事实上,大型国际制药公司并未离开印度,反而进入印度收购仿制药公司。[②]

(五)中国

中国台湾地区曾于2005年对专利药物——禽流感疫苗(Tamiflu)颁发一项强制许可证。然而,由于众人担心的禽流感没有爆发,该许可从未实施。[③] 值得注意的是,台湾地区智慧财产局(智慧局)在没有确定补偿数额的情况下又颁发两项专利技术产品强制许可,这在亚洲并无先例:一项是在1976年针对一家日本公司持有的农药专利,另一项是在2004年针对飞利浦公司持有的五项CD-R相关专利。因此,下文中,将从专利法的角度仅讨论后两个强制许可。[④]

1.法律文本

截至1994年,中国台湾地区一直有针对未实施专利或未充分实施专利的强制许可条款。然而,基于对TRIPS协议第31条b款草案的误读,台湾地区认为强制许可只允许三个实质性理由,即台湾地区紧急情况、基于公共利益的非营利性使用和申请人未能在合理时间内以合理的商业条款与专利权人达成自愿许可协议。1994年台湾地区所谓“专利法”删除强制许可的一般条款,只承认强制许可的四种具体理由:(1)台湾地区紧急情况;(2)为增进公共福利而非营利性使用专利;(3)未与专利权人达成自愿使用许可协议的;(4)纠正反竞争行为。[⑤] 2011年,在智慧局的提议下,台湾地区所谓“专利法”的强制许可条款

---

① See Yugank Goyal, “Economic and Procedural Constraints for Compulsory Licenses in Medicines”, in Reto Hilty, Kung-Chung Liu (eds.), *Compulsory Licensing: Practical Experiences and Ways Forward*, Berlin, Heidelberg: Springer, 2015, p.452.

② 2000—2017年,印度制药行业吸引到155.9亿美元的外国直接投资。此外,2017年,印度有46起并购交易,价值14.7亿美元。参见Uday Racherla, “Historical Evaluation of India's Patent Regime and Its Impact on the Innovation in the Indian Pharmaceutical Industry”, in Kung-Chung Liu and Uday Racherla (eds.), *Innovation, Economic Development and IPR in China and India-A Study of Six Economic Sectors*, Singapore: Springer Singapore, 2019, p.274。

③ 2005年10月31日,台湾地区卫生主管部门向智慧局提交吉利德公司专利药品(独家授权给瑞士罗氏公司)强制使用许可的申请。智慧局在不到两个月的时间内有条件地批准了许可,有效期为两年(至2007年12月31日),但未指定许可费。

④ 从反垄断法的角度对此两个强制许可的讨论,参见刘孔中:《解构知识产权法及其与竞争法的冲突与调和》,中国法制出版社2015年版,第166—175页。

⑤ 1994—2012年,台湾地区所谓“专利法”第78条规定:(第1项)为因应台湾地区紧急情况或增进公益之非营利使用或申请人曾以合理之商业条件在相当期间内仍不能协议授权时,专利专责机关得依申请,特许该申请人实施专利权;其实施应以供应台湾地区市场需要为主。但就半导体技术专利申请特许实施者,以增进公益之非营利使用为限。(第2项)专利权人有不公平竞争之情事经法院判决或台湾地区公平交易委员会处分确定者,虽无前项之情形,专利专责机关亦得依申请,特许该申请人实施专利权。

再次修订，于2013年生效。目前，第87条所规定的强制许可的颁发原则上仅限于以下三种情形：(1)增进公益之非营利实施；(2)具有相当经济意义之重要技术改良；(3)专利权人有限制竞争或不公平竞争情事，经法院判决或公平会处分。①

2.两个案例

(1)日本曹达株式会社 Topsin 案

1976年，台湾地区经济事务主管部门下属的标准政策主管机关(智慧局的前身)颁发有史以来的第一项强制许可。该项强制许可历经近七年的法律拉锯战，直至最终被确认。据推测，台湾地区标准政策主管机关并不熟悉强制许可的理由，而来自专利权人和日本政府的压力致使该标准政策主管机关一再迟疑。

1976年7月23日，一家当地公司向台湾地区标准政策主管机关申请强制许可一家日本公司(曹达株式会社，Nippon Soda Co. Ltd.)实施其方法专利并生产专利产品(称为“Topsin”的农用化学品，专利号为5644)。考虑一年多后，台湾地区标准政策主管机关于1978年2月14日颁发强制许可，理由如下：虽然专利产品可以在台湾地区使用，但专利权人却仅进口少量产品用于试销目的。尽管专利权人分别于1974年和1977年与当地一家公司签署许可协议草案和正式协议，但专利授权已经过去六年。此外，生产专利产品所需的制造技术相当简单、所需的设施非常有限、所需的投资也很少。申请人提出的制造方案具体可行，其制造方法与专利说明书中的相同。考虑到上述情况，台湾地区标准政策主管机关得出的结论是专利权人在无正当理由的前提下，在授予专利权后的三年未实施该专利。而且，通过比较本地生产和进口专利产品的数量可以看出，专利权人在缺乏充分理由的前提下未从事大规模生产。换言之，专利权人也没有适当地实施专利。②

---

① 台湾地区所谓“专利法”第87条规定强制许可的理由为：(第1项)为因应台湾地区紧急危难或其他重大紧急情况，专利专责机关应依紧急命令或台湾地区目的事业主管机关之通知，强制授权所需专利权，并尽速通知专利权人。(第2项)有下列情事之一，而有强制授权之必要者，专利专责机关得依申请强制授权：一、增进公益之非营利实施。二、发明或新型专利权之实施，将不可避免侵害在前之发明或新型专利权，且较该在前之发明或新型专利权具有相当经济意义之重要技术改良。三、专利权人有限制竞争或不公平竞争之情事，经法院判决或台湾地区公平交易委员会处分。(第3项)就半导体技术专利申请强制授权者，以有前项第一款或第三款之情事者为限。(第4项)专利权经依第二项第一款或第二款规定申请强制授权者，以申请人曾以合理之商业条件在相当期间内仍然不能协议授权者为限。(第5项)专利权经依第二项第二款规定申请强制授权者，其专利权人得提出合理条件，请求就申请人之专利权强制授权。

② 参见台湾地区标准政策主管机关(1977)台专程二字第65589号函。

台湾地区标准政策主管机关签发未确定期限的强制许可，并责令使用人对专利权人给予补偿，具体数额由双方协商确定，并将达成的协议通知台湾地区标准政策主管机关。在强制许可的申请中，申请人提到申请中附有60元新台币的附注。但在台湾地区标准政策主管机关的档案中，没有关于双方是否就补偿达成共识以及具体补偿金额的记录。

经诉愿，该案被台湾地区经济事务主管部门撤销，理由是授予的强制许可范围仅限于对权利要求1和2的使用，而不包括专利权利要求20—23的使用，但该等权利要求对于生产专利产品不可避免地会被用到。因此，授予强制许可显然不合适。① 该案被发回台湾地区标准政策主管机关重审，标准政策主管机关于1980年2月25日仅简单确认已颁发的强制许可即刻失效。② 但申请人再次向台湾地区经济事务主管部门提出诉愿，认为台湾地区标准政策主管机关应该对案件进行实质性审查，而非仅仅是重申台湾地区经济事务主管部门于1979年4月13日作出的决定。③ 台湾地区标准政策主管机关再次授予使用该专利的强制许可(包括权利要求1、2以及20—23)。④ 在被台湾地区经济事务主管部门⑤和台湾地区行政管理机构⑥驳回后，专利权人向最高行政法院提起上诉，该法院以不同于标准政策主管机关的理由维持其关于专利权人“未适当实施专利”的认定。⑦

(2)飞利浦CD-R案

飞利浦、索尼和太阳诱电(Taiyo Yuden)通过一系列红皮书和橙皮书制定CD-R标准，汇集各自的专利，并于1992年通过联合许可协议开始联合许可汇集的专利。该联合许可协议中包括关于许可使用费的计算公式：净售价的3%且不低于10日元。同时，许可协议指定飞利浦为唯一授权联系人。然而，CD-R的市场价格由于其巨大的成功而急剧下降：从1996年的10—15美元/盘降到1997年的2.25美元/盘。国硕(Giga Storage)于1999年10月12日与飞利浦签署许可协议，但后来停止支付使用费。2001年3月1日，飞利浦致函国硕，敦促其支付使用费。国硕要求飞利浦将特许权使用费降低到净售价的

---

① 参见台湾地区经济事务主管部门(1979)诉11239号(1979年4月13日)。

② 参见台湾地区标准政策主管机关(1980)台专程一字104993号。

③ 参见台湾地区经济事务主管部门(1981)诉14582号(1981年4月17日)。

④ 参见台湾地区标准政策主管机关(1981)台专程一字126940号决定(1981年11月6日)。

⑤ 参见台湾地区经济事务主管部门诉18908号(1982年6月2日)。

⑥ 参见台湾地区行政管理机构(1982)台诉字17491号。

⑦ 参见台湾地区“最高行政法院”(1983)判字第359号判决(1983年4月7日作出)。

2%—5%。飞利浦拒绝这一要求,并于2001年4月终止许可协议。国硕在2001年6月至2002年4月继续与飞利浦谈判新的许可协议,但却未能成功缔结。

2002年7月,国硕向智慧局提交针对飞利浦拥有5项专利的强制许可申请。[①] 智慧局成立由外部成员组成的委员会进行审查,并于2004年授予强制许可,直至专利保护期限届满。飞利浦针对该决定于2006年向台北高等行政法院提起诉讼。

与此同时,国硕和飞利浦分别于2006年4月和5月向智慧局提交撤销强制许可的申请。国硕提交动议的理由是,它将停止在中国台湾地区生产CD-R光盘,并将生产线转移到其他地区,这可能是其与飞利浦和解协议的一部分。[②]

飞利浦提出的理由是,国硕通过强制许可所生产的产品出口50%以上,这违反强制许可的规定。飞利浦甚至要求溯及性地撤销已颁发的强制许可。2007年5月,智慧局撤销该强制许可,但是仅限于立即生效,而非溯及过往地生效。原因在于,国硕不再需要强制许可,也没有其他公共利益受到威胁,而且飞利浦未能提供充足的证据证明存在违反强制许可的行为。

然而,台北高等行政法院认为,飞利浦对溯及性地撤销该授权并作出相应决定存在法律利益,鉴于国硕和飞利浦已于2007年9月23日签订和解协议,智慧局决定不上诉,台北高等行政法院的认定成为终局性认定。

A.智慧局的理由

智慧局非常认真地对待这一强制许可申请,其详细说理即可证明:

a.申请人在提交强制许可申请前曾使用过涉案专利,这一事实本身并不使其成为强制许可申请人的资格失效。对强制许可申请资格的承认还不能说明该申请是否可能成功并应予批准。

---

① 1999年,包括台湾巨擘(Princo)在内的台湾地区CD-R制造商向公平会投诉,指控飞利浦等违反台湾地区所谓"公平交易法"中"禁止滥用垄断"和"禁止卡特尔"条款。2001年1月,公平会认定联合许可协议是变相的卡特尔,该认定后来并未得到法院的支持,公平会迫使飞利浦等分别授权他们先前已打包入池的专利。最终,索尼不再收取使用费,因其发现自己在台湾地区没有任何生产CD-R所需的有效专利,而太阳诱电同意通过收取净销售价格的一定比例来授权其专利。

② 尽管和解费的实际金额保密,但其大致数字可从国硕根据台湾地区所谓"证券交易法"必须披露的损失中计算出来。在双方达成和解时,国硕在2007年第三季度每股亏损3.42元新台币。新台币3.42元(每股亏损)乘以注册资本30亿元等于新台币9.4亿元,按美元与新台币汇率(30:1)折算为3,100万美元,亏损其注册资本的三分之一以上。

b.TRIPS协议第31条b款使用的术语“在使用之前”[①]一般仅指“未经权利持有人授权的其他使用”，而不是指任何使用或特定的“使用所涉专利”。该条款仅要求申请人在提交强制许可申请前(而非在使用所涉专利前)，已经以合理的条款和条件与专利权人进行过协商，但未能达成协议。“强制许可的目的既不是为了制裁在谈判许可协议之前使用过相关专利的人，也不是为了剥夺他们申请强制许可的资格……对于在谈判许可合同之前使用过所涉专利的人而言，专利权人可以根据台湾地区所谓“专利法”行使其权利，以获得损害赔偿。在此意义上，没有必要进一步剥夺他们通过申请强制许可寻求合法使用专利的权利。”

c.“合理的商业条件”是一个不确定的法律概念，没有固定的定义，并且商业条款和条件的外延较大，包括许可范围、区域和期限、技术的盈利能力、技术品牌的知名度、竞争情况等。因此，为确定所谓合理的商业条款和条件，应考虑专利的期限、专利的市场前景、整体的社会和公共福利，以及强制许可申请人实际能够负担和支付的条款和条件。在本案的CD-R使用费争议中，如果考虑法律条款的文本、立法理由、立法目的和CD-R技术的全球运营后，客观的第三方将认为申请人所提供的条款和条件没有明显偏离相关技术市场的条件，许可合同双方能看到进一步谈判的可能性，这些条款和条件就足以满足“合理的商业条件”。智慧局承认申请人的主张符合“合理的商业条件”的要求。为证实其结论，智慧局指出以下三个发现，这表明飞利浦确定的许可使用费计算方法有进一步讨论其合理性的空间：(1)中国台湾地区公平会认定飞利浦坚持每盘收费10日元并拒绝给被许可方谈判的机会，是对其市场垄断力量的滥用；(2)美国国际贸易委员会(ITC)[②]认为固定许可使用费具有任意性，因此具有反竞争性，因此飞利浦的美国专利不可执行；(3)中国台湾地区经济事务主管部门“工业局”认定，与电子行业常见的2%—15%的许可使用费率相比，目前CD-R的费率确实过高。

d.“申请人已提供商业条件”是指，只要申请人已提供一种明确的或可指明

---

① TRIPS协议第31条规定，如果一个缔约方的法律允许在未获权利的所有人同意的情况下而对意向专利的实质性内容作其他使用(“其他使用”指的是除第30条所允许之外的使用行为)，包括政府征用或政府授权的第三方的使用，则应遵守下述的规定……(b)只有在使用之前，拟定的使用者已经经过努力，试图在合理的商业性期限和条件下获得权利所有者的同意，但是经过合理的时间的努力之后仍未获得成功，才可以准许这样的使用。

② 然而，联邦巡回上诉法院于2005年9月21日撤销ITC的决定，参见US Philips Corp. v. Intl. Trade Comm'n, 424 F. 3d 1179 (Fed. Cir. 2005)。

的许可使用费计算方法，不论该要约是否在许可协议有效期内提出，均不能排除“申请人已提供商业条件”。本案申请人在2001年3月至4月提出“以净售价的2%—5%计算许可使用费”，另一方对此并未否认。此外，申请人已在申请书中提供证明该计算方法合理性的相关文件，并在不同场合多次表示愿意提供净售价的3%作为强制许可的补偿。因此，“申请人已提供商业条件”的要求原本就应得到满足。

e.“在相当期间”一词应以社会平均观念来衡量，而不是以申请人或被申请人的单方主张来衡量。在2001年3月至2002年4月的一年多时间里，申请人一直试图与飞利浦达成授权协议，但无果而终，这足以证明已经历“相当长的一段时间”。

B.台北高等行政法院的理由

与此形成鲜明对比的是，台北高等行政法院在确定“合理的商业条件”时采取极其严格的方法，这反映中国台湾地区许多法官根深蒂固的“例外必须狭窄解释”的教义原则。根据台北高等行政法院的观点：

a.在确定“合理的商业条件”时，智慧局应综合考虑申请人提出的许可条件，并综合考虑许可使用费的计算方式、许可方和被许可方的利益关切、共同承担的风险、技术品牌的知名度、市场需求、许可的范围、许可的持续时间、被许可的技术、行业内的竞争情况、许可的市场条件和其他许可条件等因素，进行综合评估。申请人提出了合理的许可使用费计算方法，仅有这一事实还不足以说明其已经提供“合理的商业条件”。

b.工业局的调查结果只是质疑飞利浦设定的许可使用费计算方法的合理性，并不能由此推断申请人国硕提出的基于特定价格百分比的许可使用费计算的要约函符合“合理的商业条件”。

c.在寻求继续支付第一份许可合同(该合同由于过高费率而暂停)的背景下，国硕才在2001年3月提出以净销售价格的3%来计算使用费的要约。很明显，要约函并非以台湾地区所谓“专利法”中的强制许可条款作为“商业条件”来获得有关五项专利的强制许可。

d.工业局认定电子行业的普通许可使用费率在2%—15%，这并不能支持国硕建议的许可费率只要在2%—15%便自动符合“合理商业条件”的结论。

e.即使假设飞利浦要求的费率过高或不合理，也不能立即推断国硕的报价因此构成“合理的商业条件”。鉴于CD-R价格的持续下跌，国硕提出的净销售价格固定百分比公式不能被认为是“合理的商业条件”。

f.即便进一步假设太阳诱电要求的许可使用费低于净售价的2%(需要国

硕证实)，也不能立即推断国硕提出的要约因此构成“合理的商业条件”，因为除许可使用费的计算方法之外，还需要考虑案件和许可安排的个别情况。

g.即使假设大量的谈判中包括一项新的许可协议，但国硕提供的谈判备忘录显示，国硕并未提出具体的许可安排。因此，不能认定国硕已经提供“合理的商业条件”。因此，基于谈判已进行一年多就认为“在相当期间”的要求已经得到满足的结论毫无根据。[①]

C.批评与反思

然而，台北高等行政法院2006年诉字2783号的判决没有充分认识到强制许可制度对专利体制的意义和作用，并使申请人承担过重的举证责任。根据该判决，申请人必须首先提议签署一份包含许可费具体计算方法及其他协议安排的新自愿许可协议，而不仅仅是解决现有许可协议中尚未支付的许可使用费问题。在这种情形下才能对条件的合理性进行全面评估。只有当申请人提出“合理的商业条件”时，才能确定该努力是否在“相当期间”作出。这样的要求将不可避免地导致寻求许可方承担出价过高的风险，并最终向专利权人支付过高的费用。

相比之下，德国联邦法院(BGH)只要求申请人的“商业条件”符合“衡平标准”。在2009年“橙皮书标准”的判决中，BGH表示：如果寻求许可方主张专利权人要求的专利使用费过高以至于达到权利滥用的程度，或者专利权人拒绝指明许可使用费，应允许寻求许可方根据衡平标准确定合理的许可使用费。[②]

D.商业或产业意义

中国台湾地区以其在电子和信息技术行业的世界级的OEM(原始设备制造商)和ODM(原始设计制造商)能力而闻名，充当工业化国家之间积极而重要的界面。由于台湾地区的PC制造商将CD-R播放器作为其制造的PC的标准设备，台湾地区推动CD-R在全球普及。

从1998年开始，台湾地区始终占据全球最大的CD-R市场份额，并在2003年达到顶峰(80%)。然而，2003年后台湾地区CD-R的总产量急剧下降，2004年下降到36%，2005年下降到33%，2006年下降到28%。据推测，未能及时获得与CD-R自由落体式下跌价格相适应的许可使用费，可能是产量下降的原因之一。最终，国硕停止在台湾地区生产，并将生产线转移到飞利浦不具有专利或无法收取专利费的地区。另一家总部位于台湾地区的CD-R制造商“台湾精

① 台北高等行政法院2006年度诉字2783号判决(2008年3月12日作出)。

② BGH KZR39/06, pp.38, 39.

碟”(Prodisc,曾是同领域世界第四大制造商)也在 2007 年 8 月被迫停止在台湾地区生产 CD-R,因为飞利浦不愿降低使用费以适应价格的下跌。[①] 如果当初强制许可的功能和相关规定能得到适当的认可和应用,国硕与飞利浦等原本可以实现双赢。

四、亚洲的专利法律制度可以提供什么?

(一)中国台湾地区智慧局颁发技术相关强制许可的启示

台湾地区智慧局授予两个与技术相关的强制许,这可为其他经济体提供启示:(1)TRIPS 协议第 31 条 b 款中的“在使用之前”一词只要求申请人在申请强制许可申请之前与专利权人(1)进行谈判、而不是在使用涉案专利之前,就合理的条款和条件进行谈判,但未能达成协议;(2)将“没有或没有充分使用专利”作为考量因素(如果这仍然构成各个经济体颁发强制许可的理由);(3)即便申请人在提交强制许可申请前使用过所涉专利,其申请强制许可的资格也不受影响,这就是英国《专利法》的规定。[②]

(二)救命药品的强制许可经验

药品专利强制许可的“危害”被毫无根据地夸大,上述亚洲经验可以证明这一点。在亚洲很难得出“强制许可制度普遍对制药公司产生明显不利影响”这一结论。相反,不断增长的人口和医院对医药产品的需求和消费的长期增长,是大型制药公司在任何特定的亚洲市场继续存在的最具决定性的原因。

诚然,我们可以从亚洲救命药品强制许可的经验中吸取一些教训。第一,对于大型制药公司来说,强制许可并不一定意味着亏损。恰恰相反,长期结果更有可能是获得净收益,因为强制许可之前的价格太高,销售额可能非常有限,甚至根本没有销售额。相比之下,强制许可后的降价可带来巨大的销量和财务净收益的增加。第二,跨国制药集团不顾低收入患者的生死而要求高昂的价格,对其纯粹是负面的宣传,特别是在《多哈宣言》通过后。跨国制药集团应该根据各个经济体的经济和收入水平调整其定价策略,尤其是 TRIPS 协议的附件已经规定复杂而详细的机制,以防止专利药品的仿制版本出口到高收入市场。

---

① 参见《飞利浦假扣押精碟 1 亿元》,(台湾)《联合报》2008 年 5 月 7 日;《精碟停产 CD-R》,(台湾)《经济日报》2008 年 5 月 7 日。

② 英国 1977 年《专利法》第 48 条第 3 款规定:“即使申请人已是该专利被许可人,仍可根据本条就该专利提出申请;任何人不得因其在许可或其他事项中做出的任何承认,或因其已接受(专利权人)许可而被禁反言,或禁止其提出相关理由中明确的任何事项。”

(三)防止专利权扩张的措施

新加坡、韩国、日本、越南等亚洲经济体正在积极推进自由贸易协议(Free Trade Agreements, FTAs)。[①]《区域全面经济伙伴关系协议》(Regional Comprehensive Economic Partnership, RCEP)就是成果之一,该协议设有知识产权章节。知识产权章承认专利授权前的异议(第11章第41条第2款c项)[②]和实验性使用例外(第11章第40条)[③],这是一个里程碑,因为大多数国际协议只关注知识产权所有者的权利。对宽泛专利权的防范措施,如专利授权前异议和实验性使用的例外情况,几乎从来不是国际谈判桌上讨论的主题。因此,RCEP标志着一个新时代的到来。亚洲主要经济体可借此率先重塑国际专利法规范,以更好地平衡权利和限制。[④]

(四)针对药品常青专利的防范措施

经历最初的犹豫之后,在入世决定未经国会批准的情形下,印度决定加入世贸组织以克服经济危机。作为发展中国家,印度获得五年的宽限期,另外还有五年时间来修改关于药品专利保护的专利法。印度分别于1999年、2002年和2005年修订《专利法》。2005年的修订在最后一刻引入第3条d款:仅发现已知物质的新形式,而其不会导致该物质的已知功效增强,或仅发现已知物质的任何新性质或新用途,或仅发现已知工艺、机器或设备的使用,除非该已知工

---

① 截至2021年11月,新加坡已签署26个自由贸易协议,参见https://www.enterprisesg.gov.sg/non-financial-assistance/for-singapore-companies/free-trade-agreements/ftas/singapore-ftas;日本签署21个经济合作协议和自由贸易协议,参见https://www.mofa.go.jp/policy/economy/fta/index.html;韩国签署17个自由贸易协议,参见http://www.fta.go.kr/main/situation/kfta/ov/;越南签署12个自由贸易协议,参见https://www. vietnam-briefing. com/news/Vietnam-free-trade-agreements-opportunies-foryour-business.html/。

② RCEP第11章第41条第2款c项规定:"每一缔约方应当规定一项专利制度,该制度包括:(c)在专利获得授权之前,提供进行以下至少一项行为的机会:(1)提交专利申请异议;(2)向主管机关提供可以否定专利申请中主张的新颖性和创造性步骤的信息。"

③ RCEP第11章第40条规定有关专利的实验性使用:"在不限制第11章第38条(授予权利的例外)的情况下,每一缔约方应当规定,任何人可以出于与专利发明的客体有关的实验目的而做出在其他情况下可能侵犯一项专利的行为。"该条款的脚注进一步解释称,每一缔约方可以决定在符合第11章第38条(授予权利的例外)规定的前提下何种行为属于"实验目的"。

④ Prashant Reddy Thikkavarapu, "Will RCEP Redefine Norms Related to Pre-grant Opposition and Experimental Use Exceptions in International Patent Law?" in Kung-Chung Liu and Julien Chaisse (eds.), *The Future of Asian Trade Deals and IP Law*, Oxford: Hart Publishing, 2019, pp.160-161.

艺能造出新产品或使用至少一种新反应物。[①] 引入第3条d款旨在防止“专利常青化”。所谓“专利常青化”指的是一种“寻租”做法，具体来说，制药公司将已获得专利药物的现有配方进行无关紧要或微不足道的更改，借此延长专利垄断权期限。”[②]

在实践中，印度《专利法》有效地抑制了所有生物等效物的专利申请。[③] 印度最高法院在驳回诺华抗癌药物格列卫(Glivec)的专利申请案中解释说：第3条d款中的功效标准取决于所涉产品的预期生产结果。换言之，功效标准将取决于所涉产品的功能、效用或用途。因此，对于声称能治愈疾病的药物，功效标准只能是“治疗效果”。

随即引发的问题是，治疗效果的参数是什么，在确定提高治疗效果时可以考虑哪些优点和益处？就第3条d款的起源而言，尤其是对于第3条d款被修订得比以前更具限制性的情况，我们毫不怀疑，必须严格和狭义地判断药物的“治疗效果”。[④]

药品专利的“常青”若不加以制止，可能会阻碍仿制药市场发展、破坏创新和妨碍公民获得可负担得起的药品和医疗保健服务。世界上其他国家(尤其是发展中国家)可从印度独特的制度和经验中获益。就经验而言，其他国家可学习印度利用“TRIPS中的灵活性智取创新的制药行业”。[⑤]

---

① 根据诺华公司诉印度政府判决[AIR 2013 SC 1311，2013 (54) PTC 1 (SC)，(2013) 6 SCC 1]第51条脚注，沙木德·贝希尔(Shamnad Basheer)教授(不幸英年早逝)作为法庭之友介入此案，并根据2004年《欧洲药品监管指令》(European Drug Regulatory Directive)第10条第2款b项追溯第3条d款修订部分的起源，《欧洲药品监管指令》第10条第2款b项将“仿制药”定义为：与参照药品在活性物质和制药方面具有相同的定性和定量成分，并具有相同的药用形态，通过适当的生物利用度研究，还可证明其与参比制剂具有生物等效性的药品。一种活性物质的不同盐类、酯类、同分异构体、同分异构体混合物、复合物或衍生物应被视为同一活性物质，除非它们在安全性或有效性方面的性质有显著差异。在这种情况下，申请人必须提供额外的信息，以证明授权活性物质的各种盐、酯或衍生物的安全性或有效性。他指出，在《欧洲药品监管指令》的不同语境中使用的表达被纳入《专利法》是出于完全不同的目的，并就第3条d款提出一些重要而有趣的解释要点。

② See Prashant Reddy, *Sumathi Chandrashekaran*, *Create*, *Copy*, *Disrupt-India's Intellectual Property Dilemmas*, Oxford: Oxford University Press, 2017, p.90.

③ Feroz Ali, *The Access Regime-Patent Law Reforms for Affordable Medicines*, Oxford: Oxford University Press, 2016, p.97.

④ Novartis AG v. Union of India AIR 2013 SC 1311, 2013 (54) PTC 1 (SC), (2013) 6 SCC 1. p.180.

⑤ Prashant Reddy and Sumathi Chandrashekaran, *Create*, *Copy*, *Disrupt-India's Intellectual Property Dilemmas*, Oxford: Oxford University Press, 2017, p.109.

(五)承认作为许可人的专利权人具有帮助被许可人实施专利的积极义务

知识产权,如专利权、著作权和商标权,首先是消极权利。换言之,权利持有人有权排除或禁止他人使用其创造成果。然而,权利持有人是否能够实际使用自己的创作,还取决于各种知识产权法外的法规或限制,例如公共利益考虑(安全、公共卫生等)。知识产权不是使用受保护作品本身的积极权利。因此,在专利许可的场景,在没有明确合同约定的情况下,会出现专利权人(许可人)应承担哪些义务的问题。作为许可人的专利权人是否只有不起诉被许可人使用其创造成果的义务?或者,专利权人或许可人有义务做更多的工作,例如提供必要的信息或技术指导或协助。这些都是困扰着日益增多的专利许可业务的常见问题。

在大陆法系法域,这些问题重复出现的频率和数量足以证明在民法典中承认和颁布新的“有名合同”(典型合同)的正当性。中国应该是第一个承认新的技术转让和许可合同为有名合同的国家,并规定处理其重复出现问题的条款。《中华人民共和国民法典》(2021 年 1 月 1 日生效,以下简称《民法典》)规定了一种新的有名合同类型,即技术转让和许可合同,可为其他经济体提供启示。

《民法典》第二十章(技术合同)规定了技术开发合同、技术咨询合同、技术服务合同、技术转让合同和技术许可合同。第三节前 3 条是对技术许可合同的大致说明:可以将现有特定的专利或者专有技术(技术秘密)作为合同标的(第 862 条第 2 款),应当采用书面形式签订(第 863 条第3 款),可以约定实施专利或者使用技术秘密的范围,但不得限制技术竞争和技术发展(第 864 条)。接下来的五个条款区分专利实施许可合同(第 865—867 条)和技术秘密转让合同(第 868—869 条)。专利实施许可合同仅在专利存续期限内有效。专利权有效期限届满或者专利权被宣告无效的,专利权人不得就该专利与他人订立专利实施许可合同。(第 865 条)专利实施许可合同的许可人应当按照约定许可被许可人实施专利,交付实施专利有关的技术资料,提供必要的技术指导。(第 866 条)实施专利合同的被许可人应当按照约定实施专利,不得许可约定以外的第三人实施专利,并按照约定支付使用费(第 867 条)。技术秘密转让合同的让与人和技术秘密使用许可使用合同的许可人应当按照约定提供技术资料,进行技术指导,保证技术的实用性、可靠性,承担保密义务。(第 868 条)技术秘密转让合同的受让人和技术秘密使用许可合同的被许可人应当按照约定使用技术,支付转让费、使用费,承担保密义务。(第 869 条)

第三节的其余部分(第 870—877 条)则是继续调整一般的技术转让合同和

技术许可合同。技术转让合同的让与人和技术许可合同的许可人应当保证自己是所提供的技术的合法拥有者，并保证所提供的技术完整、无误、有效，能够达到约定的目标(第 870 条)。到目前为止，这一立法成就在进一步构建专利许可合同法的潜力方面，尚未被中国乃至世界进行适当评估。[①]

至少有一件事是明确的:《民法典》确立作为许可人的专利权人帮助被许可人实施其专利的积极义务，尽管此类实施通常受制于外部法规或第三方的同意(在从属专利的情况下)，而非专利权许可人的主观能力所能控制。尽管如此，作为许可人的专利权人只要尽最大努力就可履行其积极义务。德国专利许可法的比较研究显示，这一规定基本上符合司法实践中的德国通说观点。[②] 此外，《民法典》要求专利许可人保证其对所提供技术拥有合法所有权并保证提供的技术能正常运作。

---

① 相反，有学者认为，由于专利技术可以被无限多人在不同地点同时使用，给予当事人更多的自由，让他们自己决定是否提供积极的协助似乎是更好的立法选择。参见 Zhang Yi，“The Understanding of Patent Exploitation Permission in Art. 866 of the Chinese Civil Code”，(*GRUR*) *International*: *Journal of European and International IP Law*，vol.71，no.1，(2022)，pp.18-23。

② See Michael Gross，*Der Lizenzvertrag*，12. Auflage，Frankfurt am Main: Fachmedien Recht und Wirtschaft，2020，pp.13，19，23，243.

第三章　商标法与商标案件的特点

一、亚洲商标图景

（一）从仿冒者到商标使用者与促进者

作为世界上最大、增长最快的市场和制造工厂（包括合法和非法商品），亚洲几乎不可避免地与“假冒泛滥”联系在一起。然而，亚洲的商标图景已经发生巨大变化。由于已在经济增长中认识到商标的重要性，亚洲主要法域正迅速从仿冒者转变为商标使用者和促进者。在过去二十年中，亚洲主要经济体的商标申请和注册量大幅增加。[①]

（二）打造全球最佳品牌

根据知名品牌咨询公司英图博略（Interbrand）的《全球最佳品牌》（Best Global Brands）报告，在过去20年里，亚洲公司已成为品牌的“行家里手”。在2000年的全球100个最具价值品牌中，只有5个来自亚洲，分别是丰田（第15位）、索尼（第18位）、本田（第20位）、三星（第46位）、松下（第54位）。[②] 但在2020年，有11个来自亚洲，分别是三星（第5位）、丰田（第7位）、本田（第20位）、现代（第36位）、索尼（第51位）、日产（第59位）、佳能（第71位）、任天堂（第76位）、华为（第80位）、松下（第85位）和起亚（第86位）。[③]

---

① 详细内容，可参见本书第一章“三、亚洲知识产权的发展特色”。

② See Interbrand, *Best Global Brands Previous Years*, https://www.interbrand.com/best-brands/best-global-brands/previous-years/2000.

③ See Interbrand, *Best Global Brands* 2020 *Rankings*, https://learn.interbrand.com/hubfs/INTERBRAND/Interbrand_Best_Global_Brands%202020_Desktop-Print.pdf.

二、持续纠结于商标“使用”问题

各国商标制度对商标使用的定义和要求各不相同。德国《商标法》正确地区分商标的“维持权利使用”(rechtserhaltende Benutzung,也称“维持商标的使用”)和“侵权使用”(rechtsverletzende Benutzung),后者的范围比前者更广。[①]亚洲商标法似乎仍在努力解决商标“使用”的问题,包括商标维权使用与商标侵权使用,印度尼西亚和中国台湾地区法院的两项判决即为适例。

(一)印度尼西亚法院对商标维权使用的苛刻定义

商标维权使用是对注册商标的维持。它要求在自己的产品或者服务上真实使用自己的商标,从而实现商标识别来源的功能。注册商标自注册日起或者最后一次使用日起连续 3 年未在商业活动中使用的,可以撤销注册。这是撤销商标的一个普遍理由,在中国、印度尼西亚、韩国、日本等亚洲主要经济体皆是如此。印度尼西亚《商标和地理标志法》第 74 条第 1 款(2016 年第 20 号法案)规定:“具有合法权益的第三方也可以通过在商业法院提起诉讼的方式请求撤销注册商标,理由是该商标自注册或最后一次使用日起,在商品或服务贸易中连续 3 年未被使用。”第 74 条第 2 款进一步规定:“前款规定的撤销事由在以下情形不适用:(1)进口限制;(2)与带有所涉商标商品流通许可有关的限制或与有关当局临时决定的限制;(3)政府规章中的其他类似限制。”

在 2015 年“Inter IKEA System B.V. v. PT. Ratania Khatulistiwa 案”中,印度尼西亚雅加达中央商事法院和最高法院对“在商品或服务贸易使用”的定义狭窄甚至苛刻,并责令知识产权局将宜家(IKEA)这一无疑是著名的注册商

---

① 德国《商标法》第 26 条(商标的使用)第 1 款对商标的维权使用进行界定:“因对注册商标的权利主张或注册的维持取决于该商标的使用,所有权人必须在本国范围内将商标真正使用于注册的商品或服务上,除非有不使用的正当理由。”为有效保护商标权,该法在第 14 条第 3 款对商标侵权使用的态样也采开放例示而不是封闭穷尽列举:“如果满足第 2 款所述的必要条件,尤其应当禁止下列行为:(1)将该标志附着于商品或其包装上;(2)以该标志提供商品,将其投入市场或为此目的储存;(3)以该标志提供或供应服务;(4)以该标志进口或出口商品;(5)使用标志作为商号或商业名称的全部或部分;(6)在商业文件或广告中使用该标志;(7)以违反欧盟《关于误导广告和比较广告指令》(Directive 2006/114/EC)的方式在比较广告中使用标志。”第三人对商标的侵权使用必须广义解释,比第 26 条规定的使用范围更广。参见 Paul Ströbele & Franz Hacker, Markengesetz (Kommentar), 12 Auflage, Carl Heymanns (Verlag), 2018, § 14, Rdnr. 75。

标从注册簿中移除。[①] 带有原告(宜家)注册商标"IKEA"的第20类与21类家具产品已经由若干印度尼西亚公司在印度尼西亚生产或制造,其中包括卡雅拉·苏塔林多公司(PT Karya Sutarindo)和菲恩多拉国际公司(PT Findora Internusa),这两家公司根据原告或其关联公司的采购订单获得授权。然而,印度尼西亚最高法院坚持认为:"在本诉讼提起之前,原告从未在印度尼西亚境内的家具店销售或营销过带有IKEA标志的产品;这应该可以确定第21类、注册编号为IDM000277901的宜家商标……以及注册编号为IDM000092006的宜家商标……自其注册日起,在印度尼西亚货物贸易中连续3年没有被使用。"这是对商标维权使用的一种不合理的苛刻理解,因为它完全忽视正在超越线下业务的在线交易。[②]

(二)中国法院否认谷歌将他人商标出售为搜索关键词属于商标使用

中国、日本、韩国等地[③]的商标法沿袭美国商标法[④],未区分商标维权使用和商标侵权使用。例如,中国台湾地区所谓"商标法"第5条定义"商标使用"[⑤],是商标维权使用的典型定义。然而,台湾地区的法院和智慧局也将该定义适用于侵权使用。无独有偶,新加坡法院也将未经授权的使用(侵权使用)解读为包

① Supreme Court of Indonesia 264 K/Pdt. Sus-HKI/2015 (decided on 12 May 2015). 本判决没有英文版本,转引自 Prayudi Setiadharma, "Legal Consequences of Non-Use in Indonesia", in Kung-Chung Liu (ed.), *Annotated Leading Trademark Cases in Major Asian Jurisdictions*, London: Routledge, 2019, pp.25-31。

② 对此判决的批评,参见 Prayudi Setiadharma, "Legal Consequences of Non-Use in Indonesia", in Kung-Chung Liu (ed.), *Annotated Leading Trademark Cases in Major Asian Jurisdictions*, London: Routledge, 2019, pp.31-33。

③ 然而,新加坡的《商标法》与印度和马来西亚的商标法相同。新加坡《商标法》的规定在第22条(维权使用)和第27条(侵权使用)。印度《1999年商标法》第29条和第47条分别处理商标的侵权使用和维权使用。马来西亚《2019年商标法》第46条处理商标维权使用问题,第54条处理商标侵权使用问题。

④ 在美国,没有商标使用的定义。《蓝能法》(15 USC 1114)第32条只要求侵犯商标权人将商标"用于商业"或"用于商业"的标签、标志、印刷品、包装、包装纸、容器或广告中的非法"复制、伪造、复制或着色模仿"。该法第45条(15 USC 1127)包含"商业使用"的定义,即"在正常贸易过程对标志的善意使用,而不仅仅是为了保留标志的权利"。这显然不符合侵犯商标侵权使用的情形,因为侵权者通常不是善意的。"'商标使用'的法定要求是间接和隐含的,要求侵权的成立须具有混淆之虞。"参见 Thomas McCarthy, *McCarthy on Trademarks and Unfair Competition*, Eagan, MN: Thomson Reuters, 2017, §23:11.50。

⑤ 台湾地区所谓"商标法"第5条(商标之使用)规定:"商标之使用,指为行销之目的,而有下列情形之一,并足以使相关消费者认识其为商标:(1)将商标用于商品或其包装容器;(2)持有、陈列、贩卖、输出或输入前款之商品;(3)将商标用于提供服务有关之物品;(4)将商标用于商品或服务有关之商业文书或广告;前项各款情形,以数位影音、电子媒体、网络或其他媒介物方式为之者,亦同。"

括一项隐含的要求：被用作商标（*used as a trademark*），以指示商品或服务的来源。[①] 然而，在台湾地区著名的谷歌关键词广告案中，这种二合一的做法却导致了不理想的结果。

1.台湾地区智慧财产及商业法院

2013 年 1 月 24 日，台湾地区智慧财产及商业法院（由 1 名法官独审的一审程序）首次审理关于搜索引擎对关键词广告的法律责任议题[②]，该案涉及台湾地区的著名商标“幸福空间”（该商标为幸福空间有限公司所有，用于室内设计和装饰的门户网站）。[③] 法院认为，互联网用户输入的关键词与谷歌（Google）无涉。“Google 以搜寻结果页面提供广告空间给广告主放置广告，既未积极标示任何商标，亦未以系争商标作为表彰商品或服务之标识，且网络使用者键入关键字搜寻后，见搜寻页面广告栏位出现系争广告，亦无从认识该广告有何标示商标之意。”[④]因此，该判决得出结论：不存在对“幸福空间”商标的使用，也不存在商标法或不正当竞争的责任。

经上诉，智慧财产及商业法院在由三人合审的二审程序中维持了一审关于不存在“幸福空间”商标使用的判决，但谷歌涉嫌帮助各广告主为不正当竞争行为，共同违反台湾地区所谓“公平交易法”第 25 条[⑤]，并（依幸福空间有限公司请求）禁止谷歌贩售系争商标“幸福空间”作为关键词广告。此外，因法院发现谷歌蓄意违反上述规定，以该广告费总收入三倍判给幸福空间有限公司为损害赔偿。该案经谷歌上诉，但被“最高法院”驳回。[⑥]

智慧财产及商业法院认定的案件事实如下：被上诉人（谷歌）将上诉人（幸福空间有限公司）注册之著名商标“幸福空间”文字贩售予广告主作为网络关键字广告，并以内部程式设计将关键字“幸福空间”与广告主之广告文案做连结。如有消费者于网页搜寻引擎输入“幸福空间”文字搜寻，即会连结广告主之广告

---

① City Chain Stores (S) Pte Ltd v. Louis Vuitton Malletier [2010] 1 SLR 382，转引自 Ng-Loy Wee Loon，*Law of Intellectual Property of Singapore*，Singapore：Thomson Reuters，2021，p.[23.3.5]。关于法院判决的相同立场解释，参见 Warren Chik，Saw Cheng Lim，*Information and Communications Technology Law in Singapore*，Singapore：SAL Academy Publishing，2020，p.08.048。

② 参见台湾地区智慧财产及商业法院（2012 年）民商诉字第 22 号判决，2013 年 1 月 24 日。

③ 参见“幸福空间-室内设计、装潢、居家生活、影音平台”，https://hhh.com.tw/。

④ 刘孔中：《从 Google 关键字广告判决探讨商标维权使用与商标侵权使用的区别》，（台湾）《月旦法学》2016 年第 256 期。

⑤ 参见台湾地区智慧财产及商业法院（2013 年）民商上字第 8 号判决，2015 年 2 月 12 日。台湾地区所谓“公平交易法”第 25 条作为一般性条款，禁止“其他足以影响交易秩序之欺罔或显失公平之行为”。

⑥ 参见台湾地区“最高法院”（2016 年）台上字第 81 号判决（2016 年 1 月 14 日作出）。

文案,并显现在搜寻网页最上方、下方、右方等明显处,被上诉人(谷歌)并依消费者点选计次收取广告费。被上诉人(谷歌)虽否认有贩售“幸福空间”文字予广告主作为网络关键字广告,辩称所有关键字广告皆系广告商所为与其无关。

但广告主向谷歌购买关键词广告时,并未自行设定欲购买之关键字广告,而系由谷歌评估本公司产品、服务即广告主所欲推行之活动企划案后,由谷歌提供适合之关键字字组。显而易见,谷歌有主动向其关键字广告转售商建议系争“幸福空间”商标文字作为关键字广告使用,而由广告主代理公司进行关键字广告。综上所述,不可否认谷歌“全盘掌控台湾地区 Google 关键字广告销售及实际进行关键字广告内容有关事宜”。

虽然谷歌公司不经营室内设计相关业务,与幸福空间有限公司不存在竞争关系,但其将系争商标列入关键字建议书并建议广告主购买该关键字广告在先,并通过转售广告商的月度报告可知晓广告主正进行“幸福空间”关键字广告,幸福空间有限公司曾两度以存证信函告知其移除。谷歌在已经知晓系争关键字广告可能构成不公平竞争,侵害幸福空间有限公司权益的情况下,并未移除系争关键字广告,只是函复幸福空间有限公司自行填写英文申诉表格向美国谷歌总公司申诉。

台湾地区智慧财产及商业法院在上诉判决中的意见如下:

(1)“商标使用”的统一定义

台湾地区现行所谓“商标法”第 5 条规定于第一章(总则)中,各分则章节未另有特别规定,商标维权使用和侵权使用应一体适用总则商标使用定义的规定。有些学者认为他人侵害商标权之使用与商标权人为维持其权利之使用,有所不同。但观分则就商标侵权部分并未有特别规定,商标侵权仍应当适用总则之规定。因此,台湾地区现行所谓“商标法”第 5 条的立法理由明确指出:商标之使用,可区分为商标权人为维持其权利所为之使用及他人侵害商标权之使用两种样态,二者之规范目的虽有不同,唯实质内涵皆应就交易过程中,其使用是否足以使消费者认识该商标加以判断,爰明定于总则,以资适用。

台湾地区智慧局所著《“商标法”逐条释义》(2013 年 12 月版第 11 页)亦载明:“未经商标人同意之侵害商标权的使用行为样态,乃依本法第 5 条之规定加以判断。”可见,依台湾地区“商标法”之立法体例及立法意旨,不论商标权人为维持其权利所为之使用及他人侵害商标权(不包含视为侵害商标权[①])之使用,均须有第5条之商标使用行为。[②]

(2)“需足以使相关消费者认识其为商标”,要求外在、有形之商标使用

所称“需足以使相关消费者认识其为商标”,意指客观上足以使相关消费者认识其为商标,才具商标的识别功能,达到商标使用之目的。亦即除商标权人使用以表彰其识别功能外,当商标权人以外之第三人使用商标,若其使用结果可能造成商品或服务之相关消费者混淆误认,而无法借由商标来正确识别商品或服务来源时,则第三人使用商标之行为即应予禁止,以避免商标识别功能遭受破坏。故须是外在、有形之商标使用,才足以使相关消费者认识其为商标,才会造成表彰商品或服务之来源发生混淆误认。[③]

(3)谷歌的行为不属于“商标使用”

由谷歌转售予广告商、贩售予广告主的关键字广告业务,系由谷歌将“幸福空间”文字于内部程式做出指令连结,消费者于谷歌搜索引擎输入“幸福空间”关键字后,搜寻页面之广告空间即会出现选定该关键字之广告主所拟定之广告文案。因此搜寻结果之页面中,虽搜寻栏位所键入之关键字与系争广告置于同一页面,然该关键字系由网络使用者所键入,并非谷歌或广告主所输入。谷歌以搜寻结果页面提供广告空间予广告主放置广告之行为,既未积极标示任何商标;且谷歌并未从事室内设计或装潢等业务,也没有以系争商标表彰行销其商品或服务之行为。网络使用者键入“幸福空间”关键字搜寻后,见搜寻页面之广告栏位出现广告,亦无从认识该广告有何标示系争商标之意。谷歌将“幸福空间”文字于内部程式做指令连结,属于内部无形之使用,并非外在有形之使用,均不足以使相关消费者认识其为商标,并不符合商标使用的要件。[④]

2.批评

显然,该判决有诸多缺陷。

---

① 台湾地区所谓“商标法”第70条规定的“视为侵权行为”:“未得商标权人同意,有下列情形之一,视为侵害商标权:一、明知为他人著名之注册商标,而使用相同或近似之商标,有致减损该商标之识别性或信誉之虞者。二、明知为他人著名之注册商标,而以该著名商标中之文字作为自己公司、商号、团体、网域或其他表彰营业主体之名称,有致相关消费者混淆误认之虞或减损该商标之识别性或信誉之虞者。三、明知有第68条侵害商标权之虞,而制造、持有、陈列、贩卖、输出或输入尚未与商品或服务结合之标签、吊牌、包装容器或与服务有关之物品。”

② 台湾地区智慧财产及商业法院(2013年)民商上字第8号判决(2015年2月12日作出)。

③ 台湾地区智慧财产及商业法院(2013年)民商上字第8号判决(2015年2月12日作出)。

④ 台湾地区智慧财产及商业法院(2013年)民商上字第8号判决(2015年2月12日作出)。

(1)侵权使用并不要求“作为商标使用”,而要求破坏他人商标的功能

商标的侵权使用是相同或混淆性近似地将他人商标作为自己商标使用,以表彰自己商品或服务的来源。意在使自己的商品或服务冒充其他商标所有人的商品或服务,或攀附他人商标的声誉,或削弱他人商标的声誉。侵权使用的目的始终具有破坏他人商标的功能,或是通过误导相关公众,使其相信两者来源相同或存在关系(如附属、联合经营、许可等),或是对他人的驰名商标进行弱化、贬损或“搭便车”使用。

然而,有人主张,在被认定成立台湾地区所谓“商标法”所规定的侵权使用前,被告的使用必须是“商标使用”。即作为侵权初步证据的一部分,商标所有人必须证明被告正在“使用商标”以指代其商品或服务。但正如美国商标与反不正当竞争法领域的权威学者托马斯·麦卡锡(Thomas McCarthy)正确指出:“这种定性的问题在于,《蓝能法》(The Lanham Act)从未明确要求‘当作商标使用’是商标侵权的要件。”“《蓝能法》第 45 条对‘商业使用’的定义并未限制被诉方构成侵权行为的使用种类。”①

因此,“当互联网用户在搜索结果页面的广告区看到由他们输入的关键词引发的广告时,是否知道这些广告意在展示商标”这一点,并不是决定性的。更重要的是,他人商标的功能是否因侵权使用而受到破坏。因此,使用是否为外在、有形的,以可能使相关消费者认识到它是一个商标②,或使用的形式是否能够“被人类独立地感知(例如互联网查阅服务中的关键词)”,其重要性微不足道。③ 将侵权使用与他人商标的功能是否被破坏相挂钩,更契合商标贸易日益网络化的商业现实。

回到本案,谷歌将他人拥有的驰名商标文字作为关键字出售给广告主,可能构成商标侵权使用。

(2)承认侵权使用并不等同于认定为侵犯商标权

从他人商标功能被破坏的角度看待商标侵权使用以及承认侵权使用,并不等同于认定侵犯商标权。相反,这只是侵权认定的第一步,接下来还需要审查侵权使用连同案件的其他情形是否严重到足以构成侵犯商标权,以及是否有免

---

① See Thomas McCarthy, *McCarthy on Trademarks and Unfair Competition*, Eagan, MN: Thomson Reuters, 2017, § 23:11.50.

② “因此,第三方用于广告目的的标识本身没有出现在广告中,并不意味着这种使用不属于‘使用’的概念。”转引自 CJEU Google v. Louis Vuitton Joined Cases C236/08 to C-238/08, p.65。

③ See Paul L C Torremans, *Kerly's Law of Trade Marks and Trade Names*, London: Sweet and Maxwell, 2018, pp.16-014.

除损害赔偿的免责事由。假设互联网用户已经变得精明并经常从事“比较购物”以“探索互联网的全部潜力”，在线消费者则几乎不可能对相关商品或服务的来源感到困惑[①]，但该假定具有推测性，且可能低估互联网广告的复杂程度。[②]

如果因不存在“商标使用”而不能认定商标的侵权使用，其他审查步骤将完全是多余的。以本案为例，由于谷歌的行为不属于“商标使用”，无论谷歌实施何种行为，都将完全豁免商标法的进一步审查。对于商标法而言，这无疑是一项不妥的商标法公共政策。

(3)抑制商标权人质疑强大搜索引擎的关键字广告

幸福空间有限公司花费数年时间在三个审级诉讼，并支付大量的律师费和专家费（笔者为专家证人之一为本案提供法律意见）。然而，基于谷歌具有侵权故意，判决仅判给幸福空间有限公司 67，146 元新台币，该数额是实际损害赔偿（22，382 元新台币）的三倍。这笔赔偿金完全是根据谷歌的统计数据计算得出的，幸福空间有限公司、智慧财产及商业法院均无法核实这些数据或证明其伪。事实上，法院的无力同样限制其对禁令是否执行的控制，即法院无法查证谷歌是否会继续将“幸福空间”作为关键字出售给广告商。将这些因素综合在一起，商标权人（甚至是驰名商标权人）挑战强大搜索引擎关键字广告的动机将受到很大的抑制。长此以往，将陷入搜索引擎的商业活动完全不受法院约束的恶性循环。

三、驰名商标的保护

驰名商标一直对人们的购买行为有着不可思议的影响，也是互联网时代重要的知识产权客体。因此，保护驰名商标是当今时代的首要要求。

（一）对抗在类似和不同商品或服务上注册混淆性近似的商标

1.混淆性近似

驰名商标的权利人可以提起异议或申请撤销在后注册于类似和不同商品或服务上的混淆性近似商标，这是诸多主要经济体商标法上的一项有效原则，而非仅限于亚洲经济体。在此背景下，韩国最高法院和菲律宾最高法院的两项

---

① Warren Chik, Saw Cheng Lim, *Information and Communications Technology Law in Singapore*, Singapore: SAL Academy Publishing, 2020, pp.08.053-08.055.

② 据 Neeva 称[Neeva 是由斯里德哈·拉马斯瓦米（Sridhar Ramaswamy，谷歌前广告业务高级副总）和维韦克·拉古纳坦（Vivek Raghunathan, YouTube 前资产变现业务副总）创建的无广告的私人搜索引擎]，40％的搜索结果实际上是广告。参见 https://neeva.com/。

判决值得关注。2013年,在一起涉及众所瞩目的美国伟哥(Viagra)案中,伟哥的钻石菱形和蓝色结合后被注册为立体商标,而仿制品几乎是伟哥的复刻。韩国最高法院正确地判定:尽管二者在外形上存在共同点,但基于包装上的名称、仿制产品本身、仿制产品上的商标、公司名称以及大多数仿制药由药剂师根据医生的处方提供等事实,人们难以确定仿制药可能会引起消费者的误认或混淆。①

在菲律宾,根据《知识产权法典》第123条第1款(f)项的规定,与驰名商标的混淆近似是拒绝商标注册的理由。2004年,菲律宾最高法院在一项判决中认为,侵犯商标权问题应通过"主要部分原则"(the test of dominancy)而非"通体观察原则"(the holistic test)认定。根据主要部分原则,"法院更重视因采用注册商标的主要特征而产生的产品外观相似性,而不考虑微小的差异"。法院将更多地考虑"商标在公众心中产生的听觉和视觉印象,而不会考虑价格、质量、销售网点和细分市场等因素"②。

2.时间限制

一般来说,注册商标在一定期限内才可被撤销或确认无效(例如,在中国、日本③为注册后的5年内,韩国为注册后的3—5年内)。在一些亚洲经济体,如果在后注册存在"恶意"④,将不适用时间限制。以印度尼西亚为例,2016年,印度尼西亚最高法院在一项判决中确认,对驰名商标等的恶意注册提起撤销诉讼不受时间限制。⑤ 该判决影响2016年修改的《商标与地理标志法》,将"恶意注

---

① 韩国最高法院2015年10月15日判决(2013Da84568)。因无英文版本,转引自 Byungil Kim, "Protection of Famous Product Configuration Mark (Viagra Trademark for Diamond Shape and Blue Color) in Korea", in Kung-Chung Liu (ed.), *Annotated Leading Trademark Cases in Major Asian Jurisdictions*, London: Routledge, 2019, pp.282-286。

② See McDonald's Corporation v. L.C. Big Mak Burger, Inc., G.R. No. 143993 (decided on 18 August 2004), 437 SCRA 10, p.32.

③ 在日本,《商标法》第47条第1款规定,在5年内未提出无效审理请求的注册商标具有无可争辩的效力。然而,根据2017年日本最高法院的一项判决,在5年期限届满后,被指控侵权的未注册驰名商标所有人仍有权进行新的滥用权利抗辩。日本最高法院平成27(Ju)第1876号判决,2017年2月28日,最高裁判所民事判例集第71卷6号221页。该判决的英文版本可访问 https://www.courts.go.jp/app/hanrei_en/detail? id=1514。

④ 相关规定,如《中华人民共和国商标法》第13条第3款与第45条、中国台湾地区所谓"商标法"第30条第1项第11款与第58条第2项。

⑤ 印度尼西亚2016年《商标与地理标志法》第76条第2款规定,存在恶意因素或商标与国家意识形态、现行法律、道德、宗教、礼仪或公共秩序相冲突的,撤销诉讼不受时效限制。

册”列为撤销商标事由之一,并免受诉讼时效的限制。[①]

(二)对抗淡化或淡化之虞

1.依据成文法

一些亚洲经济体在其商标法规有明确规定,禁止对驰名商标的淡化之虞(如中国台湾地区)或实际淡化(如印度和新加坡)。[②] 在此背景下,对印度和中国台湾地区的进一步研究,可以揭示混淆之虞(likelihood of confusion)和淡化之虞(likelihood of dilution)的有趣对比,即印度显然认为这两个术语是独立的,但中国台湾地区智慧财产及商业法院认为两者可以相互替换。

印度 1958 年《贸易与商品标志法》(Trade and Merchandise Marks Act)并没有关于淡化的条文,而是在 1999 年引入《商标法》第 29 条第 4 款[③]之后才出现的。2011 年,印度最高法院在一个案件中适用 1958 年《贸易与商品标志法案》关于“假冒”(passing off)的一般规则,承认在存在混淆的情况下“侵犯声誉和商誉”,并认为虽然涉案商标的声誉是在安得拉邦(Andhra Pradesh)的小地理区域而非整个印度,但足以认定声誉和商誉受到损害。[④] 然而,随着 1999 年《商标法》的通过,第 29 条第 4 款“淡化”的法定概念与传统理解(假冒下消费者受骗或混淆的一种损害)脱节,旨在独立于任何消费者混淆而适用“淡化”,明显未提及消费者混淆概念。[⑤]

迄今为止,尚未有任何法院判决涉及第 29 条第 4 款“在印度享有声誉”所要求的门槛或范围。最近,德里高等法院驳回关于 ITC 酒店集团(ITC Group)拥有的“WELCOMGROUP”标识的“淡化”诉请。其理由中的重要一点为,该标

① See Supreme Court of Indonesia, Grattiano Deru v. Bayerische Motoren Werke Aktiengesellschaft, 113 K/Pdt.Sus-HKI/2016 (decided on 26 May 2016)。无英文版本,转引自 Prayudi Setiadharma, “Bad-faith Registration of Marks Similar to Well-known Ones as Ground For Registration Cancellation in Indonesia”, in Kung-Chung Liu (ed.), *Annotated Leading Trademark Cases in Major Asian Jurisdictions*, London: Routledge, 2019, pp.272-275。

② 但一些亚洲经济体(如印度尼西亚和菲律宾),尚未就驰名商标的淡化之虞或实际淡化问题作出明确的法律规定。

③ 印度 1999 年《商标法》第 29 条第 4 款的相关部分规定:“(4)非登记所有人或准许使用人在交易中使用以下标记侵犯注册商标权:(c)注册商标在印度享有声誉,无正当理由使用商标会不公平地利用或损害注册商标的显著性或声誉。”

④ See The Indian Supreme Court, T.V. Venugopal v. Ushodaya Enterprises Ltd. & Anr., (2011) 4 SCC 85, (decided on 3 March 2011), p.102.

⑤ See Renuka Medury, Trade Mark Dilution Before and After Section 29(4) of the Indian Trade Marks Act, in Kung-Chung Liu (ed.), *Annotated Leading Trademark Cases in Major Asian Jurisdictions*, London: Routledge, 2019, p.241.

识在度假服务行业之外没有任何知名度。[①] 因此，或许可以说，小范围“利基”(niche)市场的知名度不足获得该法第29条第4款反淡化保护。[②]

中国台湾地区所谓“商标法”引入反淡化保护是仿效美国1995年《联邦商标反淡化法》(The Federal Trademark Dilution Act)，从2003年的“淡化”要求演变为2010年的“淡化之虞”[③]，这与美国2006年《商标淡化修正法》(Trademark Dilution Revision Act)的规定一致。然而，与美国法院一样，台湾地区智慧财产及商业法院的判决一直在与淡化的概念作斗争，并倾向于将混淆之虞和淡化之虞视为可互换的。该看法除其他缺陷外，忽视历史事实，即“淡化之虞”发展是为了涵盖“混淆之虞”无法涵盖的情形，也就是对商标产品或服务的来源或两者之间的关系不存在混淆之虞，但驰名商标的显著性(distinctiveness)或声誉仍被削弱或不正当地利用。[④]

2.依据司法机构

在中国大陆，处理反淡化问题的有关法条是最高人民法院2009年发布并于2020年修改的《关于审理涉及驰名商标保护的民事纠纷案件应用法律若干问题的解释》(法释〔2020〕19号)第9条第2款，其规定足以使相关公众认为被诉商标与驰名商标具有相当程度的联系，而减弱驰名商标的显著性、贬损驰名商标的市场声誉，或者不正当利用驰名商标的市场声誉的，属于商标法第十三条第三款规定的“误导公众，致使该驰名商标注册人的利益可能受到损害”。[⑤]

马来西亚在1976年《商标法》中并没有具体的保护驰名商标不被淡化的规定。然而，2017年，马来西亚上诉法院(Malaysian Court of Appeal)认可商标局局长(Registrar of Trade Marks)以驰名商标被淡化为由拒绝将与第三方商标

① See ITC Limited v. Philip Morris Products SA and Ors., 2010 (42) PTC 572 (Del.), p.50.

② See ITC Limited v. Philip Morris Products SA and Ors., 2010 (42) PTC 572 (Del.), p.50.

③ 商标法学者基本上认同，几乎不可能证明实际淡化确已发生。

④ 参见台湾地区智慧财产及商业法院(作为二审法院)(2016年)民商上字第7号，2017年5月11日判决。台湾地区“最高法院”在(2019年)台上字第976号民事裁定驳回本案上诉。更多分析可参见Kung-Chung Liu, Fa-Chang Cheng, “Taiwan IP and Commercial Court Decisions Tend to Treat Likelihood of Confusion and Likelihood of Dilution as Mutually Interchangeable”, in Kung-Chung Liu (ed.), *Annotated Leading Trademark Cases in Major Asian Jurisdictions*, London: Routledge, 2019, pp.252-265。

⑤ 有关判决，可参见Weijun Zhang, “The Protection of Well-known Marks against Dilution in China”, in Kung-Chung Liu (ed.), *Annotated Leading Trademark Cases in Major Asian Jurisdictions*, London: Routledge, 2019, pp.221-229。

相同或近似的商标注册在不同商品或服务上。[1]

（三）对抗不正当竞争

除商标法外，也可通过不正当竞争法保护驰名商标，因为商标法是从不正当竞争法发展而来的，但这可能会导致重叠保护。中国台湾地区在经过多年的试错后，自 2015 年起明确规定，台湾地区所谓"公平交易法"第 22 条只处理防止公众普遍知悉的未注册商标的混淆之虞。

相比之下，韩国《防止不正当竞争和商业秘密保护法》(The Unfair Competition Prevention and Trade Secret Protection Act)对标志的保护范围比《商标法》更广泛[2]，《防止不正当竞争和商业秘密保护法》对众所周知的注册和未注册商标都可以提供保护，而《商标法》只保护已注册的驰名商标。此外，《商标法》只能在商标相同或近似以及商品相同或类似的要求范围内保护商标。《防止不正当竞争和商业秘密保护法》也保护对不同商品使用相同或近似的标记（日本也是如此）。[3]

在菲律宾，《知识产权法典》规定侵犯商标权和不正当竞争的诉讼事由包括，商标之间存在混淆之虞、商品外观上的整体相似性以及被告将自己的商品仿冒成原告商品的欺诈意图。[4] 菲律宾最高法院在"麦当劳公司诉 L.C.Big

---

① See Y-Teq Auto Parts (M) Sdn Bhd v X1R Global Holding Sdn Bhd & Anor, Court of Appeal (decided on 11 January 2017), reported in [2017] 2 Malayan Law Journal 609。相关分析参见 Tay Pek San, "Dilution of a Well-known Trade Mark as Ground for Refusal of Registration of an Identical or Similar Mark for Different Goods or Services in Malaysia", in Kung-Chung Liu (ed.), *Annotated Leading Trademark Cases in Major Asian Jurisdictions*, London: Routledge, 2019, pp.238-239。

② 韩国《防止不正当竞争和商业秘密保护法》第 2 条列出八种与非法使用商标有关的不正当竞争行为。

③ See Byungil Kim, "Protection of Famous Product Configuration Mark (Viagra Trade-mark for Diamond Shape and Blue Color) in Korea", in Kung-Chung Liu (ed.), *Annotated Leading Trademark Cases in Major Asian Jurisdictions*, London: Routledge, 2019, p.280.

④ 菲律宾《知识产权法典》第 168 条的相关部分规定："第 2 款 任何人如果使用欺骗或任何其他违反诚信的方式，将其生产或经营的商品、其业务或服务仿冒成其他已建立商誉的人的商品、业务或服务，或采取任何旨在产生上述结果的行为，构成不公平竞争，并将因此受到起诉。第 3 款 下列行为（但不限于）尤其构成不正当竞争：(1)任何正在出售其货物的人在其货物上使用其他生产商或经销商货物的整体外观（不论是就货物本身或就货物的包装而言）、包装上的图形或文字或其外观的任何其他特征，从而可能影响购买者相信其所提供的货物是该制造商或经销商的货物，而不是实际的制造商或经销商，或以其他方式给货物加上前述外观的人，构成欺骗公众并骗取他人、后续供应商及其代理商的合法贸易；(2)任何人以任何诡计、手段或使用任何其他手段，企图使公众误信其提供的服务源自公众先前已识别出的来源；(3)任何人在贸易过程作任何虚假陈述或作出其他违反诚信的行为，意图使他人的货物、业务或服务名誉受损。"

Mak Burger 公司案”(McDonald's Corporation v. L. C. Big Mak Burger, Inc.)中,通过适用“主要部分原则”(the test of dominancy)认定 L.C. Big Mak 对侵犯商标权负有责任后,继续认定 L.C. Big-Mak 因将自己的商品或服务仿冒成麦当劳的商品和服务而亦负有不正当竞争责任。[①] 法院提醒,不正当竞争之诉的必需要件是:(1)商品整体外观构成混淆性近似;(2)具有欺骗公众和欺骗竞争对手的意图。混淆近似不一定由标志本身的相似性造成,也可能由商品包装或说明的其他外部因素造成。欺骗和欺诈的意图可以从向公众许诺出售的商品外观相似性推断出来,而不需要证明被告具有实际的欺诈意图。[②]

四、商标权的限制

本部分首先探讨亚洲主要法域对商标权的三项重要限制——绝对耗尽(international exhaustion)、禁止商标权滥用和合理使用,然后探讨中国对商标权的一些新限制。

(一)绝对耗尽原则

在商标权的限制中,最重要的是权利耗尽原则(exhaustion doctrine)。该原则阻止商标权人在自己或经其同意后将带有商标的产品投放市场后,继续干预已转售产品的后续交易。权利耗尽的范围可以是国家、区域或国际范围。TRIPS 协议允许成员决定其希望遵循的耗尽原则。[③] 在过去 20 年中,绝对耗尽原则已成为亚洲主要法域对商标权的常见限制,这主要归功于司法判决。有关“立法机关和法院已开始以限制性的方式处理权利耗尽问题”且“鉴于大多数法域关于耗尽原则的法律已变得愈发严苛”[④]的说法在其他地方可能正确,但在亚洲的主要法域则并非如此。

1.法律承认的绝对耗尽原则

(1)新加坡

新加坡比任何其他主要法域更支持绝对耗尽原则。在描述这个国家支持

---

① 参见菲律宾最高法院 2004 年 8 月 18 日判决(G.R. No. 143993)。该案涉及属于美国麦当劳公司(McDonald's Corporation USA)的“Big Mac”商标与 L.C. Big Mak Burger 公司的“Big Mak”商标争议。

② 参见菲律宾最高法院 2004 年 8 月 18 日判决(G.R. No. 143993)。

③ 参见 TRIPS 协议第 6 条(权利耗尽)规定:“就本协定项下的争端解决而言,在遵守第 2 条和第 4 条规定的前提下,本协定的任何规定不得用于处理知识产权的权利耗尽问题。”

④ See Michael Handler, “Rethinking Trade Mark Exhaustion: Does Australia's New Defence Offer a Way Forward?”, in Barton Beebe and Haochen Sun (eds.), *Charting Limitations on Trademark Rights*, Oxford: Oxford University Press, p.213.

平行进口的做法时，有人指出，“新加坡的政策制定者在使平行进口合法化方面不遗余力”，但药品除外。[①]

1965年独立后，新加坡继续适用殖民时期的《1938年商标令》(Trade Marks Ordinance 1938)。该令允许绝对耗尽，前提是进口产品的质量与新加坡市场的产品质量没有实质性差异。1998年《商标法》(The Trade Marks Act)遵循这一传统，该法第29条规定，带有商标的商品在注册商标所有权人自行或经其明示或默示同意(无论是有条件还是其他方式，conditional or otherwise)投放于新加坡境内外市场后，该商品的商标使用不会侵犯注册商标权，除非商品投放市场后状况发生变化，或该商品使用注册商标以不公平方式淡化注册商标的显著特征。

2003年，新加坡高等法院在“Pan-West (Pte.) Ltd. v. Grand Bigwin Pte. Ltd.案”中适用国际公法的属地原则限制绝对耗尽原则的适用。其要求新加坡商标权人与平行进口产品的外国商标权人之间存在“子公司或关联公司”关系。[②] 但是，由于《商标法》“有条件或其他方式”的表述，商标权人不能将绝对耗尽通过合同方式排除适用或附加条件适用。[③] 因此，如果外国商标权人与新加坡商标权人不同并禁止产品的后续流通，例如“不得在泰国境外转售”，将此类产品平行进口到新加坡仍然是合法的。[④]

2017年，在“Samsonite v. An Sheng案”中，新加坡高等法院不拘于字面地解释《商标法》第29条第1款“投放市场”(put on the market)一词：

> 独立第三方取得带有该商标商品的处分权的情形。独立第三方所取得的处分权，必须使商标权人实现带有商标商品的商业或经济价值，同时剥夺商标权人对商品后续利用的控制权。此类行为包括但不限于权利人

---

① See Ng-Loy Wee Loon, “The Exhaustion Doctrine in Singapore: Different Stroke for Different IP Folks”, in Edward Lee et al. (eds.), *Research Handbook on Intellectual Property Exhaustion and Parallel Imports*, Cheltenham: Edward Elgar, 2016, pp.185, 190.

② See [2003] 4 S. L.R. (R) 755 (Sing.). See also Ng-Loy Wee Loon, “The Exhaustion Doctrine in Singapore: Different Stroke for Different IP Folks”, in Edward Lee et al. (eds.), *Research Handbook on Intellectual Property Exhaustion and Parallel Imports*, Cheltenham: Edward Elgar, 2016, p.192.

③ See Ng-Loy Wee Loon, “The Exhaustion Doctrine in Singapore: Different Stroke for Different IP Folks”, in Edward Lee et al. (eds.), *Research Handbook on Intellectual Property Exhaustion and Parallel Imports*, Cheltenham: Edward Elgar, 2016, p.191.

④ See Ng-Loy Wee Loon, “The Exhaustion Doctrine in Singapore: Different Stroke for Different IP Folks”, in Edward Lee et al. (eds.), *Research Handbook on Intellectual Property Exhaustion and Parallel Imports*, Cheltenham: Edward Elgar, 2016, p.191.

将商品出售给第三方。但是，不包括许诺销售等准备行为。[①]

(2)中国

中国台湾地区所谓“商标法”源自1930年商标法，当时中国经济仍为农业经济。一直到2012年，将“最高法院”1992年以来承认绝对耗尽原则的判决法典化(详见本书第九章“二、奇特的著作权法”)，权利耗尽的规定才与新加坡商标立法相似。现行所谓“商标法”第36条第2项规定：附有注册商标之商品，由商标权人或经其同意之人于地区内外市场上交易流通，商标权人不得就该商品主张商标权。但为防止商品流通于市场后发生变质、受损或有其他正当事由者，不在此限。

A.商标境内外持有人之间应具备的关系

与所有知识产权一样，商标权具有地域性，同一商标可以由不同的权利人注册和拥有。继而出现这一问题：由商标权人或在其同意下在A国(地区)市场上出售使用注册商标的商品是否会耗尽B国(地区)另一商标持有人的商标权？台湾地区智慧财产及商业法院判决原采取严格立场，即绝对耗尽原则仅适用于A国(地区)和B国(地区)的商标权人为同一人的情形。[②] 其理由是根据对价平衡观点，国(地区)内商标权人未从正在进入国(地区)内市场且载有相同商标的国(地区)外商品获得任何对价，国(地区)外商标权人第一次销售行为产生权利耗尽效力实无拘束国(地区)内商标权人之理。因此，商标权耗尽原则适用对象本为附有商标商品于第一次销售时国(地区)内外商标权人为同一人之情形。

2019年，台湾地区“最高法院”废弃这相当僵化的判决，采取更弹性的观点，只要同一商标的国(地区)内权利人和国(地区)外权利人间有“授权或法律上的关系”就足够。该判决指出：“商标权人以相同图样自行或授权他人于不同国家注册商标，虽然在属地主义概念下是不同的商标权，但其图样相同，本质上排他权的发生亦源自同一权利人，不同国家(地区)之商标权人，只要彼此具有授权

---

① Samsonite IP Holding Sarl v. An Sheng Trading Pte Ltd [2017] SGHC 18, p.100。有关分析，参见 David Llewelyn et al., *Cases, Materials and Commentary on Singapore Intellectual Property Law*, Singapore: Academy Publishing, 2018, pp. 520-527; Susanna Leong, “International Exhaustion in Singapore: Broad Interpretation of ‘Put on the Market’, Yet Offer for Sale Excluded”, in Kung-Chung Liu (ed.), *Annotated Leading Trademark Cases in Major Asian Jurisdictions*, London: Routledge, 2019, p.117。

② 参见台湾地区智慧财产及商业法院(2016年)民商上字第14号判决(2017年1月24日作出)。

或法律上的关系，亦对经授权注册之商标权人发生耗尽结果。”[①]

B.权利耗尽的例外

在适用绝对耗尽原则的条件问题上，1993 年，中国台湾地区“最高法院”明确判决：“商品苟未为任何加工、改造或变更，径以原装销售……因其商品来源正当，不致使商标专用权人或其授权使用者之信誉发生损害，复因可防止市场之独占、垄断，促使同一商品价格之自由竞争，消费者亦可蒙受以合理价格选购之利益，在未违背商标法之立法目的范围内，应认已得商标专用权人之同意为之。”[②]该判决对下级法院具有持久影响。例如，2015 年，台湾地区智慧财产及商业法院判决：“（绝对耗尽原则）例外事由，为商品遭变动后，客观上足以影响相关消费者决定购买商品之意愿或购买商品之价格。”[③]

2.判例发展出的绝对耗尽原则

日本、韩国、马来西亚及中国的商标法条文中并无平行进口的规定。印度虽有这样的规定，但没有明确提及是何种耗尽原则。在这些法域，绝对耗尽原则是通过判决确立。

(1)日本

虽然日本下级法院一再认为正品平行进口不侵犯商标权，但日本最高法院直到 2003 年才承认正品平行进口在商标权层面的合法性。[④] 日本最高法院认为，平行进口在同时满足三个条件时才是正当的：其一，外国商标权人或者其被许可人在进口商品上合法粘贴商标；其二，外国商标权人和日本商标权人是同一主体或者二者因具有特定关系而在法律上或经济上可被视为同一主体，因此进口商品上的商标与日本的注册商标所标明的商标来源相同；其三，由于日本境内的商标权人具有直接或间接控制进口商品质量的能力，因此可判定进口商品与带有商标权人在日本境内持有注册商标的商品，在注册商标所保证的商品质量方面没有实质差别。

然而，与前述新加坡高等法院的观点相反，日本最高法院认为，平行进口产

---

① 台湾地区“最高法院”(2019 年)台上字第 397 号判决(2020 年 1 月 16 日作出)。紧随其后的是智慧财产及商业法院(2018 年)民商诉字第 29 号判决(2020 年 2 月 10 日作出)。

② 台湾地区“最高法院”(1993 年)台上字第 5380 号判决(1993 年 10 月 8 日作出)。

③ 台湾地区智慧财产及商业法院(2014 年)民商上字第 17 号判决(2015 年 4 月 30 日作出)。

④ 参见日本最高法院 2002(Ju)第 1100 号判决，2003 年 2 月 27 日。英文版本可访问 https://www.courts.go.jp/app/hanrei_en/detail? id=1495。相关分析参见 Masabumi Suzuki，“Justifiability of Parallel Import of Genuine Goods and Trademark Infringement by Imports Produced in Breach of a Licensing Agreement in Japan”，in Kung-Chung Liu (ed.)，Annotated Leading Trademark Cases in Major Asian Jurisdictions，London：Routledge，2019，pp.159-163。

品不得违反商标许可协议的授予条款，超出许可区域（生产区域）或未经商标权人批准分包生产。如果违反该协议，会损害商标的质量控制功能，因此是非法的。日本最高法院没有讨论其他复杂问题的合法性，如重新填充产品或修改、转变其形状或外观。①

（2）韩国

在韩国，对正品平行进口和绝对耗尽的处理方式经历了变化。平行进口最初被海关禁止，在公众的抗议下，韩国政府修正公平交易委员会（Fair Trade Commission）和《关税法》（Customs Act）的公告，从1995年11月开始允许平行进口。② 因此，韩国最高法院允许平行进口，主流的学术观点也支持平行进口。但前提是平行进口不会损害商标的功能，也不会使韩国国内消费者误认商标的来源或质量。

根据韩国关税厅（Korea Customs Service）《关于知识产权保护的海关实务的公告》（Public Notice on Customs Service Practice for the Protection of IP Rights），如果外国和国内的商标权人相同，或基于关联关系（即持有大于30%的股份并是其最大股东）或进口代理关系而被视为相同，平行进口非假冒商品不侵犯商标权。该公告还规定，独家被许可人如果在国内生产被平行进口的产品，其仍可阻止平行进口。此外，如果外国商标权人和本国商标权人不同且国内商标权人或独家被许可人进口或销售在其他国家制造的正品商品（包括经外国商标权人许可而制造的正品），这种情形下的平行进口也为公告所准许。③

韩国最高法院已经判定允许平行进口的标准：第一，进口商品必须是正品；第二，外国商标持有人与国内商标持有人必须是同一主体或具有特殊关系；第三，平行进口商进口的商品必须与国内商标权人或独家被许可人分销的商品质

① 参见日本最高法院2002(Ju)第1100号判决，2003年2月27日。英文版本可访问 https://www.courts.go.jp/app/hanrei_en/detail? id=1495。相关分析参见 Masabumi Suzuki，"Justifiability of Parallel Import of Genuine Goods and Trademark Infringement by Imports Produced in Breach of a Licensing Agreement in Japan"，in Kung-Chung Liu (ed.)，Annotated Leading Trademark Cases in Major Asian Jurisdictions，London：Routledge，2019，pp.163-164。

② See Byungil Kim，"Exhaustion and Parallel Imports in Korea"，in Christopher Heath (ed.)，*Parallel Imports in Asia*，Hague：Kluwer Law International，2004，pp.73，78.

③ See Won Bok Lee，Kyoung-Shin Park，*Scope of a Parallel Importer's Permissible Use of a Trademark in Marketing Activities in Korea*，in Kung-Chung Liu (ed.)，*Annotated Leading Trademark Cases in Major Asian Jurisdictions*，London：Routledge，2019，pp.165-172.

量相同。[①] 然而,与新加坡、中国台湾地区、日本不同,在韩国生产和销售品牌产品的商标所有人仍然可以阻止从其他国家平行进口该产品。[②]

对平行进口商在营销活动中可以使用平行进口商品商标的范围,2002年,韩国最高法院作出判决。其认为,平行进口商在招牌、传单、包装纸、购物袋、名片等广告材料上使用Burberry商标的行为不侵犯商标权,因为这并未导致对商品来源和质量的混淆。然而,根据不正当竞争法,只要这种使用导致消费者对销售方身份的混淆,即应禁止在平行进口商商店外的招牌或名片上使用该商标。[③]

(3)印度

印度的商标法和判例法遵守英国1938年颁布的《商标法》,在允许平行进口方面相当宽松。[④] 印度1999年《商标法》取代该法,宽松依旧。1999年《商标法》第30条第3款与新加坡关于耗尽的规定类似,然而并没有明确提及耗尽是绝对耗尽还是相对耗尽。

2012年,德里高等法院合议庭(The Division Bench of the Delhi High Court)认为印度已经接受绝对商标耗尽原则。该庭强调,没有法律规定带有商标出售的商品只能在该商标注册的国家合法获得。商品的合法取得是指按照该国有关商品买卖的法律合法取得,商标法的目的不是管理商品买卖。[⑤] 该案目前在印度最高法院上诉审理中。

德里高等法院合议庭还列明可能导致绝对商标耗尽原则例外的情况:商品上市后的物理状态发生变化或受损,以及服务和保证、广告和促销活动、包装、质量控制、定价和说明以及提供的文宣语言等方面存在差异。该庭还要求该案的平行进口商在其展厅显著宣传该产品为国外进口产品,其售后服务不由印度

---

① See Won Bok Lee, Kyoung-Shin Park, *Scope of a Parallel Importer's Permissible Use of a Trademark in Marketing Activities in Korea*, in Kung-Chung Liu (ed.), *Annotated Leading Trademark Cases in Major Asian Jurisdictions*, London: Routledge, 2019, pp.172-173.

② 这应该是基于前述公告。See Byungil Kim, *Exhaustion and Parallel Imports in Korea*, in Christopher Heath (ed.), *Parallel Imports in Asia*, Hague: Kluwer Law International, 2004, p.79.

③ 参见韩国最高法院2022年9月24日判决(99Da42322)。无英文版本,转引自Won Bok Lee, Kyoung-Shin Park, *Scope of a Parallel Importer's Permissible Use of a Trademark in Marketing Activities in Korea*, in Kung-Chung Liu (ed.), *Annotated Leading Trademark Cases in Major Asian Jurisdictions*, London: Routledge, 2019, pp.171-175。

④ See Sonia Baldia, *Exhaustion and Parallel Imports in India*, in Christopher Heath (ed.), *Parallel Imports in Asia*, Hague: Kluwer Law International, 2004, pp.163, 169.

⑤ See Delhi High Court (Division Bench), Kapil Wadhwa and others v. Samsung Electronics Co. Ltd. 2012 Indlaw DEL 2151 (decided on 3 October 2012), p.42.

的商标权人提供,而是由平行进口商自身提供。[①]

(4)马来西亚

马来西亚仅有两项判决明确涉及平行进口,均由吉隆坡高等法院作出。第一项判决是,法院接受绝对耗尽原则进行判决,但没有实际使用该术语。法院指出,商标权的作用是防止对商品来源的欺骗,而不是赋予控制商品交易的权利。商标的合法所有权并不允许所有者或注册用户确保其他地方(如英国或美国)生产的产品不能在马来西亚境内销售。当母公司或子公司决定在同一商标下生产同一产品时,必须被视为已默示同意在它们之间使用该商标。因此,产品所有者获得货物的绝对所有权,包括在世界任何地方以商品原先被处分时相同的条件再次出售商品的权利。[②] 有分析指出,"如果同一商标由不同的公司拥有,而这些公司在某种程度上不存在任何共同所有权,则本案为侵权的发生提供机会"[③]。这正是吉隆坡高等法院在第二次判决中所面临的问题,该判决认定马来西亚的商标权人(被告向其购买产品)与产品的实际制造商(涉案商标的日本合法商标权人)之间没有关系。因此,被告的权利耗尽抗辩失败。[④]

(5)中国

在中国,一些省级法院的判决涉及正品平行进口。然而,"耗尽"一词,无论

---

① See Delhi High Court (Division Bench), Kapil Wadhwa and others v. Samsung Electronics Co. Ltd. 2012 Indlaw DEL 2151 (decided on 3 October 2012), p.68, 73. 相关分析,参见 Arul George Scaria, *International Exhaustion of Trade Mark Rights in India*, in Kung-Chung Liu (ed.), *Annotated Leading Trademark Cases in Major Asian Jurisdictions*, London: Routledge, 2019, pp.137-140。

② 参见 Winthrop Products, Inc.&Sterling Drug(M)Sdn Bhd v. Sun Ocean(M)S dn Bdd&Anor 案([1988]2 MLJ 317)。

③ John Chong, *Exhaustion and Parallel Imports in Malaysia*, in Christopher Heath (ed.), *Parallel Imports in Asia*, Hague: Kluwer Law International, 2004, p.130.

④ 吉隆坡高等法院,Tien Ying Hong Enterprise Sdn Bhd v. Beenion Sdn Bhd [2011] 2 CLJ 469。参见 Lim Heng Gee, "The Exhaustion Defence to Trade Mark Infringement and Parallel Importation in Malaysia", in Kung-Chung Liu (ed.), *Annotated Leading Trademark Cases in Major Asian Jurisdictions*, London: Routledge, 2019, p.142。然而,2019 年马来西亚《商标法》的立场现在可能有所不同。起草人莫名地遗漏 1976 年法案与耗尽相关的同等条款,即第 40 条第 1 款 d 项:"(1)尽管本法有其他规定,下列行为不构成商标侵权:(d)商标注册所有人或登记使用人在符合许可使用的交易情况下,将商标用于有关商品或其组成部分,且事后并未移除或抹去商标。"反而选择仅在第 55 条第 3 款 c 项新增 1976 年法案第 40 条第 1 款 d 项的"明示或默示许可"(expressly or impliedly consented to)抗辩条款:"(3)尽管本法有其他规定,下列行为不构成对商标的侵犯:(c)注册所有人或登记使用人在任何时候已明示或默示同意的商品或服务的商标使用。"

是相对耗尽还是绝对耗尽，直到1999年才被法院使用。[①] 1999年，在“上海××股份有限公司诉广州经济技术开发区××进出口贸易公司商标侵权纠纷案”中[②]，广州市中级人民法院驳回被告将在泰国制造的产品（肥皂）进口到中国的平行进口辩护，认为被告不能证明该产品来自中国商标权人或经其许可的被许可人。

2009年前后的其他判决则从商标功能的角度评估平行进口的合法性。例如，2009年，长沙市中级人民法院在“法国×××集团总公司诉谈×强、欧×侵权注册商标专用权案”中就强调商标对“产品质量和产品提供者声誉”的保障功能。该法院驳回被告平行进口商标不侵权的抗辩，理由是虽然轮胎是原告在日本生产的正品，但其欠缺进口到中国所必需的3C安全证书和认证。因此，其销售损害商标的“产品质量和产品提供者声誉”的保障功能。[③]

在2012年的一起案件中，上海市第二中级人民法院首先确认，涉案产品来自原告的母公司，因此是正品。法庭随后判决，被告在标签、衣架、包装袋及传单上使用“维多利亚的秘密”（Victoria's Secret）商标属于售卖活动的一部分，并没有混淆公众产品的来源，因而允许平行进口。[④] 该判决被最高人民法院选入《最高人民法院公报》（2013年第12期），表明最高人民法院支持该判决。

2013年，天津市高级人民法院在一起案件中讨论了商标的来源指示和质量保证功能。该案的结论是，由于被告进口到中国的葡萄酒是由原告生产、被告从原告在英国的分销商处购买、进口时没有进行任何形式的重新包装，因此原产地指示功能没有受到损害，也没有造成来源混淆。法院进一步得出结论：由

---

① 例如，余翔认为应采取绝对耗尽原则，且不应由最高人民法院规定，而是由法律规定。参见 Yu Xiang, “Exhaustion and Parallel Imports in China”, in Christopher Heath (ed.), *Parallel Imports in Asia*, Hague: Kluwer Law International, 2004, p.38。而黄晖持相反观点，认为应采取相对耗尽原则，禁止平行进口。参见黄晖：《商标法》，法律出版社2016年版，第184页。吴伟光质疑用权利耗尽原则解决平行进口问题的妥适性，主张“以保护商标权人的标识利益和投资利益为基础，具体确定平行进口的合法性”，其观点本质仍是商标功能论。参见吴伟光：《商标平行进口问题法律分析》，《环球法律评论》2006年第3期。

② 参见“上海××股份有限公司诉广州经济技术开发区××进出口贸易公司商标侵权纠纷案”，广东省广州市中级人民法院（1999）穗中法知初字第82号民事判决书。

③ 参见“法国×××集团总公司诉谈×强、欧×侵犯注册商标专用权案”，湖南省长沙市中级人民法院（2009）长中民初字第0073号民事判决书。

④ 参见“×××商店品牌管理有限公司诉上海××服饰有限公司侵害商标权及不正当竞争纠纷案”，上海市第二中级人民法院（2012）沪二中民五（知）初字第86号民事判决书。

于进口葡萄酒的质量完好无损，因此质量保证功能没有受到损害。[①] 2015年，在Köstritzer黑啤酒案中，北京市高级人民法院也基于完全相同的理由允许平行进口。[②]

（二）禁止滥用商标权

禁止滥用权利原则（No abuse of rights）是大陆法法域的一项基本法律原则，至少可以追溯到德国《民法典》第226条。[③] 在日本、韩国、中国，法院均已将这一原则扩展到商标领域。

1.日本

在日本，法院传统上将《民法典》第1条第3款规定的禁止滥用权利原则限制性地适用于侵犯专利权案件。然而，在1997年的"Kilby案"中，日本最高法院与知识产权高等法院（Intellectual Property High Court）支持禁止滥用权利原则可适用于行使明显无效专利的情形。[④]

与之相反，在日本，"滥用权利原则在侵犯商标权的案件中使用更为频繁"[⑤]。神户地方法院在1982年就承认，当商标权人使用商标有悖于公众对商品来源的认知时，即为滥用该商标权。[⑥]

在1990年的"大力水手案"中，日本最高法院维持一项权利滥用的抗辩。在该案中，"大力水手"（Popeye）商标在未经《大力水手》漫画著作权人（一家美国公司）授权的情况下被注册并转让给原告。被告在获得著作权人授权后销售带有"Popeye"字母的围巾。法院认为，由于原告搭大力水手卡通形象便车的行

① 参见"法国×××股份公司诉××国际贸易（天津）有限公司侵害商标权纠纷案"，天津市高级人民法院（2013）津高民三终字第0024号民事判决书。

② 参见"×××贸易咨询有限公司与北京×××国际贸易有限公司侵害商标权纠纷案"，北京市高级人民法院（2015）高民（知）终字第1931号民事判决书。

③ 德国《民法典》第226条规定："权利的行使，不得专以损害他人为目的。"

④ 2014年，在涉及三星和苹果的三起案件中，日本知识产权高等法院判决，受公平、合理和非歧视性（the fair, reasonable and non-discriminatory）承诺约束的标准必要专利（standard essential patent, SEP）专利权人寻求超过公平、合理和非歧视性许可使用费的禁令救济和损害赔偿，构成权利滥用。参见Masabumi Suzuki, "Enforcement of FRAND-encumbered SEPs", in Kung-Chung Liu (ed.), *Annotated Leading Patent Cases in Major Asian Jurisdictions*, Hong Kong: City University of Hong Kong Press, 2017, pp..241, 256。

⑤ See Masabumi Suzuki, "Japan", in Kung-Chung Liu, Reto Hilty (eds.), *SEPs, SSOs and FRAND-Asian and Global Perspectives on Fostering Innovation in Interconnectivity*, London: Routledge, 2019, p.192 n. 5.

⑥ Christopher Heath, "Exhaustion and Parallel Imports in Japan", in Christopher Heath (ed.), *Parallel Imports in Asia*, Hague: Kluwer Law International, 2004, p.59.

为损害公平竞争秩序，其对被告行使商标权构成权利滥用。[①]

在 2017 年的一项判决中，日本最高法院承认一种新的权利滥用抗辩形式。1959 年《商标法》第 47 条第 1 款规定，若在注册后 5 年内未提出无效申请，注册商标的有效性则不容再置疑。然而，在 5 年期限届满后，被指控侵权的未注册驰名商标的所有者仍有权援引滥用商标权抗辩，但另有其他减轻情节的除外。这种抗辩不会使注册商标罹于无效，注册商标仍然可以针对该未注册驰名商标所有人以外的人行使。[②]

2.韩国

韩国最高法院在 2012 年一项全体法官出席审理的案件指出："如果专利明显很可能被无效，即使专利发明的无效诉讼仍在进行中，法院也不应准许禁令救济，以防止专利权滥用，但特殊情形除外。"[③]同样，为防止第三人在明知自己的商标与未注册的驰名商标具有混淆性近似的前提下，为不正当利益目的而行使商标权，韩国最高法院确认可适用"权利滥用原则"。[④]

在 2012 年 1 月 29 日由全体法官出席审理的判决中，韩国最高法院认为，如果存在明显的无效性，则不支持基于该商标的禁令诉讼或损害赔偿要求，因为这构成权利滥用，即使在确认商标无效前，除非存在特殊情况。[⑤] 最高法院在此次判决前一直认为，即使有商标无效的理由，受理侵权案件的法院在确认无

---

① 日本最高法院 1990 年 7 月 20 日判决[昭和 60(O)1576]，最高裁判所民事判决录 44 辑 876 页 Minji，(1990 年 7 月 20 日判决)。因无英文版本，转引自 Masaharu Miyawaki，"Unregistered Well-Known Trademark Owner Accused of Infringement In Japan: Abuse of Right Defence After the Five-Year Invalidation Period"，in Kung-Chung Liu (ed.)，*Annotated Leading Trademark Cases in Major Asian Jurisdictions*，London: Routledge，2019，pp.304-307。

② 日本最高法院 2017 年 2 月 28 日判决[平成 27(Ju)1876]，最高裁判所民事判例集第 71 卷 2 号，221 页。英文版本可访问 https://www.courts.go.jp/app/hanrei_en/detail? id=1514。

③ 韩国最高法院判决 2012 年 1 月 19 日[(2010) Da 第 95390 号]，转引自 Byungil Kim，"Recognizing the Abuse of Rights Defence and the Invalidation Defence"，in Kung-Chung Liu (ed.)，*Annotated Leading Patent Cases in Major Asian Jurisdictions*，Hong Kong: City University of Hong Kong Press，2017，pp.33-37。

④ See Jong-Kyun Woo，Trade Marks and Related Rights，in Byungil Kim，in Christopher Heath (eds.)，*Intellectual Property Law in Korea.*，Alphen aan den Rijn: Kluwer Law International，2015，p.12.

⑤ 参见韩国最高法院(2010)Da 第 103000 号判决，判决无英文版本，转引自 Aera Kim，"Republic of Korea: Supreme Court's en banc decisions holding that the civil courts may dismiss patent/trademark infringement actions if it is evident the patent/trademark is invalid，AIPPI"，https://aippi.org/enews/2012/edition27/AeraKim.html。

效决定作出前，也不能对无效问题作出判决。[①]

3.中国

自2014年以来，最高人民法院在多项判决中谴责商标权人滥用商标权。在“王×永诉杭州××世纪百货有限公司案”中，最高人民法院认为对善意使用人行使恶意注册的商标专用权构成权利滥用。[②] 在另一起案件中，最高人民法院认定，原告曾为工商行政管理部门的公务员，其注册与涉案企业名称近似的商标，并在未将该注册商标用于商业用途的情况下起诉被告，其行为违反诚信原则。[③]

2015年，最高人民法院明确指出：“司法的功能之一是运用法律规范社会经济与人的关系，促进市场的良性竞争，弘扬诚实信用的社会风尚。任何违反立法目的和法律精神，以损害他人正当权益为目的，恶意取得并行使权利、扰乱市场正当竞争秩序的行为均属于权利滥用，其相关权利主张不应得到法律的保护和支持。”[④]

(三)合理使用

在亚洲的主要法域，商标合理使用没有被广泛接受为保护公共利益和市场竞争的概括侵权抗辩[⑤]，而仍主要是一个学术问题。这令人遗憾，因为在亚洲主要法域，商标申请和注册量的激增可能会导致商标申请拥塞，甚至耗尽可注册的商标。[⑥] 法院应该对合理使用抗辩更为宽容。下文将讨论合理使用可适用的

---

① See Lee and Ko, “En Banc Decision from the Supreme Court Ruled that the Infringement Court May Rule on the Invalidity of a Trademark”, Intellectual Property, Winter 2012/2013，可访问 http://www.leeko.com/newsl/leeko/2012winter/eng/p df/ip.pdf.

② 参见“王×永诉深圳×××服饰股份有限公司、杭州××世纪百货有限公司侵害商标权纠纷案”，最高人民法院(2014)民提字第24号民事判决书。

③ 参见“宁波×××液压有限公司与邵×军侵害商标权纠纷再审案”，最高人民法院(2014)民提字第168号民事判决书。

④ “林×梁诉××(广州)机械有限公司等侵害商标权纠纷再审案”，最高人民法院(2015)民提字第49号民事判决书。

⑤ 美国《蓝能法》(15 USC 1125)第43条c款第3项规定了一项对淡化责任的概括合理使用例外：“根据本条，不得对以下行为以弱化、淡化或贬损为由提起淡化之诉：(A)他人对知名商标的任何合理使用，包括指示性或描述性的合理使用，或促进此类合理使用，而不是指定该人自己的商品或服务的来源，包括与(i)广告或促销相关的使用，允许消费者比较商品或服务；或(ii)识别和戏仿、批评或评论著名商标所有者或著名商标所有者的商品或服务。(B)各种形式的新闻报道和新闻评论。(C)商标的任何非商业性使用。”

⑥ See Barton Beebee, Jeanne Fromer, “Are We Running Out of Trademarks? An Empirical Study of Trademark Depletion and Congestion”, *Harvard Law Review*, vol. 131, no.945, 2018, p.1040.

两个次类型：比较广告、批评和戏仿。

1.比较广告

在中国、日本和韩国等地，商标法本身并未规定比较广告的问题。然而，若不存在误导，比较广告行为通常被允许。① 新加坡《商标法》2004 年修订，第 28 条第 4 款允许“在比较商业广告或促销中”合理使用他人商标。然而，这项例外并非没有限制。在“Allergan，Inc. v. Ferlanz Nutra Pte，Ltd.案”中，新加坡高等法院认为第 28 条第 4 款的情形不适用于误导性的比较广告。②

虽然印度《商标法》第 29 条第 8 款也有条件地允许比较广告——只要不对他人商标进行不公平的利用，不损害他人商标的显著性或声誉，但印度法院背离英国法传统，弱化对毁谤诉讼主观恶意(malice)的要求，为比较广告的受害方提供诉讼通道。此外，印度法院还发展出非针对性(generic)的毁谤侵权行为：当竞争产品受到非针对性的毁谤，诋毁内容未明确指明具体的交易商或商标时，未被明确指明的一方仍可以提出诉讼。③ 此举严重限制了比较广告在印度的可能性。④

2.戏仿

在亚洲法域，成文法极少将“戏仿”(parody)作为侵权抗辩理由，法院也很少接受商标侵权诉讼中的戏仿抗辩。这可能与亚洲传统尊重他人的价值观有关，也可能源于对西方国家对亚洲国家仿冒指控的敏感。

在中国，商标法和判例均不承认戏仿。2011 年曾有一起案件涉及法国轮胎公司米其林(Michelin)，该公司以其酒店和餐厅指南《红色指南》(Red Guide)而闻名。该公司在中国将“米其林”文字商标注册在轮胎、印刷和旅游服务种类上。被告在其旗下的英文杂志《城市漫步 · 上海》(*That's Shanghai a 2010 Micheling Shanghai Guide*)发表声明称：“我们已经为上海区域的所有法国餐厅推出‘山寨版’米其林。”被告抗辩称，该标志与米其林的商标设计不同，因为在其末尾添加了字母“g”，而且该指南只是出于“娱乐”目的。上海市第二中级

① See Christopher Heath，*The System of Unfair Competition Prevention in Japan*，London：Kluwer Law International，2001，p.189.

② See Allergan，Inc. v. Ferlanz Nutra Pte，Ltd. [2016] 4 SLR 919.相关分析参见 David Llewelyn et al.，*Cases，Materials and Commentary on Singapore Intellectual Property Law*，Singapore：Academy Publishing，2018，p.518。

③ 例如 Calcutta High Court Hindustan Unilever v. Reckitt Benckiser (2014) 57 PTC 78 (Cal)一案。

④ 相关分析参见 Arpan Banerjee，“Trademark Rights-Infringing Comparative Advertising in India”，in Kung-Chung Liu (ed.)，*Annotated Leading Trademark Cases in Major Asian Jurisdictions*，London：Routledge，2019，p.315。

人民法院驳回其观点，认为该标志可能造成混淆。[①]

在日本，并未发现戏仿被接受为侵犯商标权的抗辩。在几个与商标注册有关的案件中曾经提起戏仿，如“Kuma vs. Puma 和 Shi-Sa vs. Puma 案”，但法院的主要关注点在于混淆之虞。[②]

中国台湾地区所谓“商标法”第 36 条第 1 项明确列举合理使用他人商标的情况，但不包括戏仿。2011 年，在一起涉及爱马仕（Hermès）的行政诉讼案件中，台湾地区智慧财产及商业法院驳回被告基于美国“Louis Vuitton Malletier 诉 Haute Diggity Dog 案”[③]所提出的“戏谑仿作”抗辩，其理由是台湾地区和美国的商标法律制度不同，且“该案之基本事实，与本件（案）不同”[④]。

然而，在 2014 年涉及香奈儿（Chanel）的刑事判决中，台湾地区智慧财产及商业法院承认“商标之戏谑仿作”（parody）是合理使用的辩护，并解释说，可被允许的戏谑仿作必须“具诙谐、讽刺或批判等娱乐性，并同时传达二（者）对比矛盾之讯息，且应当以‘避免混淆之公共利益’与‘自由表达之公共利益’予以衡平考量”。法院的结论是，尽管被告的标志在本质上属于“诙谐之娱乐性质”，但它未能证明“所欲表达与香奈儿商标所建立的形象相反或矛盾的讯息为何，无从判断其有何文化上贡献或社会价值而具有牺牲商标权之保护必要性，实属一商业上搭便车行为”[⑤]。

印度则为上述不接受戏仿趋势提供了唯一的明显例外。2010 年，塔塔（Tata）公司在德里高等法院对绿色和平国际组织提起诉讼。被告曾开发一款名为“Turtle vs. TATA”的吃豆人风格的电子游戏，邀请扮演海龟角色的玩家在避开“TATA 恶魔”的同时，尽可能多地吃健康食物。独任庭法官认为，该商

---

① 参见“米×集团总公司诉上海××广告有限公司侵害商标权纠纷案”，上海市第二中级人民法院（2011）沪二中民五（知）初字第 5 号民事判决书。

② See Mimi Miyagawa, “Copyright/Trademark-Speaking Freely about Parody”, September 2016, https://aippi.info/wp-content/uploads/2016/09/PS-11_Presentation_Mitsuko-Miyagawa_2016-09-28_web-version.pdf; Aoshima Emi, “Parody Trademark Case”, Yuasa and Hara, https://www.yuasa-hara.co.jp/lawinfo/1447.

③ 507 F.3d 252 (4th Cir. 2007).

④ 参见台湾地区智慧财产及商业法院（2011 年）行商诉字第 104 号行政判决（2011 年11 月24 日作出），随后“最高行政法院”维持该决定，（2012 年）裁字第 391 号裁定（2012 年 2 月 23 日作出）。

⑤ 台湾地区智慧财产及商业法院（2014 年）刑智上易字第 63 号刑事判决（2014 年 11 月6 日作出），该案不可上诉。对此的批评，参见 Yachi Chiang, “Establishing a Parody Defence Standard within the Framework of Taiwan's Trademark Act”, in Kung-Chung Liu (ed.), *Annotated Leading Trademark Cases in Major Asian Jurisdictions*, London: Routledge, 2019, pp.198, 206-207。

标使用并非商业性，而是出于戏仿、公允评论和批评，并不构成商标侵权。[①]

(四)商标权的新限制：强制许可

在中国，2015 年，最高人民法院在一项判决中认定，房屋开发商使用原告的注册商标作为其所建楼盘的名称，侵犯原告的商标专用权，并判予损害赔偿，但拒绝发布禁令(即不判令被告停止使用涉案侵权名称)。这是由于没有证据证明居民在入住时知晓侵权行为，另外，侵权名称是当地政府批准的地名(当地人也认为是地名)。[②] 被告赔偿原告 10 万元的经济损失后可以继续使用该商标，实质上构成强制许可使用该商标。

五、侵权与损害赔偿

(一)在韩国，互联网平台需承担间接侵权责任

在线市场和电子市场或平台的普及饱受假冒和盗版产品的困扰。这导致一个法律问题，即互联网平台是否以及在多大程度上应构成商标间接侵权以及如何承担间接侵权责任。大多数亚洲商标法制度没有关于该问题的明确规定，一些国家选择用其他法律来规范此问题，韩国法院适用《民法典》第 760 条(规定煽动或教唆共同侵权者的责任)解决该问题。韩国最高法院于 2012 年首次认定，市场运营商没有审查、过滤和监控等义务，只有当其知道或有理由知道侵权行为并有具体手段防止或消除个别卖家的侵权行为时，才承担间接侵权责任，因其有一定的注意义务采取适当措施以阻止其网站上的侵权行为。[③]

---

① 印度在 1999 年《商标法》第 29 条第 4 款首次引入"淡化"的法定概念时，弱化了对驰名商标的保护。该法允许"正当理由"条件下保护与言论自由相关的合理使用，包括公开评论、戏仿和批评。更多内容可参见 Renuka Medury, "Denominative Use of Other's Trade Mark to Draw Attention to That Other's Activity Can Constitute Prima Facie 'Due Cause' under Section 29(4) of the Indian Trade Marks Act", in Kung-Chung Liu (ed.), *Annotated Leading Trademark Cases in Major Asian Jurisdictions*, London: Routledge, 2019, p.187。

② 参见"广州×××实业发展有限公司等诉天津市××房地产开发有限公司侵害商标权及不正当竞争纠纷上诉案"，最高人民法院(2013)民三终字第 3 号民事判决书。何怀文批评最高人民法院存在越权，参见 Huaiwen He, "Finding Infringement But Refusing to Grant Permanent Injunction Under Chinese Trademark Law", in Kung-Chung Liu (ed.), *Annotated Leading Trademark Cases in Major Asian Jurisdictions*, London: Routledge, 2019, pp.215-218。

③ 韩国最高法院 2012 年 12 月 4 日判决(2010Ma817)。因无英文版本，转引自 Byungil Kim, "Contributory Trademark Infringement Liability of Online Open Market Operators Based on the Civil Code in Korea", in Kung-Chung Liu (ed.), *Annotated Leading Trademark Cases in Major Asian Jurisdictions*, London: Routledge, 2019, pp.331-336。

(二)损害赔偿的措施

在亚洲的大陆法法域,商标侵权的损害赔偿可以是实际损失(如中国、日本、韩国)、商标权人的利润损失(如韩国、中国)、侵权者的利润(如中国、韩国)、商标许可使用费损失(如中国、日本、韩国)、法定损害赔偿(中国、韩国的固定金额上限),甚至是惩罚性赔偿(如中国为权利人的实际损失、侵权人因侵权所获利益或商标许可使用费的1—5倍。注:前者数额不能确定才适用后者)。对商标侵权造成商誉损失的赔偿,仅在韩国商标法有明确规定。① 中国、日本、韩国的法院在决定损害赔偿金额方面享有很大的自由裁量权。

相比之下,在亚洲的普通法法域,如马来西亚,金钱形式救济限于损害赔偿或获利返还,以防止重复赔偿。新加坡遵循同样的模式,但也规定使用假冒商标时的法定赔偿。在马来西亚,没有关于确定损害的硬性规定。然而,2011年其最高法院拒绝以销售损失和净利润损失来确定商标侵权损害赔偿额,选择以商业利润为基础确定损害赔偿金。②

(三)针对损害赔偿判决的独特抗辩

在一些主要的亚洲经济体,即中国、日本和韩国,对商标侵权成立后的损害赔偿存在一种独特的抗辩。在中国,存在"无商标使用,无损害赔偿"的一般法定抗辩。而日本和韩国最高法院认可,若被告能够成功证明商标权人未使用商标并因此不可能遭受任何损害,可支持被告主张的不判给商标权人损害赔偿的具体抗辩。

1.中国

《中华人民共和国商标法》直到2013年才确立"无商标使用,无损害赔偿"

① 韩国《商标法》第113条(恢复商标权持有人的声誉等)规定:"法院可应商标权持有人和专用被许可人的请求,责令因故意或过失侵犯商标权或专用许可而损害商标权持有人或专用被许可人商业信誉的人支付损害赔偿金,或责令该人在损害赔偿外,另行采取必要措施以恢复商标权持有人或独家被许可人的商业信誉。"台湾地区在1985—2010年承认这种责任承担方式,而后取消。这种额外赔偿方式在性质上是非财产性的,并且是正当的,因为当时商标并未与拥有商标的企业分开。因此,1985年台湾地区所谓"商标法"引入对非财产性损害的额外赔偿。然而,由于1993年修法取消商标只能与拥有商标的企业一起转让的强制规定,商标权已独立于拥有商标权的企业,成为纯粹的财产权,台湾地区所谓"商标法"不再向商标权人提供可请求非财产性损害赔偿的权利。

② See Malaysian Federal Court, Taiping Poly (M) Sdn Bhd v. Wong Fook Toh & Ors [2011] 3 CLJ 837 Civil Appeal No: 02-44-2009 (J) (decided on 9 February 2011); cited from Ainee Adam, "Measure of Damages for Trade Mark Infringement in Malaysia: Lost Profits (Profit Margin) Times Loss of Sales", in Kung-Chung Liu (ed.), *Annotated Leading Trademark Cases in Major Asian Jurisdictions*, London: Routledge, 2019, pp.381-389.

的抗辩原则。《中华人民共和国商标法》第 64 条第 1 款规定:“注册商标专用权人请求赔偿,被控侵权人以注册商标专用权人未使用注册商标提出抗辩的,人民法院可以要求注册商标专用权人提供此前三年内实际使用该注册商标的证据。注册商标专用权人不能证明此前三年内实际使用过该注册商标,也不能证明因侵权行为受到其他损失的,被控侵权人不承担赔偿责任。”增加这个条款意在解决商标投机者的“崛起”问题,他们提出商标申请的唯一目的是转售商标,或者等有人使用相同或混淆性近似的商标时要求高额赔偿。

2.日本

在日本,损失的许可使用费传统上曾被用以确保最低损害赔偿额。直到 1997 年其最高法院判决,如果侵权人成功地指控并证明对商标权人不可能造成任何损害,侵权人可以避免承担该损害赔偿责任。① 然而,日本最高法院仅在本案的特定事实下准许这一抗辩。具体而言,该注册商标从未被使用过,也没有吸引客户的能力,而且使用与该注册商标近似的商标对被控侵权人的销售明显没有任何贡献。这一抗辩的适用范围狭窄,迄今为止,只在少数案件中成功适用。②

3.韩国

韩国《商标法》第 111 条第 1 款规定商标侵权的法定赔偿,商标权人或独家被许可人可以要求不超过 5,000 万韩元的合理赔偿,以替代第 109 条规定的对故意或过失侵权人所要求的损害赔偿。韩国最高法院在 2016 年的一项判决中限制性地适用第 111 条第 1 款,在商标权人已获得商标注册,但在侵权发生期间没有将商标使用在指定的业务的情形下,判决被告侵犯原告的商标权,但驳回原告的法定损害赔偿诉请。③

---

① 日本最高法院 1994(O)第 1102 号判决(1997 年 3 月 11 日作出),英文版本可查阅 https://www.courts.go.jp/app/hanrei_en/detail? id=1414。更多分析参见 Ichiro Nakayama, “Trademark Damages Defence Based on Non-Occurrence of Damage in Japan”, in Kung-Chung Liu (ed.), *Annotated Leading Trademark Cases in Major Asian Jurisdictions*, London: Routledge, 2019, pp.364-369。

② See Ichiro Nakayama, “Trademark Damages Defence Based on Non-Occurrence of Damage in Japan”, in Kung-Chung Liu (ed.), *Annotated Leading Trademark Cases in Major Asian Jurisdictions*, London: Routledge, 2019, p.370.

③ 参见 Supreme Court of Korea Case No. 2014Da59712,59729 (decided on 30 September 2016),英文版本可访问 https://library.scourt.go.kr/SCLIB_data/decision/34_2014Da59712.htm; Mi-Jeong Oh, Kurt Gerstner, “Obtaining Statutory Damages for Trademark Infringement-A Cross Border Approach under the Trademark Act of the Republic of Korea”, August 2017, 可访问 https://www.ilnipinsider.com/2017/08/obtaining-statutory-damages-for-trademark-infringement-a-cross-border-approach-under-the-trademark-act-of-the-republic-of-korea。

六、亚洲的商标法体制能提供何种借鉴？

研究亚洲主要经济体的商标法制度和判决可得出颇多可供亚洲以外法域参考之处。

（一）蓬勃发展的商标行业

亚洲可能是商标行业最发达的地区，因为人们对商标申请、注册、商业化、品牌塑造和争议解决有着极大兴趣和迫切需求。亚洲蓬勃发展的商标产业可以缔造商标创新的案例。如果发展良好，可以满足中小企业和大企业的不同利益需求，并助力其他需要更多资源的知识产权产业奠定经济基础，以实现其在亚洲的腾飞。因此，商标法可以说是亚洲经济体经由泛亚洲安排实现协调和一体化最理想的知识产权领域。

（二）可质疑商标不得强制许可的规定

TRIPS 协议明确禁止世界贸易组织（World Trade Organization，WTO）成员强制商标许可。① 然而，考虑到商标场景中各种不同的、相互竞争的利益，很可能存在强制商标许可不仅是正当的而且是极为重要的场景。其中一种情况涉及在流行病期间使用在强制许可下生产的专利疫苗的商标。② 同时，2015 年最高人民法院已经在“星河湾”房地产开发案中认定另一种事实上的商标强制许可。在该案中，小区内居民在入住时并不知晓房屋开发商将他人商标作为楼盘名称使用的侵权行为，而且该名称已为当地政府部门允许作为地名使用，当地居民亦将该商标理解为地名。因此法院虽然判定商标侵权，应当赔偿，但是允许小区继续使用“星河湾”。

（三）依整体法律秩序适用商标法

知识产权界有时存在一种趋势，即将包括商标法在内的知识产权法视为特别法，自外于甚至凌驾于一般法律之上。然而，这将削弱知识产权法的正当性和公众对知识产权法的信任。就此而言，一些亚洲主要经济体正确地将商标法的发展与该国的整体法律秩序相协调。其中一个例子是日本、韩国和中国的法

---

① TRIPS 协议第 21 条中对于商标的“许可和转让”规定：“各成员可对商标的许可和转让确定条件，与此相关的理解是，商标不允许强制许可，且注册商标的所有权人有权将商标与该商标所属业务同时或不同时转让。”

② See Kung-Chung Liu, “The Need of and Justification for a General Competition-oriented Compulsory Licensing”, *Int'l Rev. Indus. Prop. & Competition Law.*, vol.43 (2012), p.679.

院已将大陆法禁止权利滥用的基本法律原则扩展到商标法领域。这是为应对不断扩大的商标客体和商标权所急需的补救措施。再如《中华人民共和国商标法》遵循侵权法原则，在没有遭受实际损害或损失时不判给损害赔偿，并明确规定“若权利人不实际使用商标，则无损害赔偿”的原则，日本和韩国的最高法院也认同这一原则。

第四章　著作权法及著作权案件的特点

一、互联网中介机构

作品的数字化以及数字化作品在线或云端的使用和传播，在亚洲各法域引起一系列与互联网中介机构相关的法律问题。总体而言，新加坡、中国台湾地区、印度倾向于对互联网中介机构采取更宽松的态度，日本和韩国则恰恰相反。①

（一）互联网中介机构承担主要侵权责任

有关互联网中介机构对著作权侵权的主要责任问题，日本最高法院先于美国最高法院及欧盟最高法院（Court of Justice of the European Union，CJEU）表明态度。2011年，日本最高法院认定，网络服务提供商在其管理和控制下接收广播节目并将其输入复制设备的，如果该设备在收到录制指令后自动复制广播节目，该网络服务提供商应就此复制行为承担责任，即使该录制指令是由用户所发出（"Rokuraku II案"和"Maneki TV案"）。②

2013年，欧盟最高法院（第四庭，Fourth Chamber）在"独立电视（ITV）广播有限公司诉电视跟播有限公司（TVCatchup，TVC）案"中[ITV Broadcasting

---

① 关于亚洲著作权法大规模将侵权入刑的问题，详见本书第一章"三、亚洲知识产权的发展特色"，此处不再讨论。

② "如果提供这种服务的人在其管理和控制下，将电视天线接收到的广播输入具有复制功能的设备，从而使所述设备在收到录制指令后自动复制广播节目等，那么即使录制指令是由服务使用者发出的，这种提供上述服务的人也应被视为执行复制的一方。"日本最高法院2009(Ju)第788号判决(2011年1月20日作出)，最高裁判所民事判例集第65卷1号。有关讨论见Masabumi Suzuki，"Identifying the Entity Who Performs Reproduction Under the Japanese Copyright Act"，in Kung-Chung Liu (ed.)，*Annotated Leading Copyright Cases in Major Asian Jurisdictions*，Hong Kong:City University of Hong Kong Press，2019，pp.26-38。

Ltd. v. TVCatchup (TVC) Ltd.][①]中认为，中介机构网上传输(streaming)广播节目属于向公众传播的侵权行为。2014 年，美国最高法院在“美国广播公司(American Broadcasting Companies)诉艾睿欧公司(Aereo)案”(ABC Inc. v. Aereo Inc.)[②] 中认为，中介机构的上述行为构成对公开表演(public performance)的侵权。

在中国，最高人民法院及许多下级法院遵循所谓的“网络服务器标准”，根据该标准，凡是将作品上传或置于向公众开放的服务器，即侵犯信息网络传播权。被告在其网站上嵌入媒体播放器，在终端用户的指示下可以打开种子文档(影视作品的种子文件)下载其索引视频文件，2013 年，上海普陀区人民法院判决认为[③]，被告以营利为目的，未经授权发行多部受著作权法保护的作品，构成《中华人民共和国刑法》第 217 条第 1 款规定的“违法所得数额较大或者有其他严重情节的”侵犯著作权罪。[④] 最高人民法院将该案选为“2014 中国法院十大创新性知识产权案件”，以示支持。

在著名的“×讯诉快×媒体”一案[⑤]中，×讯计算机系统有限公司于 2014 年起诉北京××伟达科技有限公司，主张在未经原告许可的情况下，被告拥有的移动应用软件“快×”能够播放原告享有著作权的系列电视剧《宫××城》，×讯

① TVC 提供互联网电视广播服务，允许其用户通过互联网接收“即时”网上传输免费电视广播，包括商业广播公司传输的电视广播。TVC 确保使用其服务的用户只能获得他们由于持有电视许可而在英国境内有权合法观看的内容。因此，用户必须同意的条款包括已获得有效的电视许可和仅限在英国境内使用 TVC 服务。TVC 网站有能力验证用户的位置，并在用户未满足条件时拒绝其访问。TVC 服务的收入来源于广告，参见 CJEU C-607/11 (7 March 2013)。2015 年 5 月，英国法院再次向欧盟最高法院提交此案。

② Aereo 的系统由数以千计的小型天线和其他设备组成，放置在集中的仓库内，其服务大致如下：一台服务器将只供一个用户使用的天线调到所选节目的广播，转码器将天线接收的信号转化为可在互联网上传输的数据。服务器将数据保存在 Aereo 硬盘上的用户专用文件夹，一旦保存就开始向用户的屏幕传输节目。节目的传输比无线电广播延迟几秒，一直持续至用户收到整个节目。Aereo 公司向其用户出售这种技术复杂的服务。参见 573 US 431 (2014)。

③ 参见“上海市静安区人民检察院诉张×雄侵犯著作权罪案”，上海市普陀区人民法院(2013)普刑(知)初字第 11 号刑事判决书。被告人被判处有期徒刑 15 个月，缓刑 15 个月，并处罚金人民币 30,000 元。

④ 《中华人民共和国刑法》(2023 修正)第 217 条第 1 项规定：“以营利为目的，有下列侵犯著作权或者与著作权有关的权利的情形之一，违法所得数额较大或者有其他严重情节的，处三年以下有期徒刑，并处或者单处罚金；违法所得数额巨大或者有其他特别严重情节的，处三年以上十年以下有期徒刑，并处罚金：(一)未经著作权人许可，复制发行、通过信息网络向公众传播其文字作品、音乐、美术、视听作品、计算机软件及法律、行政法规规定的其他作品的。”

⑤ 参见北京知识产权法院(2016)京 73 民终第 143 号民事判决书。

主张被告的非法链接行为违反《中华人民共和国著作权法》规定的信息网络传播权。① 北京市海淀区人民法院认定被告的深层链接行为侵犯上述权利，并根据“实质性替代标准”判决原告胜诉。② 北京知识产权法院在经过详细说理后（法官撰写判决书多达35000余字）推翻一审判决，支持被告胜诉。法院认为，根据“网络服务器标准”，被告仅设置链接的行为并不侵犯信息网络传播权。③

但值得注意的是，越来越多的学者主张采用实质性替代标准或“间接提供理论”取代网络服务器标准，以有效保护著作权人的经济利益。④ 上海知识产权法院在2017年的判决也指出网络服务器标准的不足：在硬件和云技术不断进步的时代，网络服务提供商可以轻易绕过服务器标准。⑤

（二）网络中介机构承担共同侵权责任

2007年，韩国最高法院在指标性案件“Soribada”中认定本案权利人已遭受不可挽回的损害，并对一家P2P中介机构发出暂时禁令（preliminary injunction）；法院认定该中介机构知道或应当知道在其服务上发生的侵权行为，基于《民法》第760条判决其作为帮助者和教唆者（aider and abettor）应对其用

① 《中华人民共和国著作权法》（2020修正）第10条第1款第12项将“信息网络传播权”定义为“以有线或者无线方式向公众提供，使公众可以在其选定的时间和地点获得作品的权利”。该定义似乎等同于世界知识产权组织著作权条约（WIPO Copyright Treaty）第8条“向公众传播权”的定义。此外，值得注意的是，《中华人民共和国著作权法》第64条规定，国务院应颁布法令完成信息网络传播权的立法。因此，《信息网络传播权保护条例》于2006年5月18日颁布，并于2013年修订。该条例并未具体涉及有关超链接的问题。2022年10月28日，国家知识产权局发布政策文件《深入实施〈关于强化知识产权保护的意见〉推进计划》，明确会持续推进修订《信息网络传播权保护条例》，详见 http://iffyxed43dd2cc5254ed2sfw0k95bv9o056x9c.fhfi.libproxy.ruc.edu.cn/art/2022/10/28/art_75_179971.html。

② 参见北京市海淀区人民法院（2015）海民（知）初字第40920号民事判决书。

③ 对该判决的批判性分析和废除互联网服务器标准的主张，参见 CUI Guobin, “Distribution of Copyrighted Works by Framed Links and P2P Service Constitutes a Crime of Copyright Infringement under Chinese Criminal Law”, in Kung-Chung Liu (ed.), *Annotated Leading Copyright Cases in Major Asian Jurisdictions*, Hong Kong: City University of Hong Kong Press, 2019, pp.235-236。

④ 参见万勇：《网络深层链接的著作权法规制》，《法商研究》2018年第6期；李琛：《侵害信息网络传播权的认定不能简约为任何技术标准：对服务器标准的质疑》，http://www.360doc.com/content/17/0604/18/40280294_659864271.shtml。

⑤ 参见上海知识产权法院（2016）沪73民终第146号民事判决书。

户的著作权侵权行为承担责任。[①] "Soribada 案"判决对后续案件产生决定性影响，导致过度扩张网络中介机构的间接责任(secondary liability)，扩大侵权行为"知道"的认定范围，也忽视文件共享程序(file-sharing programs)的其他合法用途。[②]

在中国，网络中介机构也可能与著作权侵权人承担共同(侵权)责任。《信息网络传播权保护条例》(中华人民共和国国务院令第 634 号)第 23 条规定："网络服务提供者为服务对象提供搜索或者链接服务，在接到权利人的通知书后，根据本条例规定断开与侵权的作品、表演、录音录像制品的链接的，不承担赔偿责任；但是，明知或者应知所链接的作品、表演、录音录像制品侵权的，应当承担共同侵权责任。"

在该条例出台初期，司法实践普遍认为，网络服务提供商的注意义务不高，只需在收到侵权通知后断开链接即可免责。[③] 但是，随着在线视听平台的兴起，具有高度商业价值和时间敏感性的作品可通过在线平台呈现，因而一些法院开始对网络服务提供商的注意义务提出更高要求。例如，在涉及《疯狂的石头》[④]和《海角七号》[⑤]两部票房大卖的案件中，鉴于涉案电影颇受追捧，相较于依靠著作权人在发现侵权行为后发出删除通知，网络服务提供商更容易通过现有手段检测出侵权复制行为。因此，法院认为网络服务提供商仍有义务履行(较高)注意义务；未履行该注意义务的，不属于"不知道或没有合理原因知道"的情况。2020 年 5 月 28 日颁布的《中华人民共和国民法典》(2021 年 1 月 1 日生效)已将

---

① 韩国最高法院 2005 Da 第 11626 号判决(2007 年 1 月 25 日作出)维持首尔高等法院 2003 Na 第 21140 号判决(2005 年 1 月 12 日作出)。然而，这些判决没有英文翻译，有关介绍见 Daniel Seng, "Copyright and Related Rights Cases in the Field of Music in the Asia Pacific", 2011, 153-154, https://www.wipo.int/publications/en/details.jsp? id=364。此外还有 Allen Dixon, "Liability of Users and Third Parties for Copyright Infringement on the Internet: Overview of international developments", in Alain Strowel (ed.), *Peer-to-Peer File Sharing and Secondary Liability in Copyright Law*, Cheltenham: Edward Elgar, 2009, p.26。

② See Byungil Kim, Chang-Hwa Kim, "Injunctive Relief Granted Against a P2P Intermediary for Indirect Copyright Infringement in Korea", in Kung-Chung Liu (ed.), *Annotated Leading Copyright Cases in Major Asian Jurisdictions*, Hong Kong: City University of Hong Kong Press, 2019, p.92.

③ 参见张吉豫：《智能社会法律的算法实施及其规制的法理基础——以著作权领域在线内容分享平台的自动侵权检测为例》,《法制与社会发展》2019 年第 6 期。

④ 参见"××在线(北京)信息技术有限公司与上海×××网络科技有限公司侵害其他著作财产权纠纷案",一审判决：上海市第一中级人民法院(2007)沪一中民五(知)初字第 129 号民事判决书，二审判决：上海市高级人民法院(2008)沪高民三(知)终字第 62 号民事判决书。

⑤ 参见北京市第一中级人民法院(2010)一中京民初字第 11821 号民事判决书。

前述有关网络服务提供商责任承担的条款编入。①

(三)对互联网中介机构持宽容态度

与此相对,新加坡上诉法院在2010年免除互联网中介机构录制电视有限公司(Record TV)的所有法律责任。与TVC一样,录制电视有限公司也有配备传统数字视频录像机功能的iDVR;在注册用户的请求下,录制电视有限公司允许其录制新传媒有限公司(Media Corp)的免费广播。法院最终免除该中介机构法律责任的理由如下:录制电视有限公司没有复制新传媒有限公司节目,相反,是请求录制上述节目注册用户复制新传媒有限公司节目;录制电视有限公司没有向公众传播新传媒有限公司节目,也没有授权注册用户行使任何受新传媒有限公司著作权所控制的行为。② 然而,法院的判决被批判为"全有或全无"(all or nothing),"这不是最有利于为使用互联网电视著作权作品而进行的自愿许可谈判"。批评者建议,应当运用强制许可促进这一新型商业模式。③值得注意的是,上诉法院在附带意见(obiter dictum)中并没有回避对"公共利益"的维护:"鼓励而非扼杀录制电视有限公司新技术的使用更符合公共利益,尤其考虑到录制电视有限公司向被允许观看新传媒有限公司节目的注册用户提供额外的、更好的时间转移播放服务,明显未使新传媒有限公司遭受任何损失。"④

在中国台湾地区智慧财产及商业法院2014年的刑事判决中,被告通过设置网页内嵌语言将用户链接到之前被不知名行为人上传YouTube视频平台上受著作权保护的电视剧。法院认为,该案被告并未向公众传播作品,其只是将用户带到目标网站,真正向公众传播作品的是该目标网站。因此,提供嵌入式

---

① 《中华人民共和国民法典》第1195条第2款规定,网络服务提供者接到通知后,应当及时将该通知转送相关网络用户,并根据构成侵权的初步证据和服务类型采取必要措施;未及时采取必要措施的,对损害的扩大部分与该网络用户承担连带责任。第1197条规定,网络服务提供者知道或者应当知道网络用户利用其网络服务侵害他人民事权益,未采取必要措施的,与该网络用户承担连带责任。

② 参见Singapore Court of Appeal, RecordTV Pte Ltd. MediaCorp TV Singapore Pte Ltd.[2010] SGCA 43。有关分析参见Susanna Leong, "Who 'makes' the copy? -No Copyright Infringement Liability of Internet Intermediaries in Singapore", in Kung-Chung Liu (ed.), *Annotated Leading Copyright Cases in Major Asian Jurisdictions*, Hong Kong: City University of Hong Kong Press, 2019, pp.39-53。

③ See Ng-Loy Weeloon, "Compulsory Licences as an Enabler of New Business Models", in Kung-Chung Liu and Reto Hilty (ed.), *Remuneration of Copyright Owners-Regulatory Challenges of New Business Models*, Berlin: Springer, 2017, p.295.

④ Singapore Court of Appeal, RecordTV Pte Ltd. MediaCorp TV Singapore Pte Ltd. [2010] SGCA 43, p.71.

语言或超链接的行为并未侵犯向公众传播权。[①]

印度最高法院采取更倾向中介机构的态度,至少在《信息技术法》背景下。印度有两部法律规定安全港条款,即2000年11月21日颁布的《信息技术法》(The Information Technology Act)和《著作权法》,免除网络中介机构的责任。《信息技术法》是处理网络犯罪与电子商务的主要法律。《信息科技法》第79条第3款(b)项规定有条件地免除网络中介机构对其提供或存储的任何第三方信息、数据或通信链接的法律责任;然而,中介机构如果"实际知道"(actual knowledge)或被有关政府机构告知,任何存储于其控制下的计算机资源的或与其所控制的计算机资源相连的信息、数据或通信链接被用于实施非法行为时,不能及时以不损害证据的任何方式删除或断开对该资源的链接,该"避风港"条款就不再适用。印度《著作权法》第52条第a项第2目规定:"作品的著作权在以下情形应被视为受到侵犯:(a)当任何人未经著作权人许可或著作权局局长根据本法授予许可,或者(被许可人)违反(著作权人或著作权局局长)授予的许可条件或违反主管机关根据本法要求的任何其他条件。(ii)允许以营利为目的向公众传播作品,而这种传播侵犯作品著作权,除非他不知道也没有合理理由认为这种向公众的传播侵犯著作权。"

在一个无关著作权但与《信息技术法》有关的案件中,印度最高法院限缩解释《信息技术法》第79条第3款(b)项,澄清"实际知道"的含义是指得知依据法院命令认定的非法内容[②]:"这是因为,像谷歌、脸书(Facebook)等网络中介机构面对数以百万计的请求时,很难判断这些请求哪些是合法的,哪些不是。"法院如果根据该判决解释采用与《信息技术法》相同删除在线内容标准的《著作权法》第51条(a)项第2目,将"深刻认识即便在著作权体制下,'知道(也)意味着

① 台湾智慧财产及商业法院(2014年)行智上一字第93号判决(2014年12月31日作出)。有关批判性分析,参见Szu-Ting Chen,"Providing Hyperlinks to Watch Illegal Videos on YouTube Does Not Communicate Works to the Public", in Kung-Chung Liu (ed.), *Annotated Leading Copyright Cases in Major Asian Jurisdictions*, Hong Kong:City University of Hong Kong Press, 2019, pp.54-66。

② See Indian Supreme Court, Shreya Singhal v. Union of India, AIR 2015 SC 1523 (24 March 2015), p.117.

从法院的命令得知,而不是从其他任何人处得知'"。[①]

二、著作权集体管理

亚洲经济的快速增长刺激了创造性作品的需求和该类作品的市场。几十年来,亚洲作为世界工厂,在技术上也有能力利用创造性作品。然而,除日本、新加坡等少数经济体以外,亚洲缺乏有效的集体管理组织(Collective Management Organization, CMO),这几乎不可避免地造成"盗版猖獗"和刑事制裁因为被认为是打击盗版的有效手段而被过度使用的现象。

对集体管理组织的监督以及其与著作权所有者的关系,是著作权集体管理领域值得我们关注的两个主题。

(一)对集体管理组织的监督

随着越来越多新集体管理组织被允许进入市场与现有集体管理组织竞争,通过集体管理组织的著作权集体管理,以及该组织与竞争法间的交叉问题逐渐在亚洲得到重视。在日本,开放竞争的《著作权及邻接权管理业务法》(Law on Management Business of Copyright and Neighbouring Rights)在2001年10月1日生效后不久,一些市场新入者如日本电子许可株式会社、日本音乐著作权代行株式会社和日本大辉音响株式会社即进入音乐著作权的管理业务领域。截至2019年7月1日,日本共有27家注册的著作权管理实体。[②] 在韩国,尽管著作权法没有要求独家经营的明确条款,但几乎所有的集体管理组织都在各自的著作权管理领域独家经营。截至2021年,文化体育观光部部长(Minister of Culture, Sports and Tourism)才开始支持在著作权的各个领域建立两个以上的集体管理组织。然而,集体管理组织的数量已经从2016年的13个减少到2021年的8个。中国大陆共有五个集体管理组织,每个集体管理协会分别负责

---

① 对这一判决的分析,参见 Raman Mittal, "Actual Knowledge for Secondary Liability of Internet Intermediaries for Third-party Content Means Knowledge Based on a Court Order under Indian Information Technology Act", in Kung-Chung Liu (ed.), *Annotated Leading Copyright Cases in Major Asian Jurisdictions*, Hong Kong:City University of Hong Kong Press, 2019, p.81。然而,文件共享网站"于著作权所有者的要求下在印度继续面临被随机屏蔽的境遇",因为法官通常不听取权利人相对方的意见就会颁发 John Doe 令,这些命令通常会指示网络服务提供商一律屏蔽著作权所有者提供的任何统一资源定位符(Uniform Resource Locator, URL)。参见 Prashant Reddy, Sumathi Chandrashekaran, *Create, Copy, Disrupt-India's I P Dilemmas* Oxford: Oxford University Press, 2017, pp.216-244, 237-239。

② See Japan Copyright Office, Copyright System in Japan, 2020, 15, available at: https://www.cric.or.jp/english/csj/doc/february2020.pdf.

一个特定的业务范围。[①] 而在中国台湾地区，有五个集体管理组织。[②]

传统上，集体管理组织受著作权法[③]、知识产权局和反垄断法的监督。在日本和中国台湾地区，集体管理组织也受到集体管理组织的专门法审查。[④] 一般来说，一些登记和批准机制规定是为了确保集体管理业务公平运作，保护那些托管著作权和邻接权人，促进作品、表演、录音制品与广播的利用和传播，从而促进文化的发展。

1.许可费率

集体管理组织经常无法与商业用户就许可费达成一致，进而需要主管机关介入。例如，在日本，集体管理组织的许可使用费规则需要在文化厅厅长(Commissioner of the Agency for Cultural Affairs)主持下进行协商和仲裁。[⑤] 在新加坡，集体管理组织制定的收费方案在生效前，可将其提交至著作权法庭(Copyright Tribunal)，著作权法庭必须发布命令确认或改变该收费方案。一旦收费方案生效，只要与用户或组织所涉及的案件类型有关，集体管理组织、用户或(其他社会)组织就可参考此收费方案。[⑥] 在中国，当集体管理组织不能与用户代表就许可费达成协议时，可以直接向法院提起诉讼，或要求国家著作权部门介入；如对国家著作权部门作出的决定不服，仍可向人民法院提出起诉。[⑦]

在发生争议的情况下，建议法院尊重知识产权局专业裁量权的行使。例如，2015 年中国台湾地区的五个系列案件，“最高行政法院”撤销台湾地区智慧财产与商业法院否定智慧局使用费率裁决合法性和适当性的判决；“最高行政

---

① 中国大陆仅存在五个著作权集体管理组织，即中国文字著作权协会、中国音乐著作权协会、中国音像著作权集体管理协会、中国摄影著作权协会和中国电影著作权协会。

② 由于管理不善，台湾地区智慧局在 2016 年和 2017 年撤销两个集体管理组织的执照。

③ 韩国《著作权法》(第 105—111 条)涉及 CMO 的相关规定。中国在 2020 年《著作权法》修订之前，并无关于集体管理组织的法律规定，而只有《著作权集体管理条例》；《中华人民共和国著作权法》(2020 修正)第 8 条第 4 款规定，国家机关部门应当依法对著作权集体管理组织进行监督、管理。新加坡也没有关于 CMO 的具体法律规定，CMO 通过其联合提交给律政部的行为准则自我监管。然而，新加坡 2021 年修正的《著作权法》(第 9 节)要求 CMO 遵守关于透明、治理、负责、效率和 IPO 监管的最低标准。违反这些标准的 CMO 或其职员将受到处罚。

④ 日本颁布《著作权及邻接权管理业务法》(2000 年第 131 号法)，取代自 1939 年起生效的《著作权中介业务法》。中国台湾地区在 1990 年所谓“著作权法”引入集体管理组织的相关条款，并于 1997 年颁布“著作权集体管理团体条例”。

⑤ 参见日本《著作权及邻接权管理业务法》第五章。

⑥ 参见新加坡《著作权法》第 468—475 条。

⑦ 《中华人民共和国著作权法》(2022 修正)第 8 条第 2 款规定，集体管理组织向使用人收取使用费的标准由著作权集体管理组织和使用者代表协商确定，协商不成的，可以向国家著作权主管部门申请裁决，对裁决不服的，可以向人民法院提起诉讼；当事人也可以直接向人民法院提起诉讼。

法院”申明，智慧局就许可费率所作的决定仅受任意性标准制约，并将上述案件发回智慧财产与商业法院再审。智慧财产与商业法院改判，认可上述许可费率的合法性和适当性，并指出除非智慧局所作裁决被认为任意滥用职权或违反中国台湾地区有关规定，否则此类决定应受到包括法院在内的其他机构的尊重。①

2.概括许可

概括许可(blanket licensing)是指集体管理组织与用户间的许可协议，将集体管理组织管理作品的所有著作财产权在特定时期内许可给用户使用，使用次数没有限制，以换取用户支付的使用费。集体管理组织普遍使用概括许可协议。然而，这些协议却可能被视为是反竞争的。例如，日本最高法院认为日本音乐著作权协会(Japanese Society for Rights of Authors, Composers and Publishers,JASRAC)采用的概括许可属于“私人垄断”。在法院看来，这种概括许可没有反映出JASRAC与其他集体管理组织相比所管理曲目的比例，而且JASRAC的概括许可比其他集体管理组织提供的单独许可便宜得多，这使得(被许可人)在现实中不会选择后者，也因此“构成《反垄断法》第2条第5款的‘排除’(竞争)要素”②。台湾地区“著作权集体管理团体条例”允许概括许可协议，但也注意到概括协议的限制竞争效果，第24条第2项规定使用报酬率之订定，如为概括授权，应订定下列计费模式，供利用人选择：(1)一定金额或比率；(2)利用人与集管团体协商同意的其他计费模式。③

---

① 参见台湾“最高行政法院”(2015年)判字第465号判决(2015年8月13日作出)。有关分析，参见 Kung-Chung Liu, “Royalty Setting Disputes between Collective Management Organizations, Taiwan Intellectual Property Office and Cable TV Operators”, in Kung-Chung Liu (ed.), *Annotated Leading Copyright Cases in Major Asian Jurisdictions*, Hong Kong:City University of Hong Kong Press, 2019, pp.123-135。

② 日本最高法院, 2014 (Gyo-Hi)75 (Third Petty Bench, 28 April 2015), 518。有关分析，参见 Kazuhiro Ando, “Blanket Licenses of Music Copyrights for Broadcasting Found to Be Private Monopolization in Japan”, in Kung-Chung Liu (ed.), *Annotated Leading Copyright Cases in Major Asian Jurisdictions*, Hong Kong:City University of Hong Kong Press, 2019, pp.136-151。

③ 在“Alden-Rochelle, Inc. v. ASCAP[80 F. Supp. 888, 894-95(S.D.N.Y. 1948)]案”中，纽约南区地方法院认定美国作曲家、作家与出版商协会(American Society of Composers, Authors and Publishers, ASCAP)获得著作权人独家许可后，其仅向电影院仅提供概括许可，而非基于每部作品进行单独许可的做法，超出著作权行使的合法界限，是追求垄断的限制竞争非法共谋。美国司法部与ASCAP和美国广播音乐公司(Broadcast Music Incorporated, BMI)和解(1950年修正最终判决)，责令后者应允许其成员另行许可。此后，ASCAP和BMI不再是获得许可的唯一来源。

(二)集体管理组织与著作权人的关系

在日本,集体管理组织可以通过信托或委托的方式来管理集体管理作品著作权。[①] 在韩国,也可通过信托、代理或经纪服务的方式来管理集体管理著作权。[②] 在中国台湾地区,依照有关规定,著作权集体管理并非只能通过信托来完成。[③] 在中国大陆,著作权人可以授权(或许可)集体管理组织以组织自己的名义行使权利,并可以当事人身份参与诉讼、仲裁和调解。[④]

一旦信托被用于著作权的集体管理,就会产生一个问题,即在权利人终止信托集体管理组织时,相关的经济权利是应被视为自动归还给著作权人,还是仍然保留在集体管理组织,等待转回给权利人? 2012 年,韩国最高法院在相关案例中认为,除非信托协议中另有规定,否则在信托协议终止时信托下的著作权不被视为自动归还给著作权人,而是以推定信托(constructive trust)的方式持有相关资产,直到受托人将著作权返还给著作权人。[⑤] 上述结论令人信服。

三、著作权的限制

对著作权的限制通常包括合理使用(fair use、dealing)、权利用尽和其他法律对著作权的外部限制。

---

① 参见日本《著作权及邻接权管理业务法》第 2 条。

② 韩国《著作权法》第 105 条第 1 款。

③ 台湾地区"著作权集体管理团体条例"第 39 条第 1 款规定:"集管团体执行集管业务,得以自己之名义,为着作财产权人之计算,为诉讼上或诉讼外之行为。但刑事部分,以集管团体受专属授权或信托让与者为限。"

④ 参见《中华人民共和国著作权法》(2022 修正)第 8 条第 1 款。江苏省苏州市中级人民法院认定中国音乐著作权协会通过《音乐著作权协议》获得的权利应当受到保护,当这些权利受到侵害时,中国音乐著作权协会享有以自己名义提起诉讼的合法权利和资格,但法院并未明确界定《音乐著作权协议》的合同性质。参见"中国××著作权协会与××市广播电视总台侵害作品广播权纠纷案",江苏省苏州市中级人民法院(2016)苏 05 民终第 673 号民事判决书。关于此案的分析,可参见 Yahong Li, "Music Copyright Society of China Has Legal Right and Standing to Bring Lawsuit in Its Own Name", in Kung-Chung Liu (ed.), *Annotated Leading Copyright Cases in Major Asian Jurisdictions*, Hong Kong:City University of Hong Kong Press, 2019, pp.98-110。

⑤ 参见 Korean Supreme Court Decision 2010Da1272 (21 July 2012)。该判例并无英文翻译,与该案相关的介绍与分析,参见 Won Bok Lee, "Termination of Copyright Trust and the Return of Copyrights under Korean Law", in Kung-Chung Liu (ed.), *Annotated Leading Copyright Cases in Major Asian Jurisdictions*, Hong Kong:City University of Hong Kong Press, 2019, pp.111-122。

(一)合理使用

1.法定合理使用一般条款

(1)通用的合理使用一般条款

①大陆法系经济体

以美国《著作权法》第107条规定的四要素著作权侵权抗辩为蓝本的一般合理使用条款,现已逐渐被亚洲主要经济体采用。[①] 中国台湾地区和韩国分别于1993年和2012年将美国模式移植到其著作权法中,韩国甚至还将其与“三步原则”相结合。[②] 韩国《著作权法》第35-3条(受著作权保护材料的合理使用)规定:(1)除第23条至第35-2条以及第101-3条至第101-5条所列情况外,只要不与著作权作品的正常利用相冲突,也不会不合理地损害著作权人的合法利益,著作权作品即可被用于报道、批评、教育和研究等情形。(2)在确定第35-3条第1款是否适用于著作权作品的使用时,必须考虑以下因素:使用的目的和性质,包括这种使用是商业性质还是非营利性质;著作权作品的类型或目的;使用部分相对于整个著作权作品而言的数量和重要性;使用对著作权作品的当前市场或价值的影响,抑或对著作权作品的潜在市场或潜在价值的影响。

在中国台湾地区,所谓“著作权法”第65条第1项规定合理使用的法律效力,“著作之合理使用,不构成著作财产权之侵害”[③]。第65条第2项最初是对美国《著作权法》第107条的逐字翻译,用以指导具体合理使用条款(第44—63条)的解释和适用,在1998年其成为开放式的一般条款,允许“其他合理使用之情形”:

> 著作之利用是否合于第四十四条至第六十三条所定之合理范围或其他合理使用之情形,应审酌一切情状,尤应注意下列事项,以为判断之基准:一、利用之目的及性质,包括系为商业目的或非营利教育目的。二、著

---

① See Peter Yu, “Customizing Fair Use Transplants”, Laws, vol. 7, no. 1 (2018), https://scholarship.law.tamu.edu/facscholar/1264.

② TRIPS协定第13条规定:“各成员对于专有权利的限制或例外规定,应限于某些特殊的情况,且不得与作品的正常利用相冲突,也不得无理地损害权利人的合法权益。”

③ 台湾地区所谓“著作权法”第65条第1项是在1998年基于以下简单理由增加的:“‘著作权法’疏于规定合理使用的法律效力,第1项是在参考美国《著作权法》第107条的基础上增加的。”然而,谢铭洋认为:“‘著作权法’第44条以下,即属于此种限制性的规定,而且既称限制,则在受限制的部分,即为著作财产权效力所不及,亦即此部分已经不属于著作权人的权利范围,一旦他人对著作之利用符合法律所规定的限制范围,当然不构成著作权之侵害(‘著作权法’第65条第1项),而非只是具有阻却违法的效力。”[谢铭洋:《智慧财产权法》,(台北)元照出版有限公司2008年版,第241页]

作之性质。三、所利用之质量及其在整个著作所占之比例。四、利用结果对著作潜在市场与现在价值之影响。①

在中国台湾地区，很少有法院判决适用第 65 条第 2 项的一般合理使用条款；但是，法院承认转换性使用；②“最高法院”甚至援引所谓“著作权法”第 1 条③得出结论：“如果使用者的使用目的和性质有利于社会公共利益的平衡或民族文化的发展，即使其目的不是教育性的，也应予以积极看待。”④而智慧财产与商业法院作为二审法院在 2010 年的案件中认定，复印店受客户委托在合理使用范围内复制作品的行为不构成侵权，也因此宣告其无须承担刑事责任。⑤

一般来说，韩国和中国台湾地区均是试探性地使用合理使用的一般条款，而非将其作为积极平衡利益冲突的功能性安全阀。⑥

②普通法系经济体

由于 2003 年《美国—新加坡自由贸易协议》的签订，新加坡于 2004 年在《著作权法》引入类似的合理使用一般条款（合理使用四要素），并额外增加源自澳大利亚的第五项要素：“在合理时间内以普通商业价格获得作品或改编作品

---

① 台湾地区“最高法院”(2002 年)台上字第 837 号刑事判决(2002 年 2 月 7 日作出)主张：“旧法(指 1993 年 4 月 24 日修正公布)有关著作财产权之限制(学理上所泛称之合理使用)仅限于第 44 至 63 条规定之范围，而第 65 条系为审酌著作之利用是否合于第 44 条至第 63 条规定所订定之判断标准。唯著作权利用之态样日趋复杂，旧法第 44 条至第 63 条规定之合理使用范围已显僵化，无足肆应实际上之需要，为扩大合理使用之范围，新法(指 1998 年 1 月 21 日修正公布)将本条修正为概括性之规定，即使未符合第44 条至第 63 条之规定，但如其利用之程度与第 44 条至第 63 条规定之情形相类似或甚至更低，而以本条所定标准审酌亦属合理者，则仍属合理使用。”

② 参见台湾地区“高等法院”(2009 年)民著上字第 5 号民事判决(2009 年 5 月 27 日作出)；台湾地区智慧财产与商业法院(2009 年)民著上易字第 3 号民事判决(2009 年 5 月 27 日作出)和(2011 年)民著诉字第 55 号民事判决(2012 年 9 月 26 日作出)。这些判决通过消极表述承认转化性使用，法院称涉案争议的使用行为是“替代性”而不是“转化性”的，因此不属于合理使用。

③ 台湾地区所谓“著作权法”第 1 条规定：为保障著作人著作权益，调和社会公共利益，促进地区文化发展，特制定本法。本法未规定者，适用其他法律之规定。

④ 台湾地区“最高法院”(2005 年)台上字第 7127 号刑事判决(2005 年 12 月 16 日作出)的理由是：“在决定第 65 条第 2 款的第一个因素，即‘利用的目的和性质，包括这种利用出于商业性目的还是非营利的教育目的’，应该从第 1 条预设的‘著作权法’立法目的来解释使用的目的，而不是采用商业或非商业(或教育)的简单二分法。”

⑤ 参见台湾地区智慧财产与商业法院(2010 年)行智上一字第 61 号判决(2010 年 9 月 27 日作出)。

⑥ See Changes Induced by Open-Ended Fair Use Clause: Korean Experiences, http://opennetkorea.org/en/wp/1909? ckattempt=1.

的可能性。"[新加坡 2004 年《著作权法》第 35 条第 2 款(e)项]①2021 年,第五项要素被删除(新加坡 2021 年《著作权法》第 191 条),其原因如下:

> 第五项要素要规范的事项可能仅与某些情况有关,但并不涉及所有情况。由于第五项要素,存在用户依赖"合理使用"使用受著作权保护作品时必须总是试图寻求许可的误解,我们不希望延续此误解。在某些情况下,考虑"普通商业价格"可能是不合适的,更没有必要,例如偶然将作品纳入家庭录像供私人观赏……总之,第五项要素可以被看作是第四项要素的一个子集。无论如何,第五项要素若相关总是可以在特定的案件中考虑,例如某些不易在网上获得的作品(正如某些被告所表明的)。删除第五项要素,仅意味着不需要在所有情况下都对其进行考察。②

(2)目的限定的合理使用一般条款

从 2019 年开始,日本《著作权法》目的限定(purpose-limited)的合理使用一般条款开始生效,以促进文本数据挖掘和机器学习。

> 允许在下列任何一种情况或其他类似情况,以任何方式并在必要的范围内利用作品,但这种利用不是为了欣赏或使他人欣赏该作品所表达的思想或情感(着重部分由引者标明,下同);然而,如果根据该作品的性质和目的,这种利用会不合理损害著作权人的利益,则上述规定并不适用:
>
> (1)将作品用于开发或实际实现有关视听录制技术的实验或对此类作品的其他类似利用;
>
> (2)将作品用于数据分析[指对语言、声音或图像数据,或由大量作品或大量数据组成的其他要素进行提取、比较、分类或其他统计分析。该规定同样适用于第 47-5 条第(1)款第(ii)项];
>
> (3)除前两项规定的情况外,在计算机数据处理过程中使用作品或以其他不涉及人类感官感知该作品表达的方式使用作品(应当排除在计算机

---

① See Stanley Tze Chang Lai, "Fair Dealing in the Digital World: Navigating Unchartered Waters in Singapore", in Kung-Chung Liu (ed.), Annotated Leading Copyright Cases in Major Asian Jurisdictions, Hong Kong:City University of Hong Kong Press, 2019, pp.270-271.

② 参见 2.6.6 of the Singapore Copyright Review Report (17 January 2019)。然而,此项理由并不具有说服力。相关讨论见 Ng-Loy Wee Loon, *Law of Intellectual Property of Singapore*, London: Sweet & Maxwell, 2021, pp.[11.3.37] [11.3.38]。

上执行编程作品的情形)(第 30-4 条)。[①]

在新加坡,2021 年的修正案新增允许为计算数据分析(computational data analysis)而合理使用作品的情形。第 244 条第 1 款规定,如果符合规定条件,允许个人为计算数据分析复制下列任何材料:(a)作品;(b)受保护表演的录制品。根据第 243 条,计算数据分析包括:(a)使用计算机程序识别、提取和分析作品或录制品中的信息或数据;并且(b)以作品或录制品作为某类信息或数据之示例,以提升计算机程序在该类信息或数据方面之功能。

2.司法创造的开放式著作权限制

在中国,2020 年《著作权法》修订也涉及著作权限制,尤其将《著作权法实施条例》第 21 条规定的"三步原则"提升至《著作权法》(类似于韩国《著作权法》第 35-3 条),并增加"法律、行政法规规定的其他情形"作为著作权限制的概括条款(第 24 条第 1 款第 13 项)[②]。令人遗憾的是,《著作权法》并未采用法官可行使

---

① For analysis see Tianxiang He, "Copyright Exceptions Reform and AI Data Analysis in China", in Jyh-An Lee, Reto Hilty and Kung-Chung Liu (eds.), *Artificial Intelligence and Intellectual Property*, Oxford: Oxford University Press, 2021) pp.208-211.

② 《中华人民共和国著作权法》(2022 修正)第 24 条第 1 款[《著作权法》(2010 修正)第 22 条第 1 款]规定:"在下列情况下使用作品,可以不经著作权人许可,不向其支付报酬,但应当指明作者姓名或者名称、作品名称,并且不得影响该作品的正常使用,也不得不合理地损害著作权人的合法权益:(一)为个人学习、研究或者欣赏,使用他人已经发表的作品;(二)为介绍、评论某一作品或者说明某一问题,在作品中适当引用他人已经发表的作品;(三)为报道新闻,在报纸、期刊、广播电台、电视台等媒体中不可避免地再现或者引用已经发表的作品;(四)报纸、期刊、广播电台、电视台等媒体刊登或者播放其他报纸、期刊、广播电台、电视台等媒体已经发表的关于政治、经济、宗教问题的时事性文章,但著作权人声明不许刊登、播放的除外;(五)报纸、期刊、广播电台、电视台等媒体刊登或者播放在公众集会上发表的讲话,但作者声明不许刊登、播放的除外;(六)为学校课堂教学或者科学研究,翻译、改编、汇编、播放或者少量复制已经发表的作品,供教学或者科研人员使用,但不得出版发行;(七)国家机关为执行公务在合理范围内使用已经发表的作品;(八)图书馆、档案馆、纪念馆、博物馆、美术馆、文化馆等为陈列或者保存版本的需要,复制本馆收藏的作品;(九)免费表演已经发表的作品,该表演未向公众收取费用,也未向表演者支付报酬,且不以营利为目的;(十)对设置或者陈列在公共场所的艺术作品进行临摹、绘画、摄影、录像;(十一)将中国公民、法人或者非法人组织已经发表的以国家通用语言文字创作的作品翻译成少数民族语言文字作品在国内出版发行;(十二)以阅读障碍者能够感知的无障碍方式向其提供已经发表的作品;(十三)法律、行政法规规定的其他情形。"

自由裁量权的[①]、真正开放的合理使用一般条款。[②]

然而,在最高人民法院主导下,中国存在司法创造的开放式著作权限制。北京市朝阳区人民法院2008年的一项判决认为《著作权法》第22条第1款(现行第24条第1款)并非封闭式条款。[③] 最高人民法院在其公报选择刊登该案判决,表明其对该判决立场的认可。[④] 最高人民法院在2011年发布的《关于充分发挥知识产权审判职能作用,推动社会主义文化大发展大繁荣和促进经济自主协调发展若干问题的意见》,要求法官在审理合理使用案件时将美国《著作权法》第107条规定的合理使用四要素纳入考虑(第八点)。[⑤]

迄今为止,最高人民法院很少就《著作权法》和著作权限制作出判决。在(2013)民提字第15号民事判决中,最高人民法院解释说,演绎作品"指明作者身份"作为第24条第1款第10项(对设置或者陈列在公共场所的艺术作品临摹、绘画、摄影或录像)合理使用规定的适用条件。王×贤先生为涉案画作原作者,涉案雕塑作品是在此基础上的创作;涉案雕塑作品位于绍兴市水利局负责管理的龙横江鹿湖园景区;绍兴市水利局拍摄案涉雕塑作品并将之收录在其出版的旅游图册,但并未表明王先生的原作者身份。最高人民法院首先澄清:

> 在一般情况下,社会公众只能依靠该室外艺术作品本身的标注来确认作者姓名和作品名称,而没有另行核实的义务。本案中,《康乾驻跸碑》等

---

① 参见Jyh-An Lee, Yangzi Li, "The Pathway Towards Digital Superpower: Copyright Reform in China", (*GRUR*) *International*: *Journal of European and International IP Law*, vol.70, no.9 (2021), p.867。在《著作权法》(2010修正)第22条第1款的规定下,该合理使用规定是不是一个开放式条款存在争议。刘春田等人基于对"三步原则"的严格解释采取否定观点,参见刘春田主编:《知识产权法》,法律出版社2009年版,第115页。李琛也以《著作权法》第22条采用封闭式立法方法持否定态度,参见李琛:《著作权基本理论批判》,知识产权出版社2013年版,第198页。然而,吴伟光却持积极态度,理由是《伯尔尼公约》承认的隐含例外以及论证合理使用的复杂情况等。参见吴伟光:《著作权法研究:国际条约、中国立法与司法实践》,清华大学出版社2013年版,第393页。

② 然而,有人支持这种"相对封闭的著作权限制体系"。参见丛立先:《我国著作权法的总体趋向与优化进路》,《中国出版》2020年第21期。

③ 参见北京市朝阳区人民法院(2008)朝民初字第13556号民事判决书,转引自吴伟光:《著作权法研究:国际条约、中国立法与司法实践》,清华大学出版社2013年版,第394页。此外,北京市第一中级人民法院在2014年的判决也主张,只要满足所谓的实质性合理使用要求[(1)对著作权作品的使用不会在市场上替代该作品;(2)使用者不从使用中直接获利],并有利于公共利益,就可在法律上认定其为对著作权作品的合理使用。

④ 参见李琛:《著作权基本理论批判》,知识产权出版社2013年版,第198页。

⑤ 参见《最高人民法院关于充分发挥知识产权审判职能作用推动社会主义文化大发展大繁荣和促进经济自主协调发展若干问题的意见》(法发〔2011〕18号)。

十一幅雕塑作品系依据王×贤绘画作品而创作出的新的作品，进行合理使用的社会公众应指明的作者姓名应取决于雕塑本身的署名情况。如果该雕塑作品未注明其系依据他人绘画作品而创作，对该雕塑临摹、摄影等使用的社会公众没有义务追溯该雕塑作品是否为演绎作品、是否还存在原始绘画作者并为该作者署名。

但是在该案中，涉案雕塑作品上已注明王先生是原画作的作者，该雕塑是在王先生作品的基础上创作的演绎作品。因此，最高人民法院判决绍兴市水利局作为鹿湖园的建设单位和管理单位，有义务在其出版的全面介绍该景区的旅游图册指明王先生为涉案雕塑作品之原作作者。①

最高人民法院若能够受理并判决更多与合理使用有关的案件，将能更好地指导下级法院。三家知识产权法院似乎尚未使合理使用制度更具可预测性和可操作性，因为法院的判决很少，甚至未能提供有关承认或不承认某种合理使用的说理。②

---

① 参见“王×贤与绍兴市水利局其他著作权权属侵权纠纷审判监督案”，最高人民法院(2013)民提字第15号民事判决书。

② 中国三家知识产权法院对“适当引用”的合理使用情形[《著作权法》(2022修正)第24条第1款第2项]存在不同看法。上海知识产权法院在(2015)沪知民终字第730号民事判决中进行与美国合理使用类似的四要素分析，并采用转换性使用的概念：“在适用三步原则时，法院要全面考虑被引作品的使用目的、被引作品占新作品的比例、权利人的正常利用是否受到影响以及是否对权利人造成不合理的损害。以解释某问题为目的的引用，是指对作品的引用是为解释其他问题，而不是单纯展示被引用作品的艺术价值，同时被引用作品原有的艺术价值和功能在新作品中发生转化。”北京知识产权法院在(2016)京民终字第53号民事判决中表达同样的观点：“为说明某一问题，是指对作品的引用是为说明其他问题，并不是为纯粹展示被引用作品本身的艺术价值，而被引用作品在新作品的被引用致使其原有的艺术价值和功能发生转换；而该被引用作品在新作品中亦不是以必需为前提，即使在新作品引用作品不是必需的，也会构成合理使用。”然而，北京知识产权法院在(2014)京知民终字第98号判决中认定，使用原告拥有的十张照片对于介绍或评论这十张照片或解释一些问题来说不是必要的，而是为增强被告作品(谈论婴儿和孕妇的健康)的吸引力，因此不构成合理使用。广州知识产权法院在(2015)粤知法著民终字第108号民事判决中得出相同的结论。北京知识产权法院在(2015)京知民终字第1699号判决中认定，原告取得《新京报》刊登《艾滋男童的校园新世界》一文的著作权授权，被告未经许可将该报道上传至其运营的“中国移动手机报—新闻早晚报”增值服务中，新京报文章显然并不属于在该事件发生过程客观出现的作品，被告对于该文章的使用并不属于为报道这事件而对该事件中所出现的“他人作品”的使用，因此，不构成《著作权法》第24条第1款第3项规定的合理使用情形。在(2017)粤73民终第12号民事判决中，广州知识产权法院遵循“三步原则”解释有关“时事新闻报道”的合理使用，而并不关注新闻报道本身的特殊性质：著作权法中的合理使用属于对著作权人专有权利的限制与例外，该制度只能是在特殊情况下作出、不与作品的正常利用相冲突以及没有不合理地损害权利人的合法权益。被诉侵权作品是原告通过支付对价商业转让方式取得的，被告在其经营的商业网站上未经权利人许可使用被诉侵权作品行为损害原告的合法权益，因此超出合理使用范围。

3.具体的合理使用条款

亚洲一些主要法域有详细的具体合理使用条款。以中国台湾地区为例。台湾地区所谓"著作权法"第三章(著作人及著作权)第四节(著作财产权)的第四小节标题为"著作财产权之限制",预设对著作权人著作财产权的17种限制:(1)政府和司法使用(第44—45条),(2)学校教学(第46条)和准备教学教材(第47条)[①],(3)公共文化机构使用(第48条),(4)馆藏使用(学术作品所附的摘要,第48-1条),(5)新闻报道(第49条),(6)对政府机关作品之使用(第50条),(7)个人使用(第51条,包括对计算机程序之复制,第59条),(8)引用(第52条)[②],为感知障碍者之使用(第53条),(9)考试使用(第54条),(10)非营利性之公开表演(第55条),(11)广播组织之临时录制(第56条),(12)通过社区天线转播(广播)(第56-1条),(13)公开展示美术作品和摄影作品,以及在户外展示美术作品及建筑作品(第57—58条),(14)权利用尽[③](第59-1条,包括出租除录音制品和计算机程序之外的作品原件或复制件,第60条),(15)为时事评述之使用(第61条),(16)公开演讲之使用(第62条),(17)可翻译第44—45条、第48条第1款、第48-1条至第50条、第52—55条和第61—62条所允许利用的作品,可改编第46条和第51条所允许利用的作品,以及可发行第46—50条、第52—54条、第57条第2项、第58条和第61—62条所允许利用的作品(第63条)。

4.合理使用一般条款与具体条款的关系

在著作权立法中有合理使用系列具体条款与合理使用一般条款的法域,会出现上述条款之间关系为何的问题。这种关系因法域而异。例如,根据韩国《著作权法》,"任何行为如果为列出的例外条款所涵盖,就再无检验适用第35-3条规定合理使用的空间"[④]。

然而,在新加坡,具体合理使用情形由概括的合理使用一般条款(新加坡《著作权法》第190条)所补充。"这些具体的合理使用情形可被视为构成作品

① 然而,台湾地区所谓"著作权法"第47条要求支付报酬,其本质上是一种法定的强制许可,在概念上与合理使用不同。

② 台湾地区"高等法院"(2000年)商字第716号民事判决(2001年4月24日作出)判定,将对方在报纸上发表的评论纳入自己论文集的行为,虽然关注点相关,但不符合"适当引用"的条件,属于非法复制。

③ 权利用尽原则最好与合理使用区别开来。

④ Tianxiang He, "Copyright Exceptions Reform and AI Data Analysis in China", in Jyh-An Lee, Reto Hilty and Kung-Chung Liu (eds.), *Artificial Intelligence & Intellectual Property*, Oxford: Oxford University Press, 2021, p.208.

合理使用的示例。”[①]同样，中国台湾地区所谓“著作权法”合理使用的一般条款（所谓“著作权法”第 65 条第 2 项）被用来解释前面所有具体的合理使用条款。值得注意的是，台湾地区的立法可能无意中导致双重限制，因为许多具体的合理使用条款已经包含“在合理范围内”（所谓“著作权法”第 44—47 条和 50—52 条）或“必要”（所谓“著作权法”第 44—46、48、49、52 和 59 条）的条件，但这些具体条款必须再次通过合理使用一般条款的四要素检验解释。大概是为避免双重限制的问题，台湾地区“最高法院”2014 年的一项民事判决在概念上区分豁免（exemption）和合理使用，但并未给出这样区分的根本原因：按豁免规定与合理使用不同，豁免规定对于著作类别及专属权种类设有限制，法院考量符合法律所定之构成要件者，即可豁免，无须再行斟酌其他合理使用之权衡要素。所谓“著作权法”第 49 条系豁免规定，乃以新闻纸、网络等为时事报道者，在报道之必要范围内，得利用其报道过程中所接触之著作，并未规定于合理范围内为之，得以阻却违法，法院自无须斟酌是否符合所谓“著作权法”第 65 条第 2 项各款所定合理使用之事项，以为判断标准。[②] 按照上述判决逻辑，合理使用条款似乎是明确含有“合理范围内”的个别条款，即第 44—47 条和第 50—52 条，适用时需要考虑第 65 条第 2 项因素；而不包含“合理范围内”表述的其他具体条款是豁免条款，适用时不需要考虑第 65 条第 2 项规定之因素。

虽然这种考虑可以理解，但它回避问题的实质：中国台湾地区“最高法院”对豁免与合理使用的理解是否正确，是否有任何法律基础。豁免或被豁免的行为是完全超出著作权的范围。然而，新闻报道并没有超出著作权范围，最多是对著作权侵权的抗辩。

在马来西亚，双重限制的情况确实存在，即在具体的合理使用限制中能够解读出立法机关本无意设置的额外限制。马来西亚《著作权法》第 13 条第 2 款(a)至(q)项列出不属于著作权人排他权控制的行为，彼此相互独立。第 13 条第 2 款(l)项豁免为司法程序使用作品的行为，但是并未就该种使用规定进一步的条件。然而，马来西亚高等法院错误地认为，马来西亚《著作权法》第 13 条第

---

① See Ng-Loy Wee Loon, *Law of Intellectual Property of Singapore*, London: Sweet & Maxwell, 2021, p.[11.3.8].

② 参见台湾地区“最高法院”（2014 年）台上字第 1352 号民事判决（2014 年 7 月 3 日作出）。台湾地区所谓“著作权法”第 49 条规定：“以广播、摄影、录像、新闻纸、网络或其他方法为时事报导者，在报导之必要范围内，得利用其报导过程中所接触之著作。”

2 款(l)项规定的抗辩必须与整个第 13 条第 2 款一起解读，且要求满足三个条件[①]：为合法目的之复制，注明受著作权保护作品的来源和作者，并需要得到著作权人同意；这一规定不当地缩小著作权例外的范围。[②]

（二）权利用尽

权利用尽原则（首次销售原则）是最重要的著作权限制之一，其目的是在保护著作权人和自由贸易基本原则间取得适当的平衡。在亚洲，日本[③]、马来西亚[④]和新加坡[⑤]采用发行权绝对用尽原则。与之相反，中国台湾地区所谓"著作权法"采用发行权相对用尽原则[⑥]，中国大陆的司法系统通过承认首次销售时的发行权用尽来填补法律空白[⑦]，但不承认复制权或公开表演权的权利穷竭[⑧]。同样，印度《著作权法》也未明确解决权利用尽问题，但德里高等法院在 2009 年的一项判决中承认发行权相对穷竭：

---

① See High Court of Malaya, Xin Xin Engineering Sdn Bhd and Another v. Fukuyama Automation Sdn Bhd & 7 Others [2015] 2 AMCR 950; [2015] AMEJ 1404, cited from Sik Cheng Peng, "*The Defence of the Use for Judicial Proceedings Is Hard to Avail in Malaysia*", in Kung-Chung Liu (ed.), *Annotated Leading Copyright Cases in Major Asian Jurisdictions*, Hong Kong: City University of Hong Kong Press, 2019, pp.324-325.

② 相关讨论参见 Sik Cheng Peng, "The Defence of the Use for Judicial Proceedings Is Hard to Avail in Malaysia", in Kung-Chung Liu (ed.), *Annotated Leading Copyright Cases in Major Asian Jurisdictions*, Hong Kong: City University of Hong Kong Press, 2019, pp.325- 327。

③ 日本《著作权法》第 26 条之 2 第 2 款(v)项规定："前款的规定不适用于属于下列任何一项的作品原件或复制品的所有权转让：(v)作品原件或复制品的所有权已在本国境外转让，(a)不损害相当于前款规定的权利，或(b)由拥有相当于前款规定之权利的人或由得到前述权利人授权的人转让。"

④ 1987 年马来西亚《著作权》第 13 条第 1 款(A)目规定绝对用尽："13.(1)文学、音乐或艺术作品、电影或录音制品或演绎作品的著作权是在马来西亚控制下列行为的排他权：但条件是(A)控制发行复制件的排他权仅指将先前未在马来西亚发行的复制件流通的行为，而不是指对这些先前未在马来西亚发行的复制件的任何随后发行或随后进口到马来西亚。"

⑤ 新加坡国会修订 1987 年法案，新增第 25 条第 3 款："在本法中，如果提及未经著作权所有者同意而制作的进口物品，那么对著作权所有者的提及应理解为提及(a)在制作该物品的国家，就其适用于制作该物品而言，有权获得著作权的人。或(b)如果在制造该物品的国家中没有对该物品的应用享有著作权的人，则在新加坡对该应用享有著作权的人。因此，如果进口的货物在制造该物品的国家是经著作权所有者同意制造的，它就不是侵权物品，进口到新加坡是合法的，因为著作权已经在制造该物品的国家的著作权所有者的同意下用尽。"详细讨论参见 Ng-Loy Wee Loon, *Law of Intellectual Property of Singapore*, London: Sweet & Maxwell, 2021, pp.[10.3.18]-[10.3.25]。

⑥ 台湾地区所谓"著作权法"第 59-1 条承认相对用尽原则：台湾地区取得著作原件或其合法重制物所有权之人，得以移转所有权之方式散布之。

⑦ 参见河南省高级人民法院(2018)豫民终字第 1803 号民事判决书。

⑧ 参见重庆市高级人民法院(2005)渝高民终字第 112 号民事判决书。

> 第14条(a)项第2目明确指出，文学作品的著作权所有者不能对流通中的复制件行使权利，这表明，用尽原则只适用于第14条(a)项规定的著作权类型。[①] 因此，一旦作品复制进进入“流通”，文学作品的著作权人就不能再支配该复制件如何以及在何种条件下可以转售。这种有限的“用尽”否定该原则在其他著作权类型上的适用。

因此，如果电影作品固定在从印度境外合法购买的数字媒体(DVD)上，那么在印度境内通过互联网电影租赁系统(类似于人们熟悉的Netflix在线租赁服务)对其进行出租的行为不适用权利用尽原则。[②]

(三)强制许可

广义的著作权强制许可包括著作权法定许可和狭义的著作权强制许可。后者与前者的不同之处在于，在申请强制许可之前必须事先经过谈判且并未获得许可。

1.法定许可

亚洲主要经济体的著作权法制普遍认可基于广播、转录已录制音乐和教育目的对著作权作品授予法定许可。例如，中国台湾地区所谓“著作权法”为编写教科书、辅助教具等(第47条)和为使用音乐作品的录音制品(第69—70条)提供法定许可。此外，从2010年开始，中国台湾地区所谓“文化创意产业发展法”第24条授权智慧局在支付补偿金后对“孤儿作品”的使用颁发强制许可。[③]

在中国大陆，有五项法定许可规定：为编写九年制义务教育教科书和国家教育规划(《著作权法》第25条)、其他报纸对已发表作品进行转载(《著作权法》

---

① 印度《著作权法》第14条(著作权的含义)(a)项第2目规定：就本法而言，著作权是指在不违反本法规定的情况下，对作品或其任何重要部分自行或授权他人从事以下任何行为的专有权利，即(a)文学、戏剧或音乐作品，不包括计算机程序，(ii)向公众发行作品的复制件，而不是已经流通的复制件。

② See Delhi High Court, Warner Bros. Entertainment Inc. and Others v. Mr. Santosh V.G., IN CS (OS) 1682/2006 (decided on 13 April 2009), 67-69. 分析见 Shubha Ghosh, “Exhaustion Doctrine Does Not Apply to Cinematographic Works Fixed in Digital Media Purchased Outside India Rented within India through Internet”, in Kung-Chung Liu (ed.), *Annotated Leading Copyright Cases in Major Asian Jurisdictions*, Hong Kong: City University of Hong Kong Press, 2019, pp.353-356.

③ 根据“著作财产权人不明著作利用之许可授权及使用报酬办法申请”的相关规定，使用“孤儿作品”有严格的程序要求，用户需要支付由智慧局决定的著作权使用费。

第35条第2款)[①]录制已合法录制为录音制品的音乐作品(《著作权法》第42条第2款)[②]、广播或公开表演录音制品(《著作权法》第45条)[③]和广播电台、电视台播放已发表作品(《著作权法》第46条第2款)[④]。

2.狭义的著作权强制许可[⑤]

在亚洲的主要经济体中,除"孤儿作品"外,狭义的著作权强制许可很少被承认。[⑥] 印度是唯一广泛承认狭义著作权强制许可的国家,可就公众无法接近的作品向商业法庭申请著作权局局长向申请人核发强制许可。[⑦] 直到2014年,这种制度才"由业界推动使用"[⑧]。

(四)著作权外部限制

除来自著作权法内部的著作权例外和限制以外,还有来自著作权法之外的限制和例外。其中常见的例子是有线电视条例中的"必须传输"或"必载"(must

---

① 《中华人民共和国著作权法》第35条第2款规定:"作品刊登后,除著作权人声明不得转载、摘编的外,其他报刊可以转载或者作为文摘、资料刊登,但应当按照规定向著作权人支付报酬。"在(2016)最高法民再86号判决中,最高人民法院重申:"根据《著作权法》第三十三条规定,法定许可的前提是,著作权人已经将作品向报社、期刊社投稿并被刊登。"(此处第33条为现行法第35条)

② 《中华人民共和国著作权法》第42条第2款规定:"录音制作者使用他人已经合法录制为录音制品的音乐作品制作录音制品,可以不经著作权人许可,但应当按照规定支付报酬;著作权人声明不许使用的不得使用。"

③ 《中华人民共和国著作权法》第45条规定:"将录音制品用于有线或者无线公开传播,或者通过传送声音的技术设备向公众公开播送的,应当向录音制作者支付报酬。"

④ 《中华人民共和国著作权法》第46条第2款规定:"广播电台、电视台播放他人已发表的作品,可以不经著作权人许可,但应当按照规定支付报酬。"

⑤ 印度《著作权法》第31A条(未出版或已出版作品的强制许可)、第32B条(为残疾人利益的强制许可)和第32条(制作和出版翻译作品的许可)实际上是法定许可,因为不需要事先协商。

⑥ 例如,日本《著作权法》第67条的规定。

⑦ 印度《著作权法》第31条规定:"(1)如果在任何已经出版或公开表演的作品的著作权有效期内,有人向[商业法院]提出申诉,称该作品的著作权所有者(a)已拒绝重新出版该作品或不允许该作品再版,或已拒绝许可该作品公开表演,并且由于这种拒绝,公众无法接近该作品;(b)拒绝允许以申诉人认为合理的条件以广播方式向公众传播该作品,或在录音制品的情况下,拒绝以申诉人认为合理的条件向公众传播该录音中的作品。[商业法院]在给予作品著作权所有者合理的听证机会并进行其认为必要的听证调查后,如果确信该拒绝的理由不合理,可指示著作权局局长向申诉人授予许可,以重新出版该作品、公开表演该作品或通过广播向公众传播该作品(视情况而定),但须向著作权所有者支付赔偿金并遵守[商业法院]可能指定的其他条款和条件。因此,著作权局局长应将许可证授予[商业法庭]认为有资格按照[商业法庭]指示做的人,并支付所指定的费用。"

⑧ See N. S. Gopalakrishnan, T. G. Agitha, *Principles of Intellectual Property*, Ahmedabad: Eastern Book, 2014, p.406.

carry rule)规则，其目的是促进广播的有效传播以尽可能让更多的人接收到广播。[①] 如果内容属于“必须传输”的范畴，则(权利人)必须容忍无偿转播，且该行为不构成著作权侵权。菲律宾最高法院在2009年维持知识产权局局长和上诉法院的决定，认可PMSI(卫星有线服务商)根据国家电信委员会第04-08-88号通知通过卫星有线传输ABS-CBN频道内容的行为，因为广播权受到“必须传输”规则的约束。[②]

四、著作权与(外观)设计保护的关系

受著作权保护的对象也可以是其他知识产权的客体。本部分在此聚焦于著作权与外观设计保护的关系，原因在于，亚洲的主要法域在这方面有不同处理方式，可从相互学习中受益。长期以来，一直存在争议的问题是，“具有实用功能或按工业规模生产的艺术作品”或“实用艺术”(applied art)是否可以受到著作权法保护，抑或其只受外观设计权的保护？印度和新加坡在其各自的《著作权法》有专门条款规定前述问题，而日本、中国则依靠司法系统解决。诚然，日本法院已经发展出全面的判例法，而中国台湾地区与中国大陆的法院才开始着手解决这一问题。

(一)印度和新加坡

印度和新加坡都注意到著作权和外观设计(外观设计专利)间的权衡问题。如果另外还可以获得著作权保护，那么著作权法的一些特征，如较低的独创性要求、较长的保护期限(作者死后50—70年)以及无须审查或注册即授予保护，就会破坏外观设计专利制度，因为该制度对非显而易见性的要求较高且外观设计的保护期限较短(注册后15—25年)[③]。

在印度，外观设计的著作权在该设计被工业化应用时即告消灭。印度《著

---

① 例如，台湾地区所谓“有线广播电视法”第33条第1款规定：系统经营者应同时转播依法设立无线电视电台之节目及广告，不得变更其形式、内容及频道，并应列为基本频道。但经台湾地区主管机关许可者，得变更频道。

② 参见ABS-CBN v. Philippine Multi-Media System, Inc., G.R. No. 175769-70 (decided on 19 January 2009)。有关分析参见Ferdinand Fider, “‘Must-Carry’ Rule as a Valid Limitation of Copyright in the Philippines”, in Kung-Chung Liu (ed.), *Annotated Leading Copyright Cases in Major Asian Jurisdictions*, Hong Kong: City University of Hong Kong Press, 2019, pp.366-369。

③ See Yoshiyuki Tamura, “Copyrightability of Applied Arts Recognized Once for Baby Chair in Japan”, in Kung-Chung Liu (ed.), *Annotated Leading Copyright Cases in Major Asian Jurisdictions*, Hong Kong: City University of Hong Kong Press, 2019, p.411.

作权法》第 15 条首先否定依据《外观设计法》注册的外观设计的可著作权性(copyrightability)。[①] 再者,如果外观设计能够根据《外观设计法》注册,并该设计在物品上被应用超过 50 次也并未进行注册,此外观设计的著作权即告消灭。[②] 不过,虽然该"外观设计"的著作权已经消灭,但根据《著作权法》规定该"艺术作品"本身的著作权仍继续存在。因此,第 52 条第 1 款(w)项明确豁免"出于工业应用实用设备任何纯功能部分的目的,将诸如技术图纸之类的二维艺术作品制作成三维物体的行为",认为其不构成著作权侵权。然而,印度法院很少援引《著作权法》第 52 条第 1 款(w)项。[③]

在新加坡,同一件作品不能获得著作权和外观设计注册制度的双重保护。[④]《著作权法》第 272 条和第 274 条专门避免对一件作品提供两种形式的重叠保护。[⑤] 已注册为相应外观设计的艺术作品,即使在外观设计的保护到期后,其著作权也不会因他人实施受著作权控制的行为而受到侵犯。[⑥] 该规则同样适用于可注册但未注册相应外观设计的艺术作品,前提是该设计相关物品或非实物产品自首次商业利用之日起在工业上应用已满 15 年。[⑦]

此外,对于已经被工业化应用的艺术作品,存在一个特殊侵权例外。根据《著作权法》第 275 条,如果在制作实用物品、复制件或产品之前艺术作品已经

① 印度《外观设计法》第 2 条(d)项明确规定,外观设计不包括《著作权法》第 2 条(c)项中定义的艺术作品。

② 印度《著作权法》第 15 条规定:"(1)根据本法,依 2000 年《外观设计法》(2000 年第 16 号)注册的任何外观设计的著作权不应继续存在。(2)任何可以根据 2000 年《工业品外观设计法》(2000 年第 16 号)注册但尚未注册的外观设计,一旦该外观设计的任何物品被著作权所有人或经其许可的任何其他人通过工业程序复制 50 次以上,其著作权即告终止。"

③ See Prashant Reddy Thikkavarapu, "When Copyright in the 'Design' Is Extinguished in India-The Continuing Confusion on Copyright-Design Overlap", in Kung-Chung Liu (ed.), *Annotated Leading Copyright Cases in Major Asian Jurisdictions*, Hong Kong: City University of Hong Kong Press, 2019, pp.417, 422.

④ See Ng-Loy Wee Loon, *Law of Intellectual Property of Singapore*, London: Sweet & Maxwell, 2021, p.[11.4.3].

⑤ See David Llewelyn, Ng Hui Ming and Nicole Oh Xuan Yuan, *Cases, Materials and Commentary on Singapore Intellectual Property Law*, Singapore: Singapore Academy of Law, 2018, p.04.236.

⑥ See David Llewelyn, Ng Hui Ming and Nicole Oh Xuan Yuan, *Cases, Materials and Commentary on Singapore Intellectual Property Law*, Singapore: Singapore Academy of Law, 2018, p.05.039.

⑦ See David Llewelyn, Ng Hui Ming and Nicole Oh Xuan Yuan, *Cases, Materials and Commentary on Singapore Intellectual Property Law*, Singapore: Singapore Academy of Law, 2018, p.05.040.

在新加坡或其他地方工业应用，则基于制作任何实用三维物品或产品的合理需要对物品或产品进行二维复制不侵犯艺术作品的著作权。新加坡很可能遵循1987年法的规定，将“工业应用”定义为基于销售或出租等目的进行50次以上三维复制的行为。① 实用物品是指具有固有实用功能的物品，而非仅描绘物品外观或传递信息。如果一件物品通常为另一件实用物品的部件，则该物品也被认为是实用物品。

（二）日本

就上述议题日本可能是拥有最多司法裁判的亚洲国家，田村善之将这些判例归纳为三种类型：

> 第一种类型是在产品或广告使用二维插图或绘画。在这种情况下，被用来界定可著作权性的独创性标准与其他类型可获得著作权作品所适用标准近乎相同，而著作权保护门槛似乎并不是很高……第二种类型是大批量生产三维雕塑、填充动物玩具、立体人物或其他类似物品的情形。在这种情况下，与他类可著作权作品相比，此类作品著作权保护似乎要求比较高的独创性或比较高的审美性……第三种类型是受限于其所实现功能的实用物品三维形状设计，一般不具有可著作权性。②

换言之，“一般工业产品之形状通常是受实用限制而创造的，因而不应享有著作权保护”③。鉴于此，

> 1993年修正《不正当竞争防止法》第2条第1款第3项规定，即使是并未注册外观设计的商品形状(configuration of goods)也享有三年内不受盲从模仿(slavish imitation)的保护。该条款可能会丧失大部分意义，如果

---

① See Ng-Loy Wee Loon, *Law of Intellectual Property of Singapore*, London: Sweet & Maxwell, 2021, p.[11.4.9].

② Yoshiyuki Tamura, “Copyrightability of Applied Arts Recognized Once for Baby Chair in Japan”, in Kung-Chung Liu (ed.), *Annotated Leading Copyright Cases in Major Asian Jurisdictions*, Hong Kong:City University of Hong Kong Press, 2019, pp.402-403.然而，东京知识产权高等法院在2015年4月14日判决的2014 (Ne) 10063案，认为婴儿椅在理论上可以获得著作权。但是该判决并没有为后来的案件遵循。该判决英文版见 https://www.ip.courts.go.jp/app/files/hanrei_en/861/001861.pdf。

③ Yoshiyuki Tamura, “Copyrightability of Applied Arts Recognized Once for Baby Chair in Japan”, in Kung-Chung Liu (ed.), Annotated Leading Copyright Cases in Major Asian Jurisdictions, Hong Kong:City University of Hong Kong Press, 2019, pp.411-412。

《著作权法》规定的长期保护通常可延伸至实用物品。[①]

(三)中国

在中国大陆和中国台湾地区,法院似乎尚未认真对待著作权与外观设计保护的关系问题。在中国台湾地区,迄今为止司法裁判只涉及被用在产品包装的二维设计的可著作权性问题。中国台湾地区智慧财产及商业法院认为,原告饮料包装的设计可以受到《著作权法》的保护,尽管该设计是以工业规模生产的。[②]中国台湾地区"最高法院"维持上述判决。[③] 在中国大陆,司法实践将具有实用功能的艺术作品的实用性和艺术性区分对待,只保护后者的著作权[④],但前提是后者能与前者分离,并且具有独创性。上海市第二中级人民法院于2009年判决宜家公司(IKEA)的玛莫特(Mammut)儿童家具缺乏必要的艺术水准(设计理念和实际表达与儿童凳椅并无不同),不构成艺术作品。[⑤]

五、对亚洲经济体的建议

(一)确保亚洲的著作权集体管理有效

我们必须做出特殊努力才能确保亚洲的著作权集体管理有效。许多机制有利于实现这个目标,值得亚洲法域内的著作权法考虑。例如,有些权利应该仅由集体管理组织行使,包括对个人使用的收费以及追续权(droit de suite)的行使。此外,还应该采纳延伸性著作权集体管理制度,该制度包含以下安排:(1)管理同一领域的集体管理组织应商定一套收费标准,并指定一个集体管理组织为其他集体管理组织代收许可费;(2)被指定的集体管理组织推定有权为

---

① Yoshiyuki Tamura, "Copyrightability of Applied Arts Recognized Once for Baby Chair in Japan", in Kung-Chung Liu (ed.), Annotated Leading Copyright Cases in Major Asian Jurisdictions, Hong Kong:City University of Hong Kong Press, 2019, p.412。

② 参见台湾地区智慧财产及商业法院(2012年)民公上字第6号民事判决(2013年10月24日作出)。

③ 参见台湾地区"最高法院"(2014年)台上字第1544号民事判决(2014年7月31日作出)。有关分析参见 Hao-Yun Chen, "Overlapping Protection of Product Packages between Copyright, Trademark and Unfair Competition in Taiwan ?", in Kung-Chung Liu (ed.), *Annotated Leading Copyright Cases in Major Asian Jurisdictions*, Hong Kong:City University of Hong Kong Press, 2019, pp.386-399。

④ 2018年4月20日发布的《北京市高级人民法院侵害著作权案件审理指南》第2、6条规定:"实用艺术作品中具有独创性的艺术美感部分可以作为美术作品受著作权法保护。专利法、商标法、反不正当竞争法能够提供保护的,不影响当事人对其中具有独创性的艺术美感部分主张著作权法保护。"

⑤ 参见上海市第二中级人民法院(2008)沪二中民(知)初字第187号民事判决书。该判决已被选入《最高人民法院公报》2010年第7期,表明最高人民法院认可该判决。

非成员的权利人收取许可费，除非权利人明确表示不加入此机制。[①]

（二）从立法上厘清著作权与外观设计权间的关系

印度和新加坡立法例从立法上厘清著作权与外观设计权的关系，并为“工业应用”确立一个量化而明确的判断标准，值得其他亚洲经济体考虑仿效。同样值得借鉴的是，此二种法律所保护的客体相互排斥，如印度《著作权法》和《设计法》规定。如此就可排除著作权与外观设计权重叠保护的可能性，并使二者的区别便于操作，造就更好的法律确定性。

（三）改进合理使用

为应对不断变化的技术和商业环境，需要承认新的著作权限制并善加分类。这既适用于一般合理使用原则，也适用于个别合理使用的具体规定。

1.采取与完善开放式合理使用一般条款

鼓励亚洲经济体效仿在其著作权法采用开放式合理使用一般条款的邻国，并基于法院认可或出于实际正当性（practical justification，如因使用作品而产生公共利益）进一步发展增加判定合理使用的新要素。加拿大《著作权法》第29.21条第1款为创造性使用（creative use）提供了理想的合理使用情形：

> 个人使用已经发表或公众可以其他方式获得的现有作品、其他著作权客体或其复制件，创作受著作权保护的新作品或其他著作权客体，以及该个人或经该个人授权的家庭成员使用该新作品或其他著作权客体内容，或授权中介机构基于非商业性目的传播该新作品或其他著作权客体的，均不构成侵犯著作权。

2.将反向工程列为个别的合理使用

反向工程（也称为“逆向工程”）是人们试图通过演绎推理理解某设备、程序、系统或软件是如何完成某项任务的过程。反向工程被广泛应用于计算机工程、机械工程、外观设计、电子工程、软件工程、化学工程和系统生物学等领域。反向工程一直是人类最基本的学习方式[②]，对人类创造的重要性不言而喻，应该

---

① 《中华人民共和国著作权法》(2020 修正)的第一稿和第二稿修订草案确实包含关于延伸性著作权集体管理的具体规定，但最终被删除。转引自 Jyh-An Lee，Yangzi Li，“The Pathway Towards Digital Superpower：Copyright Reform in China”，(*GRUR*) *International*：*Journal of European and International IP Law*，vol.70，no.9，(2021)，p.868。

② 著作权领域典型的反向工程是由原表演者或作曲人以外的人对一首歌曲进行新的表演或录制（转录制品）。

被视为一项基本人权。

但反向工程往往受合同限制("禁止反向工程"条款)。例如,2016 年新加坡竞争与消费者委员会(Competition and Consumer Commission of Singapore, CCCS)接到独立电梯维修和保养商投诉,电梯商拒绝提供电梯配件,而这些电梯配件是维修和保养建屋发展局(Housing & Development Board, HDB)房产安装的电梯所必需的。2016 年 5 月 12 日,新加坡易美服务私人有限公司(E M Services Pte)向 CCCS 承诺向新加坡的第三方电梯维修承包商供应电梯配件。但根据该承诺的相关条款和条件,购买者要向新加坡易美服务私人有限公司承诺,不对其所购买的电梯备件进行反向工程或其他修改。CCCS 无视此种限制性条款的反竞争性,在 2016 年 7 月 14 日认为这些承诺已充分解决竞争问题。[①] 在此情形下,一般的合理使用条款即使增加再多判定因素,一般人也仍然难以明确判断反向工程是否以及在何种条件下可构成合理使用。[②] 因此,将反向工程单独列为个别的合理使用态样确有必要。

3.以比例原则合理化三步原则

从作为著作权法上复制权的限制原则(1967 年《伯尔尼公约》第 9 条引入)开始到现在,三步原则已经成为所有知识产权限制的一般原则。中国 2020 年修订的《著作权法》是亚洲将三步原则法典化的最新例证。然而,累积解读三步原则会不必要地缩小限制范围,造成相当的窒息效果。[③] 由斯德哥尔摩大学、哥本哈根大学民法研究所(Institute for Civil Law)、赫尔辛基知识产权大学中心(IPR University Center in Helsinki)以及马克斯-普朗克创新与竞争研究所(Max Planck Institute for Innovation and Competition, 以下简称"马普所")在 2001 年合作开展"转型中的知识产权"(Intellectual Property in Transition)研究项目,在 2010 年提出修订 TRIPS 的提议。其建议用 TRIPS 协议第 7 条和第 8 条的一般原则和若干实体的强制性限制替代抽象的"三步原则",例如在实现通信或正当使用的必要限度内,允许出于纯粹技术目的的复制;为获取实现兼

---

① See "CCS Investigates Restrictive Industry Practices in the Supply of Lift Spare Parts in HDB Estates", https://www.cccs.gov.sg/media-and-consultation/newsroom/media-releases/investigation-of-lift-spare-parts-industry-em-services.

② 类似观点参见吴汉东:《著作权合理使用制度研究》(第 3 版),中国人民大学出版社 2013 年版,第 293 页。有观点认为,"逆向工程对于获得实现互操作性所需的信息是不可或缺的"。See Annette Kur, Marianne Levin (eds.), *Intellectual Property Rights in a Fair World Trade System: Proposals for Reform of TRIPS*, Cheltenham: Edward Elgar, 2011, pp.470, 559.

③ 然而,王迁认为遵循严格的"三步原则"并不困难。参见王迁:《著作权法》,中国人民大学出版社 2015 年版,第 321 页。

容性所必需的信息，允许从事必不可少的反向工程。[①]

更为简易可行的是马普所在 2008 年发表的《关于平衡解释"三步原则"的宣言》("Declaration on a Balanced Interpretation of the 'Three-step Test'")。该宣言主张，对"三步原则"的解释应确保限制与例外的适当和平衡适用[②]，其实质就是以比例原则合理化"三步原则"。比例原则已经为各国的各个法律领域所广泛接受，亚洲经济体应该善用比例原则缓和因将"三步原则"误读为累积适用条件而造成的僵化，从而为合理使用创造更多空间。

4.禁止通过合同排除或限制合理使用

著作权体系越来越多被私人合同，尤其是标准化合同和附合性合同所建构。然而，如果通过合同协议可以轻易排除或限制著作权例外，著作权法的许多公共政策考量将会被架空。对著作权法进行任意的私有化或私掠(privateering)，即意味着遁入合同法规避公共利益的控制和监督。针对此重大问题，著作权法应该明确优先考虑公共政策，使那些批量排除著作权限制的合同约定无效。

新加坡 2021 年修正的《著作权法》已经开始处理合同是否以及在何种程度上可以排除或限制合理使用的问题。该法首先区分可被合同排除或限制的豁免使用(permitted uses)与不得被合同排除或限制的豁免使用，其次明确规定排除或限制合理使用的合同约款必须经过单独协商，并规定合同条款需公平合理(第 186 条第 2 款)。第 186 条第 3 款进一步规定，决定合同条款是否公平合理的相关事项包括：

> (a)考虑到原本可满足对方要求的其他替代方案后，双方当事人相对于彼此谈判地位的高低；(b)对方当事人同意该条款时是否收到诱因，或接受该条款时当事人是否有机会与其他人签订类似合同却不用接受类似条款；(c)对方是否知道或理应知道该条款的存在和范围(考虑到贸易惯例和双方以往的交易过程等因素)；以及(d)在签订合同时，是否有理由期待该合同在没有该条款的情况下是可行的。

---

① See Annette Kur, Marianne Levin (eds.), *Intellectual Property Rights in a Fair World Trade System: Proposals for Reform of TRIPS*, Cheltenham: Edward Elgar, 2011, pp.470, 557-559.

② 同样，孙皓琛主张"宽松解释和适用三步原则"，从而"使三步原则接受公共利益审查"。参见 Haochen Sun, "Liberalizing Use of the Three-Step Test and Copyright Limitations", in KungChung Liu and Julien Chasse (eds.), *The Future of Asian Trade Deals and IP Law*, Oxford: Hart Publishing, 2019, pp.284-285.

第 187 条为禁止利用合同排除或限制合理使用的情况划定红线：

> (1)任何意图直接或间接排除或限制以下条款所豁免使用行为的合同条款无效：(a)第 6 节[公共收藏(public collection)]，但不包括第 234 条(在图书馆和档案馆提供已出版文学、戏剧，音乐作品或文章的复制件)；(b)第 7 节(计算机程序)；(c)第 8 节(计算数据分析)；(d)第 17 节(司法程序和法律建议)。
>
> (2)第(1)款之外，如果合同条款意在直接或间接阻止或限制在第(1)款规定的豁免使用情况从事下列任何行为，该条款无效：(a)复制作品或录制受保护的表演；(b)(以通信或其他方式)提供作品复制件或表演的录制(recording)；(c)表演作品或录制受保护的表演。
>
> (3)本条适用于在指定日期之前、当天或之后订立的任何合同。

在禁止合同排除或限制合理使用的问题上，新加坡的相关立法是在正确道路上的探索，对亚洲其他经济体具有启发意义。

第五章 著作权侵权及商标假冒的法定损害赔偿——探索亚洲模式

一、令民间团体与知识产权学者不安的自贸协议

自 1994 年缔结 TRIPS 协议以来，知识产权已被普遍纳入国际贸易协议。WTO 未能就更多贸易协议达成共识，从而使双边和多边自由贸易协议、经济伙伴协议、特惠贸易协议或更紧密经贸关系协议的数量激增，这在亚太地区尤其明显[因此有"亚太自由贸易协议的意大利面条碗"(Asia-Pacific "spaghetti bowl")一说]。然而，让民间团体和知识产权学者更为不安的，是有关 TRIPS 加码(TRIPS-plus)标准、知识产权与贸易自由化问题的捆绑以及在 FTA 框架下谈判的保密性的问题。

知识产权在多方面上更关注知识获取以及推动竞争与创新，而并非实现贸易的最大化。如果与 WTO"孤注一掷的"(all or nothing)重商主义所倡导的贸易自由化法规纠缠在一起，甚至于被贸易自由化法规的阴影所遮蔽，那么自贸协议下的知识产权将朝着不断提高商事权利人保护水平的方向发展，长远来看，这将破坏知识产权最初之正当性。同样重要的是，知识产权涉及不同的利益相关者和迫切的公共利益，因此其需要公开讨论和协商以达到最佳平衡。

此外，对知识产权界来说，为何某些区域自贸协议选择了特定的发起国，这对知识产权界来说仍然是一个谜。以《跨太平洋伙伴关系协议》(Trans-Pacific Partnership Agreement，TPP)为例，天真的知识产权学者根本不能发现澳大利亚、文莱、加拿大、智利、日本、马来西亚、墨西哥、新西兰、秘鲁、新加坡、美国和越南这 12 个发起国在知识产权发展和保护方面的联系。更令人困惑的是，为何会存在如此多不同组别或集群的区域性自贸协议，以及它们是怎样相互影响、补充甚至相互抵消的。人们不禁要问，自贸协议实际上的驱动力或功能到底是什么：除作为克服国内反对改革的借口外，缔结自贸协议的主要目的难道

是为加强贸易联系，还是主要为推进地缘政治考虑？错综复杂的自贸协议、经济伙伴协议、特惠贸易协议或更紧密经贸关系协议将对全球知识产权体系产生什么影响？自贸协议之间以及自贸协议和TRIPS协议之间是否存在冲突？谈判自贸协议的国家需要遵守哪些知识产权政策？我们如何在知识产权与其他贸易问题之间权衡利弊？

自TRIPS协议签署以来，FTA越来越关注知识产权的有效行使，如《反假冒贸易协议》(Anti-Counterfeiting Trade Agreement, ACTA)草案以及TPP。《全面与进步跨太平洋伙伴关系协议》(Comprehensive and Progressive Agreement for Trans-Pacific Partnership, CPTPP)规定著作权侵权和商标假冒的法定损害赔偿。然而，问题在于该制度是否真的正当和必需，以及如何对其解释和改进。下文将讨论源自美国的制度起源，一些主要的亚洲法域，即中国、韩国、日本和新加坡的法律规定与实践做法，并就寻找亚洲模式的问题展开讨论。

二、美国著作权侵权与商标假冒法定损害赔偿的起源

在美国，法定赔偿自1790年《著作权法》以来就一直存在，当时是每张(sheet)50美分。[①] 法院对法定损害赔偿、实际损失与侵权获利之间关系的基本原理存在分歧[1976年美国《著作权法》解决了这一难题，其规定法定赔偿可以由著作权所有者选择，并可作为(计算)实际损失和侵权利润的替代方案；但该法案未能完全解决另外两个有时会出现在1909年法案下的问题，即法院在法定最低限额和法定最高限额之间计算损害赔偿时应权衡的因素有哪些；法院应如何确定被侵权著作权作品的数量，以及为乘以法定赔偿金而可能合并的独立侵权行为的数量]。[②] 根据美国现行《著作权法》第504条第c款，法院可就涉案侵权作品判处750美元每件至30,000美元每件的法定赔偿金，在故意侵权的情况下，可将涉案侵权作品的赔偿金额提高到150,000美元每件。

1996年《蓝能法》同样引入两种商标法定损害赔偿，一种针对商标假冒(《蓝

---

① See Sterling JAL Cook TM, *Sterling on World Copyright Law*, London: Sweet & Maxwell, 2015, p.777, n.21.

② See Paul Goldstein, *Goldstein on Copyright*, New York: Aspen Publishers, 2021-2022, Supplement, § 14.2.

能法》第 1117 条第 c 款），另一种针对域名抢注（《蓝能法》第 1117 条第 d 款）。[①]该法案还规定针对使用假冒商标的行为适用三倍赔偿和法定赔偿。[②]《蓝能法》第 1117 条第 c 款规定，对在销售、许诺销售或分销商品或服务的过程中使用假冒商标的案件，原告可以在初审法院作出最终判决之前的任何时候，选择不追讨第 a 款规定的实际损失和利润，而是要求偿还以下数额的法定损害赔偿：(1)每种销售、许诺销售或分销的商品或服务类型所使用的每项假冒商标在1,000美元至 200,000 美元间确定法定赔偿，具体数额以法院认为公正者为准；或(2)如果法院认为侵权人故意使用假冒商标，对销售、许诺销售或分销每一种商品或服务时所使用的每项假冒商标的赔偿金额不得超过 2,000,000 美元，具体数额以法院认为公正者为准。[③]《蓝能法》第 1117 条第 d 款规定："在涉及违反本标题第 1125 条第 d 款第 1 项的案件，原告可以在初审法院作出最终判决之前的任何时刻，不依实际损害或利润，主张依照每一域名不少于 1000 美元但不超过 100,000 美元的法定损害赔偿方式获得补偿，具体数额以法院认为公正者为准。"

美国《著作权法》的法定损害赔偿经常被批评为"武断、不一致、无原则，有时甚至是严重过度的"[④]。初审法院已经降低、减免或完全否决陪审团所确定的法定损害赔偿额，因为这些（由陪审团确定的）损害赔偿数额与著作权人所遭受的损害极不相称以至于严重违宪。[⑤]然而，美国政府已经通过双边和多边自贸协

---

① See David Llewelyn, "Statutory Damages for Use of a 'Counterfeit Trade Mark' and for Copyright Infringement in Singapore, A Radical Remedy in the Law of Intellectual Property or One in Need of a Rethink?", *Singapore Academy of Law Journal*, vol.28 (2016), p.72.

② 15 USC § 1117(b).

③ 2008 年 10 月，美国通过《资源和组织优先知识产权法》（*Prioritizing Resources and Organization for Intellectual Property Act*, PRO-IP Act），该法案将法定损害赔偿从以前的每件 500 美元增加到每件 10 万美元。此外，最高法定损害赔偿金也从以前的 100 万美元提高上来。

④ Pamela Samuelson, "Phil Hill and Tara Wheatland, Statutory Damages: A Rarity in Copyright Laws Internationally, But for How Long?", *Journal of Copyright Society of the USA*, vol. 60 (2013), pp.530-531.

⑤ 例如，在某案件中，地区法院将陪审团裁定被告下载和分享 30 份录音制品的侵权损害赔偿由 67.5 万美元降至 6.75 万美元，该院认为任意的高额法定赔偿违反正当程序，因此是违宪的。Sony BMG v. Tenenbaum, No. 07cv11446-NG (D. Mass. Dec. 7, 2009); Goldstein on Copy- right, § 14.2.1.2, 3rd ed. (Aspen Publishers, 2021-2022).然而，联邦第一巡回法院推翻地区法院判决，恢复原先陪审团判赔的数额，并就普通法上减免损害赔偿（remittitur）问题发回重审。See Sony BMG Music Entertainment v. Tenenbaum (1st Circuit Court) Nos. 10-1883, 10-1947, 10-2052. 随后，另一地区法院认为没有理由减免损害赔偿，并认为法定的损害赔偿判赔额符合宪法。经上诉，联邦第一巡回法院于 2013 年 6 月维持该判赔。

议成功将法定赔偿制度以及鲜少被批评的有关假冒商标的法定损害赔偿制度输出到其他国家。

三、从 ACTA 到 TPP、CPTPP 以及 RCEP

帕梅拉·萨缪尔森(Pamela Samuelson)等学者曾经提出一个著名问题:国际罕见的著作权侵权法定损害赔偿制度能持续多久。但遗憾的是,它将在 CPTPP 中继续存在。TRIPS 协议第 45 条第 2 款规定,在适当情形下,即使侵权人不知道,或其没有充分理由知道自己从事侵权活动,本协定允许但并不强制各成员授权其司法机关责令侵权人支付法定损害赔偿。[①]

(一)ACTA

众所瞩目且最终失败的 ACTA 要求各成员建立或维持相应机制,以提供法定损害赔偿、推定足以补偿权利人的损害数额、或至少因侵犯著作权或相关权利以及假冒商标而产生的额外损害赔偿。2011 年 ACTA 第 9 条第 3 款(损害赔偿)规定:

> 3.至少在侵犯著作权或保护作品、录音制品和表演的相关权利方面,以及在假冒商标的情况下,各成员还应确立或维持相应制度以提供下列一项或多项规定:(a)法定损害赔偿;或(b)推定足以补偿权利人因侵权行为所受损失的损害赔偿数额;或(c)至少就著作权而言,存在额外的损害赔偿。

(二)TPP

2016 年 2 月 4 日在奥克兰签署的 TPP 承认知识产权侵权事前救济(“防止侵权的迅速救济”)与事后救济(“对未来发生的侵权行为构成威慑的补救”)的重要性,并认为应当适当平衡知识产权的有效行使与贸易和第三方其他合法利益的保障。其第 18.71 条第 1 款和第 5 款要求:

> 1.各缔约方应确保在其国内法律[②]可获得本节中所规定的执行程序,从而允许对本章涵盖的任何侵犯知识产权的行为采取有效措施,包括防止

① 参见 TRIPS 协议第 45 条第 2 款:“司法机关还有权责令侵权人向权利持有人支付有关费用,其中可包括有关的律师费用。在适当的情况下,各成员可授权司法机关责令其退还利润或支付法定的赔偿,即使侵权人不知道,或其没有充分理由知道自己从事侵权活动。”

② 更确切地说,此处的“法律”并不限于立法。

侵权的及时救济和对未来侵权构成威慑的救济措施。[①] 此类程序的实施应避免对合法贸易造成障碍，并应提供防范措施以防止其滥用。

5.在(各缔约方的)知识产权制度执行本节规定时，各方应考虑知识产权侵权的严重程度与所适用的救济和处罚是否相称，还需对第三方利益予以考虑。

然而，TRIPS 协议一般条款(如第 7 条和第 8 条)[②]的经验表明，在抵御知识产权侵权制度的实际设计和实施过程中，各成员往往会忽视比例原则和第三方利益这些崇高的观念，这是因为一般条款通常被认为是宣示性的，只需口头满足即可。

TPP 随后规定，除要求实际损害和侵权人获利的返还之外，其成员还应建立或维持法定损害赔偿或额外赔偿(additional damages)制度，并将其作为针对著作权侵权和商标假冒的民事救济。TPP 具备更多灵活性，一方不必采纳法定损害赔偿，可以选择额外赔偿，如对故意侵权行为处以三倍损害赔偿。TPP 第 18.74.6 条规定：

在有关侵犯保护作品、录音制品或表演的著作权或相关权利的民事司法程序中，各缔约方应建立或维持相应制度以提供下列一项或多项规定：(a)权利持有人可选择获得的法定损害赔偿；或(b)额外赔偿。[③]

TPP 第 18.74.7 条对假冒商标行为作出同样规定。TPP 第 18.74.8 条(服务于两种不同目的的法定损害赔偿)明确解释说，法定损害赔偿的主要目的是充分补偿权利人所受损害，同时这样做也是为防止今后的侵权行为：

第 6 款和第 7 款规定的法定损害赔偿数额应足以补偿权利人因侵权行为所遭受的损害，并旨在阻止今后的侵权行为。

---

① 更确切地说，在遵守 TRIPS 协议第 44 条和本协议规定的前提下，各缔约方承诺对企业提供此类救济措施，不论企业是私营还是国有。

② TRIPS 协议第 7 条和第 8 条声明该协议之目标(促进技术创新、技术转移和传播，生产者和技术知识使用者的共同利益，社会和经济福利以及权利和义务的平衡)和原则(如保护公共健康与营养、防止知识产权的滥用)。

③ TPP 注释 112 解释说："为提高确定性，额外的损害赔偿可以包括惩戒性损害赔偿或惩罚性损害赔偿(exemplary or punitive damages)"。

(三)CPTPP

在作为主要发起者的美国于2017年特朗普担任总统期间退出TPP后，TPP已近乎无关紧要。其余11个创始成员联手将TPP转变为CPTPP，后者于2018年12月30日生效。根据CPTPP第1条第1款、第3款和第2条的规定，除第30.4条(加入)、第30.5条(生效)、第30.6条(退出)、第30.8条[同等效力文本。注：TPP第30.8条规定：本协议的英文、西班牙文和法文文本具有同等效力(are equally authentic)。如果这些文本之间存在任何差异，以英文文本为准。故此处将“Authentic Texts”翻译为“同等效力文本”]和被CPTPP附件所中止的条款外，CPTPP以引用的方式将TPP条款纳入其中，在为必要改动后使之成为CPTPP的一部分。上述提及之TPP第18.74.6—8条和第18.71条并未被中止。在TPP生效的情况下，倘若CPTPP与TPP之间存在任何出入，以CPTPP之规定优先。因此，关于侵犯著作权和假冒商标的法定损害赔偿问题，TPP的立场已被CPTPP取代。

(四)RCEP

《区域全面经济伙伴关系协定》(Regional Comprehensive Economic Partnership，RCEP)只强调充分的损害赔偿以补偿知识产权侵权造成的伤害和侵权者所需支付的因侵犯著作权或相关权利以及假冒商标所获得的利润。换言之，RCEP根本不要求其成员采用法定损害赔偿。

RCEP第11.60条规定：

> 1.各缔约方应规定[①]，在有关知识产权维权的民事司法程序中，其司法机关有权责令侵权人向权利人支付足够的损害赔偿，以补偿权利人因侵权人在知道或有合理理由应该知道的情况下从事侵权活动所遭受的损害。
>
> 2.在确定第1款所述之损害赔偿数额时，缔约方司法机关应有权考虑权利人提交的任何用以合法定价的材料等。[②]
>
> 3.侵犯著作权或相关权利以及假冒商标的案件，司法机关有权责令知道或有合理理由知道自己从事侵权活动的侵权人向权利人支付

---

① RCEP第11章脚注49解释：“缔约方也可以规定，如果发现有不使用商标的情况，权利人可能无权获得第1款和第3款规定的任何救济措施。为提高确定性，缔约方没有义务规定可以并行执行第1款和第3款中的任何救济措施。”

② RCEP第11章脚注50解释：“为提高确定性，缔约方司法当局在确定损害赔偿数额时，在适当情况下可以酌情考虑以市场价格衡量被侵权货物或服务的价值。”

侵权获利。[①]

四、亚洲主要经济体的法定损害赔偿

(一)大陆法系司法管辖区

日本、中国、韩国这几个亚洲典型的大陆法系法域,在知识产权侵权损害赔偿方面有以下共同点:

(1)其民法典所规定的侵权基本原则是赔偿(权利人)所遭受的实际损害和已损失的利益。[②]

(2)这一原则同样适用于知识产权侵权的损害赔偿。[③]

(3)由于普遍缺乏证据开示程序(discovery process)来处理与证据的提供和评估相关的棘手问题,各经济体因此广泛采用其他替代性救济,如侵权者获利和知识产权许可使用费来确定损害赔偿数额。

(4)法院有权根据原告的所有请求和证据审查结果,确定合理的损害赔偿金额。

(5)最近兴起的法定损害赔偿,其主要目的是减轻知识产权所有者对其所遭受的侵权损失的举证责任,并逐渐转向为强调威慑。中国大陆和中国台湾地区经常使用法定损害赔偿(中国大陆甚至将其适用于专利侵权)。韩国刚刚加入这一趋势,而日本却是口惠而实不至。

1.频繁使用法定损害赔偿的法域

(1)中国台湾地区

中国台湾地区在1985年修订所谓"著作权法"时,对著作权侵权设定损害推定和法定赔偿制度。其第33条第2项曾规定:

> 前项损害赔偿额,除得依侵害人所得利益与被害人所受损失推定外,不得低于各该被侵害著作实际零售价格之五百倍,无零售价格者,由法院依侵害情节酌情定其赔偿额。

---

① RCEP第11章脚注51解释:"缔约方可通过将这些获利推定为第1款所述之损害以符合本款规定。"

② 参见台湾地区所谓"民法"第216条。

③ See Byungil Kim & Christopher Heath (eds.), *Intellectual Property Law in Korea*. Alphen aan den: Wolters Kluwer, 2015, pp.1-299; David Llewelyn, "Statutory Damages for Use of a 'County Trade Mark' and for Copyright Infringement in Singapore", *Singapore Academy of Law Journal*, vol.28 (2016), p.64.

台湾地区1992年所谓"著作权法"修正案修订法定损害赔偿额的计算方法。第88条第2项规定被害人得以下列方式择一请求:(1)依所谓"民法"第216条规定请求。但被害人不能证明其损害时,得以其行使权利依通常情形可得预期之利益,减除被侵害后行使同一权利所得利益之差额,为其所受损害。(2)请求侵害人因侵害行为所得之利益。但侵害人不能证明其成本或必要费用时,以其侵害行为所得之全部收入,为其所得利益。第88条第3项规定,依前项规定,如被害人不易证明其实际损害额,得请求法院依侵害情节,在新台币1万元以上50万元以下酌定赔偿额。如损害行为属故意且情节重大者,赔偿额得增至新台币100万元。2003年,法定损害赔偿数额提高到1万至100万新台币,并且对故意和严重侵权行为的惩罚性赔偿进一步提高到500万新台币。显然,著作权侵权的法定损害赔偿有两个目的:(1)缓解著作权人无法证明实际损失的困境;(2)阻止甚至惩罚故意侵权者。法定损害赔偿是迄今为止使用最为广泛的确定著作权侵权损害赔偿额的方法。2008—2013年,法院判令被告向原告支付损害赔偿的112起案件中,有86起(76.8%)案件的赔偿数额基于法定损害赔偿。①

从1972年起,台湾地区所谓"商标法"开始回应权利人在商标侵权中难以举证的问题,其在第64条规定推定损害赔偿,即侵权人因商标侵权所获利润,以及权利人因侵权导致的使用商标所得正常预期利润的减少。1985年,台湾地区所谓"著作权法"引入"不得低于各该被侵害著作实际零售价格五百倍"作为法定损害赔偿之基准,台湾地区所谓"商标法"第64条也开始规定对商标侵权行为的法定损害赔偿:商标专用权人在请求损害赔偿时,得就下列各款择一计算其损害:①依台湾地区所谓"民法"第216条之规定。但不能提供证据方法以证明其损害时,商标专用权人,得就其使用注册商标通常所可获得之利益,减除受侵害后使用同一商标所得之利益,以其差额为所受损害。②依侵害商标专用权者因侵害行为所得之利益。于侵害商标专用权者不能就其成本或必要费用举证时,以销售该项商品全部收入为所得利益。③就查获侵害商标专用权商品零售单价500—1500倍之金额。但所查获商品超过1500件时,以其总价定赔偿金额。

2012年,台湾地区所谓"商标法"废除500倍的法定赔偿下限,原因在于其

① 参见高恺均:《台湾智慧财产法院损害赔偿判决实证研究》,台湾大学法律学院科际整合法律研究所硕士学位论文,2015年,第135页。

有可能造成不合比例原则的过度赔偿。① 2012 年，台湾地区所谓“商标法”修正案还引入第四种损害赔偿的计算方法，即“以相当于商标权人授权他人使用所得收取之权利金额数为其损害”(第 71 条第 1 项第 4 款)。但是，法院在如何确定“单位零售价”，以及在涉及多种侵权产品时如何确定“侵权数量”方面并未达成共识。毫不夸张地说，这种以任意数额为基础确立的损害赔偿制度缺乏“目的与规定之间的正当联系”，因而应该被完全废除。②

迄今为止，法定损害赔偿是实践使用最广泛的商标侵权损害赔偿金的计算方法。2008—2013 年，在法院为原告判决损害赔偿的 60 起案件中，有 54 起(90%)案件是基于法定损害赔偿确定赔偿数额。③

在商标侵权法定损害赔偿制度的演进中，台湾地区所谓“商标法”推行这一制度纯粹是为减轻商标专有人证明损害的负担，而并非将其视为一种威慑。

台湾地区所谓“专利法”遵循计算损害赔偿金的一般原则，即侵权人的专利侵权获利和合理的许可费，其不承认法定损害赔偿，但规定三倍损害的惩罚性赔偿(已证明损失的三倍)。④ 迄今为止，侵权人的侵权获利是计算专利侵权损害赔偿额最为广泛使用的方法。2008—2013 年，在法院向原告判决损害赔偿的 79 起案件中，有 68 起案件(60.8%)是基于侵权人的侵权获利确定的赔偿。⑤

(2)中国大陆

最高人民法院于 2000 年通过具有准立法效力的司法解释引入著作权侵权的法定赔偿。最高人民法院《关于审理涉及计算机网络著作权纠纷案件适用法律若干问题的解释》(法释〔2000〕第 48 号)第 10 条规定：

> 人民法院在确定侵权赔偿数额时，可以根据被侵权人的请求，按照其因侵权行为所受直接经济损失和所失预期应得利益计算赔偿数额；也可以

---

① 参见台湾地区智慧财产及商业法院在其(2008 年)重附民字第 1 号刑事诉讼附带民事判决(2009 年 3 月 26 日作出)中，就涉及假冒爱马仕四款铂金包(平均售价为 51 万新台币)的案件，判决赔偿爱马仕新台币 2.56 亿元。法院对赔偿额的计算方式为：51 万×500＝2.56 亿。这显然是过度赔偿爱马仕。

② See Hao-Yun Chen, "Determination of Damages for Trademark Infringement by the Separate Unit Retail Prices Approach in Taiwan", in Kung-Chung Liu (ed.), *Annotated Leading Trademark Cases in Major Asian Jurisdictions*, London: Routledge, 2019, pp.379-380.

③ 参见高恺均：《台湾智慧财产法院损害赔偿判决实证研究》，台湾大学法律学院科际整合法律研究所硕士学位论文，2015 年，第 94 页。

④ 参见台湾地区所谓“专利法”第 97 条(损害赔偿的计算)。

⑤ 参见高恺均：《台湾智慧财产法院损害赔偿判决实证研究》，台湾大学法律学院科际整合法律研究所硕士学位论文，2015 年，第 53 页。

> 按照侵权人因侵权行为所得利益计算赔偿数额。侵权人不能证明其成本或者必要费用的，其因侵权行为所得收入，即为所得利益。
>
> 被侵权人损失额不能确定的，人民法院依被侵权人的请求，可以根据侵害情节在人民币 500 元以上 30 万元以下确定赔偿数额，最多不得超过人民币 50 万元。

尽管最高人民法院在 2003 年修订该司法解释时删除第 10 条①，但在该司法解释颁布后的 2001 年，法定损害赔偿制度被纳入《著作权法》和《商标法》，并在 2008 年被纳入《专利法》。

2001 年《著作权法》第 48 条规定，侵犯著作权或者与著作权有关的权利的，侵权人应当按照权利人的实际损失给予赔偿；实际损失难以计算的，可以按照侵权人的违法所得给予赔偿。赔偿数额还应当包括权利人为制止侵权行为所支付的合理开支。权利人的实际损失或者侵权人的违法所得不能确定的，由人民法院根据侵权行为的情节，判决给予 50 万元以下的赔偿。2010 年修订的《著作权法》对该条未作改动，仅将条文序号调整为第 49 条。

2020 年《著作权法》第三次修订改进了上述条款，将该条修改为《著作权法》第 54 条，并规定权利人可要求以侵权人非法所得替代赔偿权利人的实际损失，而无须以实际损失的难以计算为前提；当权利人的实际损失或违法所得难以计算时，应赔偿使用涉案作品所应支付的使用费；对后果严重的故意侵权行为应处以实际损失、侵权人违法所得或使用涉案作品应付使用费的 1 倍以上 5 倍以下的惩罚性赔偿（第 1 款）；权利人的实际损失、侵权人的违法所得和使用诉争作品的使用费难以计算的，人民法院应当根据侵权行为的情节，确定 500 元以上 500 万元以下的损害赔偿数额（第 2 款）。

2001 年《商标法》规定，侵权人因侵权所得利益或权利人因被侵权所受损失难以确定的，人民法院将根据侵权行为的情节判决给予 50 万元以下的赔偿。（第 56 条第 2 款）。2013 年《商标法》不仅将法定赔偿金提高到 300 万元，而且针对严重恶意的侵权行为引入实际损失、侵权人侵权获利或者注册商标许可使用费三倍的惩罚性赔偿（第 63 条）。2019 年《商标法》根据侵权行为的情节，进一步将法定赔偿数额提高到 500 万元以下，并将惩罚性赔偿数额提高至五倍（第 63 条）。

---

① 参见《最高人民法院关于审理涉及计算机网络著作权纠纷案件适用法律若干问题的解释》（法释〔2004〕第 1 号）。该解释于 2006 年再次修订，并最终于 2012 年由《最高人民法院关于审理侵害信息网络传播权民事纠纷案件适用法律若干问题的规定》（法释〔2012〕第 20 号）废止。

2008年《专利法》规定，专利权人的损失、侵权人取得的利益以及专利许可使用费难以确定的，人民法院可以根据专利权的类型、侵权行为的性质和情节等因素，确定给予1万元以上100万元以下的赔偿（第65条）。2020年《专利法》第四次修订，不仅将法定赔偿额的下限和上限分别提高至三倍和五倍[不低于人民币3万元，不超过人民币500万元（第71条）]，而且针对故意侵犯专利权、情节严重的情形规定惩罚性赔偿：实际损失、侵权者获利或专利许可使用费的1倍以上5倍以下。[①]

在中国大陆，要求对知识产权侵权行为支付法定赔偿的目的随着时间推移而不断演化。起初，其只是为缓解知识产权人无法证明其实际损失或侵权人违法所得的困境，但自2013年《商标法》规定300万元人民币的最高赔偿额后，该法定赔偿制度便侧重于对威慑性的考虑。《民法典》第1185条规定各类知识产权侵权行为的惩罚性赔偿制度："故意侵害他人知识产权，情节严重的，被侵权人有权请求相应的惩罚性赔偿。"

在司法实践中，法定损害赔偿已经成为最常见的赔偿方式。统计数据显示，2013—2015年，北京法院对97.12%的著作权侵权案件、99.59%的商标侵权案件和83.33%的专利侵权案件作出法定赔偿的判决；法院很少以实际损失、侵权人获利或许可使用费来计算赔偿数额。[②] 另一全国性实证研究显示，2012—2015年，在11984件知识产权侵权案件中，中国法院对99.62%的著作权侵权案件、99.6%的商标侵权案件和98.4%的专利侵权案件作出法定赔偿的判决[③]。

2.法定损害赔偿的新进接纳者

(1)韩国：开局谨慎

于2007年4月1日缔结、在2010年12月初再次谈判并签署的《美韩自由贸易协议》（Korea-US FTA，以下简称KORUS）要求采用法定损害赔偿。KORUS的第18.10.6条规定：

① 参见《中华人民共和国专利法》第71条第2款："权利人的损失、侵权人获得的利益和专利许可使用费均难以确定的，人民法院可以根据专利权的类型、侵权行为的性质和情节等因素，确定给予三万元以上五百万元以下的赔偿。"

② 参见万迪、路聪：《知识产权侵权损害赔偿制度实施效果分析及完善路径（上）——以北京法院判决书为考察对象》，《中华商标》2016年第4期。

③ 参见詹映：《我国知识产权侵权损害赔偿司法现状再调查与再思考——基于我国11984件知识产权侵权司法判例的深度分析》，《法律科学》2020年第1期。

> 在民事司法程序中，各方成员至少应就受著作权或相关权利保护的作品、录音制品和表演以及假冒商标，确立或维持法定损害赔偿，并应根据权利人的选择予以提供。法定损害赔偿的数额应足以对未来的侵权行为构成威慑，并应充分补偿权利人因侵权行为而造成的损害。

因此，韩国在2011年《著作权法》增加第125-2条。第125-2条第1款和第3款规定，著作财产权人可以就每件侵权作品针对故意或过失侵权人请求最高可达1000万韩元的极高损害赔偿；如果是以营利为目的的故意侵权，在该作品在侵权行为发生前已经登记的前提下，则以每件5000万韩元的损害赔偿数额代替实际损害赔偿或根据第125条[①]或126条[②]确定的损害赔偿金额。《著作权法》并未明确提到（法定赔偿制度的）威慑问题；因此很难确定，针对故意侵权行为设置的损害赔偿额是否足以阻却未来所有的侵权行为。截至2021年11月，尚未出现法院适用第125-2条判决的报道。

在韩国的商标侵权行为，商标所有人可以根据实际损失、侵权人获利或商标许可费[③]来要求赔偿，法院可以根据全部诉辩状的含义和证据的审查结果确定合理的赔偿金额，以充分补偿商标专有人因侵权遭受的伤害。[④] 此外，商标专有人还可以根据《商标法》第111条第1款，选择请求法定损害赔偿；该条款规定，商标权人或独占被许可人可以要求不超过5000万韩元的合理赔偿，以代替第109条规定的对故意或过失侵权者主张的损害赔偿。韩国最高法院于2016年的判决限制性适用商标侵权的法定损害赔偿。法院驳回原告的法定损害赔偿请求，并判定如果商标权人事实上并未使用注册商标，则不得提出法定损害赔偿请求（详见第五章“六、对亚洲经济体的建议”）。根据韩国《专利法》，专利

---

① 韩国《著作权法》第125条（损害赔偿要求）规定：(1)受本法保护的作者经济权利或其他权利（不包括作者的精神权利和表演者的精神权利）的持有人（以下简称“作者经济权利持有人等”）对因他人故意或过失的侵权行为而遭受的损害要求赔偿，如果侵权人因其侵权行为获得任何收益，相关的收益金额应被推定为作者经济权利持有人等所遭受的损失金额。(2)如果作者经济权利持有人等向故意或过失侵犯其权利的人索赔其因有关侵权行为遭受的损失，应将行使这些权利通常所获金额作为作者经济权利持有人等所遭受的损失金额，并可据此提出索赔。(3)尽管有第(2)款的规定，如果作者经济权利持有人等所遭受的损失金额超过第(2)款规定的金额，可以就该超过的金额提出索赔。(4)侵犯著作权、专有出著作权[包括根据第88和96条比照适用(applied mutatis mutandis)的情形]、发表权、邻接权或已登记的数据库制作者权利的人，应被推定为在有关侵权行为中存在过失。

② 韩国《著作权法》第126条（确认损害赔偿额）规定：“当损害事实已确认存在，但根据第125条难以估算损害赔偿额时，法院可以根据诉辩目的和证据审查结果，确定极高的损害赔偿额。”

③ 参见韩国《商标法》(2016年修订)第110条第1—5款。

④ 参见韩国《商标法》(2016年修订)第110条第6款。

权人可根据实际损失、侵权人获利或专利许可费请求损害赔偿，但不能请求法定损害赔偿。[①] 当难以证明确定损害赔偿数额所需的事实时，法院可以根据所有诉辩状之含义与证据审查结果确定合理的损害赔偿金额，以充分补偿专利权人因侵权造成的损害。[②] 在司法实践中，大多数原告(54.4%)是根据侵权人的侵权获利来寻求损害赔偿的，但大多数初审法院(64.6%)通过适用第128条第7款来给予合理的损害赔偿数额。[③]

(2)日本：非真诚信徒

日本是TPP的主要发起者，且对CPTPP之建立发挥了关键作用。日本政府从未想过为TPP/CPTPP而改变其知识产权损害赔偿制度之填平原则，因为日本坚信它能够说服TPP/CPTPP的其他成员，因而主张其《商标法》和《著作权法》已经与协议第18.74.6条相一致。然而，为防止这种对日本法律与TPP/CPTPP存在不一致的怀疑(或任何声称二者不一致的主张)，日本政府在2016年12月9日仅增加《商标法》第38条第4款[④]和《著作权法》第114条第4款[⑤]两个非实质性条款，目的在于强化其与第18.74.6条的立场一致性，上述条款与CPTPP同时生效(2018年12月30日)。根据日本《著作权法》第114条，著作权侵权的损害赔偿包括著作权持有人遭受的实际损失，或实际损失的下述替代方案：

> (1)以“传输和接收复制件”之数量和“转让之数量”乘以著作权人在未遭受侵权的情况下本可销售物品(包括传输和接收的副本)之单位利润所计算之金额；(2)侵权人从侵权行为中获得的利润；(3)著作权人在行使著作权时本应获得的金额，即合理的使用费，或(4)如果索要侵权赔偿的著作权或邻接权持有人是著作权集体管理团体，则赔偿数额为作品收费标准规

---

① 参见韩国《专利法》(2017年修订)第128条第1款至第6款。

② 参见韩国《专利法》(2017年修订)第128条第7款。

③ See Cheol Hwan Kim et al., “Korean Courts Discuss Significant Changes to Patent Damages”, 2017, https://www.lexology.com/library/detail.aspx? g=2c94f66e-ef07-481f-bc1a-8935bceafd49.

④ 在2020年4月1日生效的2019年修正案中，该条款被转移到第38条第5款，但文本没有任何变化。

⑤ 铃木教授在日本名古屋大学任教，是备受尊敬的知识产权法权威。

定的费用。①

换言之，著作权集体管理协会制定的收费标准被认为是“法定损害赔偿”。

日本《商标法》第38条第1款至第3款采取与《著作权法》相同的做法，即规定商标侵权的损害赔偿数额可以是侵权人销售的产品数量乘以商标专有人享有的边际利润、侵权人通过侵权获得的利润或者商标专有人本应有权因商标使用而获得的金额。② 此外，第38条第5款规定获取和维持商标专有权而通常需要的费用可被视为损害赔偿数额。③

上述立场更符合日本坚定不移地坚守民法传统填平原则的立场，特别是考虑日本法院在以下情形有自由裁量权以确定损害赔偿额：从相关事实的性质来看，如果法院认定证明损害赔偿数额所需事实极其困难，那么法院可以根据言辞预审(oral proceedings)和取证结果判赔合理的损害赔偿数额。④

(二)普通法法域：新加坡

在亚洲主要的普通法法域，中国香港和印度尚未承认知识产权侵权的法定损害赔偿，而马来西亚只承认著作权侵权的法定损害赔偿。⑤ 新加坡承认著作权侵权和商标侵权的法定损害赔偿，因而笔者将之作为此处的研究对象。

---

① 日本《著作权法》第114条第4款规定：如果著作权人或邻接权人根据前款规定对侵犯其著作权或邻接权的人提出损害赔偿要求，而该著作权或邻接权是由《著作权及邻接权管理业务法》(2000年第131号法)第2条第3款规定的著作权管理人根据该法第2条第1款规定的管理委托协议管理的，则著作权人或者邻接权利人可以根据《著作权及邻接权管理业务法》第13条第1款规定的由著作权管理人制定的著作权使用费规则，计算与该著作权或邻接权有关的作品使用许可费数额，从而确定前款规定的损害赔偿金数额。(如果存在多种计算方法，则以这些方法中计算出的最大数额为准)

② 日本《专利法》不承认法定损害赔偿。日本《专利法》第102条规定，损害赔偿的计算方法是：侵权人销售产品数量或金额与专利权人享有的边际利润相乘，侵权人从侵权行为中获得的利润或专利权人行使专利权应得的金额。

③ 日本《商标法》第38条第4款规定：“商标权人或商标独家被许可人，向出于故意或过失而使用该注册商标(包括从常识角度来看，视为与注册商标完全相同的商标同样适用于第50条的规定，这包括与注册商标采用相同文字组成但字体不同的商标，与注册商标采用不同的书面字符(平假名字符、片假名字符或拉丁字母字符)但在发音和含义上与注册商标相同的商标，以及采用在外观上被认为与注册商标相同的图样组成的商标的侵权人索要损害赔偿的，就指定的商品或者服务而言，通常可将为获取和维持该商标权所需要的费用，视为商标权人或者商标独家被许可人所主张的损害赔偿数额。”

④ 参见日本《著作权法》第114条至第115条[最新适用前述条款的判决是日本知识产权高等法院在2016年11月2日判决的(Ne)10029案，英文版见 https://www.ip.courts.go.jp/app/les/hanrei_en/119/002119.pdf]与日本《专利法》第105条第3款。

⑤ 由于2012年马来西亚《著作权法(修正案)》第27条的规定，1987年马来西亚《著作权法》第37条第1款(d)项现如今也包含法定损害赔偿额规定：每件作品的法定赔偿金不超过25,000林吉特(ringgit)，但累计不超过500,000林吉特。

1.美国—新加坡自贸协议

2003 年签署的《美国—新加坡自由贸易协议》第 16.9.9 条，已预示法定损害赔偿制度从美国到新加坡的法律移植。该条规定：

> 在民事司法程序中，每方应至少对受著作权或相关权利保护的作品、录音制品和表演以及假冒商标，确立或维持法定损害赔偿，并应根据权利人的选择予以提供。每方应规定，法定损害赔偿数额应足够高，以构成对未来侵权行为的威慑，并旨在补偿权利人[①]因侵权行为造成的损害。

随后，新加坡对其《著作权法》和《商标法》进行法律移植。

2.著作权法

自 2005 年起，新加坡《著作权法》规定：

> (1)在不违反本法规定的情况下，法院可对侵权行为授予的救济包括(a)禁令(可能受期限限制)；(b)损害赔偿，包括第 307 条规定的额外损害赔偿；(c)利润返还；(d)如果请求人选择，得根据第 308 条规定的法定损害赔偿；(e)交付令(a delivery up order)；及(f)处置令(disposal order)。
>
> (2)在不违反第(3)款的前提下，第(1)款(b)、(c)和(d)项规定之救济相互排斥。
>
> (3)如果法院根据第(1)款(b)项就侵权行为判令赔偿(包括或不包括额外赔偿)，法院也可下令返还因侵权行为所获利润，但仅限于在计算该项赔偿时没有将该利润考虑在内的情况(第 305 条)。[②]

在损害赔偿的衡量方面，根据第 307 条，“如果考虑到所有相关事项，包括(a)侵权行为的恶劣程度；以及(b)被告因侵权行为所获的任何利益，法院在适当情况下可判令被告额外赔偿侵权行为”。

---

① 就第 16.9.9 条关于知识产权的执行而言，“权利人”应包括独占被许可人以及具有主张该权利法律地位的联合会和协会(federations and associations)；而“独占被许可人”应包括某一知识产权所包含的任何一项或多项排他权的独占被许可人。

② 根据新加坡《著作权法》第 160 条第 2 款，如果法院下令对侵权行为支付损害赔偿或法定损害赔偿，在计算损害赔偿或法定损害赔偿时必须考虑以下事项：(a)另一方根据该条可就侵权行为行使的任何诉讼权利；(b)如果诉讼是由独占被许可人提起的——则与该许可相关的任何责任(无论是许可使用费还是其他)；(c)如果另一方就侵权行为提起单独的侵权诉讼——已根据第 305 条就侵权行为向另一方判赔的任何金钱救济。

就法定损害赔偿的衡量标准而言，第 308 条第 2 款和第 5 款规定：

(2)法定赔偿数额不得超过(a)诉讼涉及作品或表演的，每件数额为 10,000 新加坡元；(b)诉讼涉及作品的，全部作品的数额为 200,000 新加坡元；以及(c)诉讼涉及表演的，全部表演的数额为 200,000 新加坡元。

(5)在决定判赔的法定赔偿数额时，法院必须考虑所有相关事项，包括(a)侵权行为的性质和目的，包括该行为是否具有商业性质；(b)侵权的恶劣程度；(c)被告是否出于恶意；(d)原告因侵权行为遭受或可能遭受的任何损失；(e)被告因侵权行为所获的任何利益；(f)诉讼前和诉讼期间各方的行为；以及(g)阻止类似侵权行为的必要性。[①]

迄今为止，新加坡法院只在两起著作权侵权案件中考虑过法定赔偿。[②]

3.商标法

法定损害赔偿经 2004 年的修订引入新加坡《商标法》，其目的显然主要是为商标专有人提供一种更有效的救济形式，这是因为在许多知识产权侵权案件中，传统的损害赔偿评估程序在许多情况下过于繁琐和昂贵，无法针对假冒者和盗版者为权利人提供有意义的救济，假冒者和盗版者很少会遵循该程序所要求的提交和交换证据的详细规程。《商标法》第 31 条第 5 款规定，法定损害赔偿只适用于“涉及假冒商标使用的侵权行为”，第 3 条第 6 款界定“假冒商标”的标志，如果该标志：

(a)与该注册商标相同或极为相似，以致适于欺骗；及(b)应用于商品和服务(i)在未经该注册商标专有人明示或默示同意(有条件或其他)的情况下，且(ii)错误陈述该商品或服务是注册商标专有人或被许可人的正品或实际服务。

法院有权判决法定损害赔偿，“就每种使用假冒商标的商品或服务，处以不超过 100,000 新加坡元的损害赔偿；除非原告证明，其因侵权行为而遭受的实

① 议会指出，法定损害赔偿将根据“填平”原则评估，转引自 Ng-Loy Wee Loon, *Law of Intellectual Property of Singapore*, London: Sweet & Maxwell, 2021, p.[12.1.4], n. 7。

② PH Hydraulics & Engineering Pte Ltd. v. Intrepid Offshore Construction Pte Ltd., [2012] 4 SLR 36; Wong Wan Chin (Huang Wanjun) v. Wang Choong Li Now or formerly t/a The Feline Bridal, [2014] SGDC 249; See David Llewelyn, “Statutory Damages for Use of a ‘Counterfeit Trade Mark’ and for Copyright Infringement in Singapore, A Radical Remedy in the Law of Intellectual Property or One in Need of a Rethink?”, *Singapore Academy of Law Journal*, vol. 28 (2016), p.83.

际损失超过 100 万新加坡元，否则损害赔偿累计不超过 100 万新加坡元”[①]。在判赔法定损害赔偿时，《商标法》第 31 条第 6 款明确规定法院应考虑的一系列因素，即侵犯注册商标的恶劣程度、原告因侵权行为遭受或可能遭受的任何损失、被告的任何侵权获利、阻止其他类似侵权案例的必要性以及所有其他相关事项。截至 2015 年，新加坡法院仅在两起假冒商标案件中考虑过法定损害赔偿。[②] 此外，新加坡也未规定专利与外观设计的法定损害赔偿。

五、CPTPP 法定损害赔偿之批判

法定损害赔偿在 CPTPP 面临的根本挑战是其正当性和必要性。

(一)除加拿大外的所有 CPTPP 成员都不承认法定损害赔偿

罕有法域对侵犯著作权和假冒商标的行为规定法定损害赔偿。[③] 因此，就法定赔偿本身而言，传统上除加拿大之外是不承认这种制度的，CPTPP 成员采用这种制度并无太多意义，因为作为法定损害赔偿推动者的美国退出 TPP 之后，没有任何成员是该问题的专家。在美国重新加入 CPTPP 之前，第 18.74.6—8 条最多应该被中止而不是通过。

(二)“带有威慑目的的充分赔偿”不切实际

“充分赔偿”是适用法定损害赔偿制度的一大阻碍，因为设立该制度的根本原因就在于实际损害难以证明和量化。鉴于此，在无法知晓权利人所受损害的情况下，如何能确保任何基于法定损害赔偿的赔偿金足够充分？事实上，这就是一种同义反复。

此外，尽管 CPTPP 对“威慑”的要求显然不及在美韩、美新自贸协议所使用的表述“足以构成威慑”(sufficient to constitute a deterrent)那样苛刻，但如何定义威慑[“为了阻止未来的侵权行为”(with a view to deterring future

① 参见新加坡 2015 年《商标法》第 31 条第 5 款(c)项。

② Converse Inc. v. Ramesh Ramchandani [2014] SGHCR 11 and Louis Vuitton Mal-letier v. Cuffz (Singapore) Pte Ltd . [2015] SGHCR 15; See David Llewelyn, “Statutory Damages for Use of a ‘Counterfeit Trade Mark’ and for Copyright Infringement in Singapore, A Radical Remedy in the Law of Intellectual Property or One in Need of a Rethink?”, *Singapore Academy of Law Journal*, vol. 28 (2016), p.77.

③ 法定损害赔偿规定在世界各地著作权法并不常见。参见 Pamela Samuelson, Phil Hill and Tara Wheatland, “Statutory Damages: A Rarity in Copyright Laws Internationally, but for How Long?” (abridged version), *Journal of the Copyright Society of the USA*, vol.60 (2013), pp.1-2,包括美国在内,在统计的 177 个 WIPO 成员中,只有 24 个(13.56%)允许法定赔偿著作权侵权行为。

infringements)]同样存在问题。所谓“威慑”,是为防止特定个人再次实施同样的侵权行为,还是为防止社会整体再度出现同样的侵权行为?前者因取决于一个明确的重复侵权人而更容易确定,后者原则上太抽象以致无法确定。

更重要的是,在考虑威慑作用时,不仅要考虑包括惩罚性赔偿(如中国)在内的现有民事救济措施,还要考虑整体上的其他救济措施,尤其是刑事处罚救济(在日本、韩国、马来西亚、新加坡等被广泛采用)[①]和行政处罚措施(如中国)。

六、对亚洲经济体的建议

(一)不采用法定损害赔偿

对于尚未规定法定损害赔偿的亚洲经济体来说,最好的选择是遵循 RCEP 的规定,后者不要求其成员确立或维持法定损害赔偿。对于知识产权权利人难以证明其因侵权行为所遭受的实际损失问题,尚存在其他行之有效的处理方式,如规定被控侵权人有义务提供相关材料,或者承认知识产权人有请求被控侵权人甚至第三方提供其所掌握的材料的实体权利。[②]

另一个有效的安排是将知识产权侵权诉讼分为两个阶段。第一阶段为判断侵权行为是否确实成立,只有在确认侵权行为成立后才开启确定损害赔偿金额的第二阶段。在法院明确判定侵权的情况下,当事人之间更有可能就赔偿金额达成共识与和解,从而避免法院对其干预,也避免法院在判决时公布实际的损害赔偿金额。

普通法法域一直遵循上述标准和惯例。例如,在新加坡,作为程序上的礼节,任何一方均可在庭审前根据《法庭规则》(Rules of Court)第 33 条第 2 款的规定,就责任和损害赔偿问题申请分庭审理(bifurcation of the hearing)。因此,在新加坡,常见当事人分庭诉讼商标侵权,即先进行责任审判,然后法院助理注册官(Assistant Registrars)在随后的评估中单独解决损害赔偿数额问题。助理注册官在最近两项决定中明确计算损害赔偿需要考察的因素,这为法院如

---

① 参见见本书的第一章“三、亚洲知识产权的发展特色”。

② 德国《专利法》第 140b 条认可被侵权专利权人的此种实体权利:“(1)任何违反第 9 条至第 13 条规定使用专利发明的人,都可以被受害方起诉,要求其立即提供所使用产品的来源和商业渠道的有关信息……(3)有义务提供信息的人应提供以下细节:①制造者、供应商和其他产品的先前持有者或服务的使用者以及预订产品的批发商和零售商的名称和地址;②制造、交付、接收或订购的产品数量,以及为有关产品或服务支付的价格。……(5)如果有义务提供信息的人在故意或严重过失的情况下,提供虚假或不完整信息,其有义务赔偿对受害方所造成的损失。”相关分析参见 Georg Benkard, Patentgesetz, 10 Aul., 2006, § 140b Rdnr.1。

何确定商标侵权的损害赔偿额带来启示：侵权行为的恶劣程度、权利人遭受或可能遭受的损失、被告的侵权获利、阻止其他类似侵权行为的必要性以及其他相关事项。①

德国知识产权实践也遵循这种两阶方法。在知识产权诉讼中，法院如果认定侵权行为成立，首先会宣布被告“原则上”应承担赔偿责任，并因此要求被告提供侵权行为的细节等。只有在向法院提供这些信息（利用侵权商品实现的净营业额、侵权获利、客户名称、供货商名称等）之后，知识产权人才能请求具体的损害赔偿金额。通常，双方届时会达成和解。否则，原告需向法院提交一份单独、全新的损害赔偿诉状以请求法院确定损害赔偿，而这在实践中很少发生。事实上，这种做法在德国《民事诉讼法》中并无具体法律依据，是由德国专利侵权法庭（Patent Infringement Chambers）发展而来的。

（二）降低法定损害赔偿适用的措施

1.不含威慑

即使亚洲经济体承认法定损害赔偿制度，笔者也建议其将制度功能限制在解决证明损害赔偿的最终困难方面而不含威慑作用，因为法定赔偿具有无规律性和任意性。此外，在类似中国这样的法域，主管机关拥有惩罚性赔偿、刑事处罚和行政制裁可供使用，法定赔偿制度的威慑功能缺乏正当性。

2.原告仍需举出相关证据

一旦决定采用法定损害赔偿，笔者建议亚洲经济体关注新加坡高等法院的建议。其认为，法定损害赔偿的基本原理是“在可能难以证明因侵权造成的实际损失或同样难以获得明确返还利润的情况下，允许商标专有权人或著作权人获得赔偿”，“法定损害赔偿救济是对传统实际损害赔偿救济或获利返还救济的一种替代方案，旨在使商标权利人和著作权人在举证困难的情况下获得赔偿。②法院进一步主张③：(a)即使成功的索赔人“根据盖然性权衡（balance of probabilities）被免除证明其损失的举证责任，而无须如通常情况下应承担此项举证责任”，但他“仍必须举出相关证据以确立一个证据基础，据此法院可以评估法律规定的考量因素，进而确定损害赔偿数额”。(b)法院根据本条规定享有

① See Benjamin Tham, Damages for Trade Mark Infringement in Singapore: Getting What One Deserves? in Kung-Chung Liu (ed.), *Annotated Leading Trademark Cases in Major Asian Jurisdictions*, London: Routledge, 2019, p.395.

② See Louis Vuitton Malletier v. Cuffz (Singapore) Pte Ltd. [2015] SGHCR 15 at [16].

③ See Louis Vuitton Malletier v. Cuffz (Singapore) Pte Ltd. [2015] SGHCR 15 at [17].

广泛的自由裁量权，尽管所判赔的金额“无法以精确或无误的数学方式计算得出”，但它“将反映（法院）在考虑规定的考量因素和案件的整体情况后认定的与补偿商标所有者相称的适当金额”。

3.权利人无损害则不存在法定赔偿

如本书第三章“五、侵权与损害赔偿”所述，《中华人民共和国商标法》遵循侵权法原则，即如果没有遭受实际的损害或损失，则不判予赔偿金，并明确规定“商标权人无实际使用，无损害赔偿”的原则，日本和韩国最高法院也赞同这一原则。随着著作权侵权和商标假冒法定损害赔偿的引入，出现了下述法律问题[①]：在没有实际损害的情形下，特别是当涉案商标从未被商标权人使用时，是否也可以判予法定损害赔偿。而答案必然是否定的。

韩国最高法院在 2016 年的一项判决中限制性地适用商标侵权的法定损害赔偿（韩国《商标法》第 111 条）。此案商标所有人在 2008 年提出基因检测服务的商标申请，并于 2010 年获准注册，但专有人在侵权发生期间并没有在该业务中使用该商标。商标专有人向在基因检测业务上使用类似商标的被告要求法定赔偿。韩国最高法院认为，被告构成对原告商标的侵权，但由于原告没有实际使用该商标，被告没有对原告造成损害。法院驳回原告的法定损害赔偿请求，并判决如果商标专有权人事实上没有使用其注册商标，则不得提出法定损害赔偿请求。法院判决指出，法定损害赔偿条款只在特殊情况下适用，其目的是使商标专有人在无法证明其损失数额的情形下也能获得一定的赔偿。[②]

4.防止滥用的程序性保障措施

此外，在著作权侵权和商标假冒方面无意识捆绑适用刑事处罚与法定损害赔偿可能会产生滥用效果，新加坡和澳大利亚的达拉斯买家俱乐部事件（Dallas Buyers Club incident）就已说明这一问题。在新加坡，高等法院于 2015 年批准美国沃尔太奇影业公司（Voltage Pictures）（《达拉斯买家俱乐部》电影的著作权人）的申请，并责令新加坡电信、星和通讯和 M1 电信（Singtel、Starhub 和 M1）

---

① See Ichiro Nakayama, “Trademark Damages Defence Based on Non-Occurrence of Damage in Japan”, in Kung-Chung Liu (ed.), *Annotated Leading Trademark Cases in Major Asian Jurisdictions*, London: Routledge, 2019, p.370.

② See Supreme Court of Korea Case No. 2014Da59712,59729 (decided on 30 September 2016), English version available at: https://library.scourt .go .kr/SCLIB_data/decision/34_2014Da59712 .htm; Mi-Jeong Oh, Kurt Gerstner, “Obtaining Statutory Damages for Trademark Infringement-A Cross Border Approach under the Trademark Act of the Republic of Korea”, 2017, https://www.ilnipinsider.com/2017/08/obtaining-statutory-damages-for-trademark-infringement-a-cross-border-approach-under-the-trademark-act-of-the-republic-of-korea.

提供涉嫌下载该电影的订阅用户的详细信息。美国沃尔太奇影业公司随后向新加坡的大量下载者发出警告信,并要求"收件人在三天内提出书面报价,否则可能会启动诉讼程序"(这种做法被称为"投机索款"speculative invoicing)。由此引发公众的愤怒和抗议。2016 年,美国沃尔太奇影业公司与好莱坞电影公司"沙漠妖姬"电影投资有限公司(Queen of the Desert Film Investment)向高等法院提出类似的请求,而在新加坡知识产权局(IPOS)和总检察长办公室(AGC)的干预下,该案被驳回以避免权利人滥诉。①

因此,应该采取一些程序性的防范措施制约著作权人和商标专有人的权利滥用行为。在这方面,澳大利亚联邦法院在"达拉斯买家俱乐部(Dallas Buyers Club)诉澳洲互联网有限公司(iiNet)案"中所采取的措施可以提供很好的借鉴,即法院应要求著作权人或商标持有人向法院出示其将向被控侵权者发布的警告信草稿,并且在将其发送给被控侵权者之前应寻求法院的批准。②

---

① See https://singaporelegaladvice.com/attempt-by-hollywood-studios-to-identify-illegal-downloaders-dismissed-by-the-high-court/; David Llewelyn, "Statutory Damages for Use of a "Counterfeit Trade Mark and for Copyright Infringement in Singapore-A Radical Remedy in the Law of Intellectual Property or One in Need of a Rethink?", *Singapore Academy of Law Journal*, vol.28 (2016), p.63.

② See Dallas Buyers Club LLC v. iiNet Ltd., [2015] FCA 838.澳大利亚联邦法院认为,不能允许原告请求获取用户上传活动或请求任意的、未指明的损害赔偿,该案为权利持有者在未来向网络服务提供商(ISP)寻求初步证据开示设定了先例,他们必须遵循更严格的指南,并应明确确定其所请求的损害赔偿。需注意的是,由于澳大利亚没有宪法或权利法案,联邦法院完全依靠与公平审判和正当程序有关的原则。See Kimberlee Weatherall, "Safeguards for Defendant Rights and Interests in International Intellectual Property Enforcement Treaties", *American University International Law Review*, vol.32 (2016), pp.222-223.

第六章　论商业秘密保护及其过度保护的问题——正处于十字路口的亚洲[1]

普通法系与大陆法系国家关于商业秘密保护的理论渊源不同。英联邦普通法国家(美国除外),以破坏信任(breach of confidence)为基础(此为衡平法的一部分),保护商业秘密与其他因为信赖才交付的各种机密信息。大陆法系的司法辖区则多以不正当竞争法为基础。鉴于商业秘密惊人的商业价值、剧烈跨境商业竞争及"大规模全球劳动力流动性"[2],商业秘密在过去三十年成为专利制度的重要补充,在亚洲也是如此。TRIPS 协议明列商业秘密为知识产权家族一员,在第 39 条中称其为"未公开的信息",但保护商业秘密有许多问题。本章首先就商业秘密保护及其过度保护所固有或相关的问题提出警示,其次着眼于亚洲经济体面临的艰难抉择,为其商业秘密保护法建议未来方向。

当前亚洲主要经济体正处于十字路口,因为日本、韩国、泰国、中国仿美国做法,将侵犯商业秘密行为入罪,日、韩、中并对经济间谍活动科以更严厉的惩罚,可能影响亚洲其他普通法传统的法域。面对此艰难选择,笔者建议亚洲经济体:如何选择在立足于其商业现实的基础上,将商业秘密保护与专利制度妥适搭配,借鉴德国法对于侵犯商业秘密采取适度刑事处罚的模式,并以限制竞业禁止条款(non-competition clauses)保护员工的流动性。

一、商业秘密保护的有关问题

TRIPS 协议明列商业秘密为知识产权家族一员,在第 39 条中称其为"未公开的信息"。但保护商业秘密有许多问题,以下阐明。

---

① 本章内容发表于《知识产权》2022 年第 5 期。

② Anselm Sanders, "The 'Actio Servi Corrupti' from the Roman Empire to the Globalised Economy", in Christopher Heath and Anselm Sanders (eds.), Employees, *Trade Secrets and Restrictive Covenants*, Alphen aan den Rijn: Kluwer Law International B.V, 2017, p.3.

(一)值得保护,但并不真正属于知识产权家族

本书质疑商业秘密不属于知识产权家族。基本上,我们认为知识产权法是种市场监管,其长期目标是通过一系列政策工具和法律安排的“三步交换过程”,促进公共领域与私部门之间的交换与相互增益,最终丰富公共领域。第一步(知识产权的授予):允许在有限的时间内[①]私有化公共领域的某些部分,以激励创作者创新,并愿意利用其创新启发他人。第二步(知识产权的行使):要求知识产权持有人以各种方式丰富公共领域,包括以限缩其知识产权的方式向公众披露其创作内容,供公众享受创新成果并获得启发。第三步(知识产权的终止):要求知识产权在保护期限届满之后回归公共领域,以丰富公众可免费取用的公共领域。[②]

但是商业秘密的基本要素是保护机密不被公开披露,与前述意旨背道而驰。因为无法公开以启发并赋权公众,只要不被公开就可无期限保护,商业秘密无法成为知识产权的对象。不可否认,商业秘密可促进知识的有限度披露和共享[③],值得一定的保护。但此类披露仅限于与商业秘密所有者存在信赖保密关系的主体,并不足以构成知识产权理论上要求的大规模披露。将商业秘密纳入知识产权家族,不符合知识产权的一般理论(general theory, allgemeine Lehre)。

(二)商业秘密本质上反复无常和任意

要确定“什么是商业秘密”已颇具挑战性,要确定“如何以及何时构成保密义务”同样棘手。例如,即将离职的教师对招聘机构表示的“请你保密”,在不同国家的含义可能大相径庭。另外有许多所谓的的“公开秘密”(例如新加坡大学

---

① 或许有人会争辩称,商标的保护可以是无限期的,并且很难有创新可言。然而,商标只是在理论上可以无限续展保护期限。实践中,商标会伴随其所有者业务的停止而消亡,对于大公司而言,业务的生命周期是短暂的,约为 18 年。此外,特别是驰名商标的创造和维护也需要不同形式的创新。See Stéphane Garelli, “Why You Will probably Live Longer than Most Big Companies-Big Companies Used to Have a Lifespan of 61 years, It's Now Down to 18”, December 2016, https://www.imd.org/research-knowledge/articles/why-you-will-probably-live-longer-than-most-big-companies.

② 参见刘孔中:《解构知识产权法及其与竞争法的冲突与调和》,中国法制出版社 2015 年版,第 3—75 页。

③ 参见 Mark Lemley, “The Surprising Virtues of Treating Trade Secrets as IP Rights”, in Rochelle Dreyfuss and Katherine Strandburg (ed.), *The Law and Theory of Trade Secrecy—A Handbook of Contemporary Research*, Cheltenham: Edward Elgar, 2012, pp.109-139。同时,美国最高法院在 Kewanee Oil Co. v. Bicron Corp., 416 U.S. 470 (1974) 一案中指出:“商业秘密法促进知识共享与行业的高效运作。”

生分数分布的百分比和台湾中华电信在台湾地区交换设施[①]的位置),虽然已广为人知,但是加以披露仍可能产生负面后果,令人无所适从。

此外,商业秘密也常沦为其他恶行的幌子。例如,财力雄厚的雇主以侵犯商业秘密之诉抹黑加入竞争对手的前雇员,使其他潜在离职者不敢效尤。著名并受人尊敬的科学家与企业家李开复[②],2005 年 7 月离开微软到谷歌任职之际,因被微软起诉涉嫌违反竞业禁止协议和窃取商业秘密,被法院禁止为谷歌工作,一直到 2005 年 12 月 22 日谷歌和微软达成和解协议后,才被允许为谷歌工作。对技术人才而言,新工作推迟六个月并遭受财力雄厚公司起诉,可能产生毁灭性打击。[③]

(三)商业秘密保护将减少正外部性

商业秘密的内容及其保护的各种安排由于经常不公开,所以一般而言欠缺正外部性。如同替代性纠纷解决方式(如仲裁和调解),虽然有诸多积极效益倍受喜爱[④],但因为不披露理由、证据和结果[⑤],诸多经验教训和最优解并未向公

---

① 笔者曾在台湾地区输入"中华电信",谷歌地图提供的搜索结果超过 1068 个。事实上,扣除那些有"0800"号码(提供相关的客户服务)的项目后,通过剩下的项目就可推定是交换设施所在地。

② 李开复曾任职于苹果公司(1990—1996)、硅图公司(1996—1998)、微软公司(1998—2005)及谷歌公司(2005—2009)。

③ See Kai-Fu Lee, *My Journey into AI: The Story Behind the Man Who Helped Launch 5 AI Companies worth $ 25 Billion*, Lanham: Cranberry Press, 2018, pp.231-232, 239, 243, 249-250, 269, 276.

④ 例如,韩国在 2017 年制定仲裁产业促进法。新加坡积极推动《新加坡调解公约》(2020 年 9 月 12 日生效)。自 2019 年 11 月 21 日起,《知识产权(争议解决)法》修订《2001 年新加坡仲裁法》第 52 条第 1 款,并在《国际仲裁法》增加第 2 条第 1 款,以明确规定新加坡知识产权争议的可仲裁性。此举是效仿中国香港修订"仲裁条例"(从 2018 年 1 月 1 日起实施)。

⑤ 《伦敦国际仲裁院仲裁规则》第 30 条明确规定,仲裁过程中产生的文件和裁决应保密(除非各方和仲裁庭事先书面同意),参见 https://www.lcia.org/dispute_resolution_services/lcia-arbitration-rules-2014.aspx#Article%2030。《国际商会仲裁会仲裁规则》(2021 年修订)规定了仲裁员和国际仲裁院工作人员的保密义务(附录一第 6 条、附录二第 1 条和第 22 条第 3 款,参见 https://iccwbo.org/dispute-resolution-services/arbitration/rules-of-arbitration/article_b1)。《WIPO 仲裁规则》第 75 条明确规定"一方当事人不得单方面向任何第三方披露任何有关仲裁存在的信息",但"一方可以向第三方披露仲裁各方的名称,以及为履行对该第三方的任何善意或坦诚义务而要求的救济"。详见 Ignacio De Castro and Andrzej Gadkowski, "Confidentiality and Protection of Trade Secrets in Intellectual Property Mediation and Arbitration", in Gerold Zeiler and Alexander Zojer (eds.), *Trade Secrets: Procedural and Substantive Issues*, NWV Verlag, 2020, pp.79-90, https://www.wipo.int/export/sites/www/amc/en/docs/confidentialitytradesecrets.pdf。

众公开,不利于知识的积累与传播以及未来争端的减少和解决。[①]

(四)商业秘密保护间接阻碍公众监督

对政府和社会治理进行有效的公众监督是以获取重要信息为前提。然而,商业秘密保护至少将间接将阻碍公众获取重要信息。例如,欧盟委员会因高通滥用市场支配地位在 2018 年 1 月 24 日对其处以 9.97 亿欧元的罚款,却直到 2020 年 6 月 8 日才公布该决定。[②] 在此期间,社会无法有效地监督与评论本案。

此外,法院判决向外界提供重要信息是公众监督的前提。然而,越来越多的判决以保护商业秘密的名义筛除部分或甚至完全不公开判决内容。例如,深圳中级人民法院就标准必要专利的公平、合理和非歧视(Fair, reasonable and non-discriminatory, FRAND)费率作出判决,认定美国交互数字公司(InterDigital)向华为设定歧视性价格并拒绝许可。[③] 但是判决中最关键的部分已被遮去,公众和学术界无法理解法院如何计算 FRAND 费率,更别说提出有意义的批评。[④]

此外,我们也可以找到法院过度顺从商业秘密保护要求的例子。例如在新加坡,两起药品专利所有人起诉仿制药公司的案件被"封存(sealed)"[⑤],相关信息无法检索,公众无从得知诉讼最终是以判决、撤回或和解方式解决。其中可

---

① 根据凯伦·洛朗(Karen Lorang)的观点,仲裁会产生四种负外部性。首先,法律上不正确的仲裁裁决,如果不纠正,可能会导致损害第三方的违法行为持续。其次,不正确的判决会破坏执法,从而降低法律的威慑力。再次,不合理或不正确的裁决造成第三方法律权利和义务的不确定性。最后,如果外部观察人士认为受害者被剥夺出庭机会,仲裁可能会引发公众争议。参见 Karen Lorang, "Mitigating Arbitration's Externalities: A Call for Tailored Judicial Review", *UCLA Law Review*, vol.59, no.218 (2011), p.220。

② SeeCASE AT. 40220 Qualcomm (Exclusivity payments), https://ec.europa.eu/competition/antitrust/cases/dec_docs/40220/40220_2702_4.pdf. "Antitrust: Commission fines Qualcomm €997 million for abuse of dominant market position", https://ec.europa.eu/commission/presscorner/detail/en/IP_18_421.

③ See Jyh-An Lee, "The Determination of FRAND Rate for SEPs", in Kung-Chung Liu (ed.), *Annotated Leading Copyright Cases in Major Asian Jurisdictions*, Hong Kong: City University of Hong Kong Press, 2019, pp.154-161.

④ 本案是以商业秘密为由结案,判决从未全面公布,相关资料可见 https://www.mlex.com/China/Attachments/2014-04-7_BT5BM49Q967HTZ82/GD%20verdict.pdf。

⑤ AstraZeneca AB (SE) v Sanofi-Aventis Singapore Pte Ltd [2012] SGHC 16 and AstraZeneca AB (SE) v Sanofi-Aventis Singapore Pte Ltd [2013] SGHCR 7.

能存在某种形式的反向支付的反竞争行为,公众却无法监督。①

(五)商业秘密保护被用于规避政府信息自由法

在亚洲,许多主要法域已制定与政府信息自由有关的法律法规②,规定"政府信息向公众公开"的原则。然而,商业秘密保护经常被政府机构用作拒绝信息公开的法律依据。例如,笔者曾要求中国台湾地区交通事务主管部门提供台湾中华电信公司(曾经是公营电信垄断企业)2003 年的资产管理和民营化进展报告、交换设施的位置,以及台湾地区交通部邮政总局向台湾中华邮政转让资产的文件,台湾地区交通事务主管部门一律以保护台湾中华电信的商业秘密为由拒绝。

笔者被迫提起诉讼,以取得学术研究所需要的资料。最终,台北高等行政法院完全否定台湾地区交通事务主管部门拒绝提供信息行为的合法性。③ 但台湾地区交通事务主管部门仍然坚持需要个别协商才提供,继续拖延。

二、商业秘密的过度保护及其副作用

(一)过度保护的指标

1.侵犯商业秘密的刑罚过于严厉

TRIPS 协议第 61 条规定,至少在商业规模的故意假冒商标或盗版案件中成员应规定刑事处罚。采用的措施应足以威慑,并与对相应严重罪行适用的惩罚保持一致。各成员可规定在其他侵犯知识产权的案件中适用刑事诉讼程序和处罚,特别是商业故意侵权的情形。值得注意的是,TRIPS 协议未要求成员

---

① 药品专利权人向仿制药生产企业先提起侵犯专利权之诉,但最后却向后者支付款项,此种反向付款只能理解为拖延仿制药进入市场的策略,不欲为外人知悉,因为无论是契约还是当事人之间的任何以口头或书面沟通达成的约定皆不对公众公开。See Steven Adamson, "Pharmaceutical Patent Wars, Reverse-Payment Settlements, and Their Anticompetitive Effects for Consumers", *Loy. Consumer L. Rev.*, vol.30, no.241(2018), https://lawecommons.luc.edu/cgi/viewcontent.cgi? article=2008&context=lclr.

② 台湾地区于 2005 年颁布所谓"政府咨讯公开法"。中国国务院于 2008 年发布《政府信息公开条例》。在韩国,宪法法院于 1989 年裁定,知情权作为言论自由权的一部分,是宪法规定的权利,韩国 2013 年通过《公共数据供给与利用促进法》(The Act on the Promotion of the Provision and Use of Public Data),参见 https://www.article19.org/resources/country-report-the-right-to-information-in-south-korea。在日本,《宪法》第 21 条被解释为包括知情权,参见 https://www.article19.org/resources/country-report-the-right-to-information-in-japan/。在印度,2005 年《知情权法案》保障公民在公共当局控制下的知情权。在马来西亚,虽然没有联邦信息自由法,但雪兰莪州和槟城州有效力适用于州一级的信息自由法。在新加坡,虽没有信息自由法,但可访问 data.gov.sg 和 singstat.gov.sg 查询公众数据。

③ 参见台北高等行政法院(2012 年)诉字第 303 号判决(2012 年 10 月 24 日作出)。

以刑事处罚保护商业秘密。若成员决定如此，则所选择的自由刑和(或)罚金也应与对相应严重的罪行的处罚一致。

WTO 争议解决小组在“中国—知识产权”报告谈及对 TRIPS 第 61 条的理解，其中指出 TRIPS 第三章区分两类行为的处理方式：一为商业规模的商标仿冒与盗版行为，二为其他侵犯知识产权的行为，仅前者才需要满足条文要求的刑事与处罚义务。这表明 TRIPS 协议谈判者的共同观点：前者是最显著和最恶劣的侵权行为。这虽有助于解释 TRIPS 协议第 61 条①，但是 WTO 争议解决小组并未讨论什么是“国际公认判断哪些罪行与侵犯商业秘密的行为具有同等严重性”的标准。有学者建议将“严重侵犯财产罪”作为基准②，其他人则保持沉默。③

本书主张商业规模的故意假冒商标或盗版犯罪最具可比性，可以作为比较是否构成过度保护商业秘密的基准。④ 若某一成员对商业秘密犯罪的惩罚比其对故意以商业规模伪造商标或盗版行为的惩罚更为严厉，则构成过度保护商业秘密。⑤

依此标准，韩国(故意伪造商标罪 7 年、盗版著作罪 5 年、窃取国内商业秘密罪 10 年、经济间谍罪 15 年)⑥，中国(假冒商标、侵犯著作权罪 10 年，窃取国

---

① WT/DS362/R(January 26, 2009)673 Panel Report, China-Intellectual Property Rights, pp. 7.514—7.528。WT/DS567/R(16 June 2020) Saudi Arabia-Measures Concerning the Protection of Intellectual Property Rights 一案有讨论 TRIPS 协议第 61 条，但是聚焦在第 73 条。

② See Daniel Gervais, *The TRIPS Agreement-Drafting History and Analysis*, London: Sweet & Maxwell, 2012, p.2.680.

③ 例如 Carlos Correa and Abdulqawi Yusuf, *Intellectual Property and International Trade: the TRIPs Agreement*, Alphen aan den Rijn: Wolters Kluwer, 2016, pp.1-584。

④ 当然可能有人认为，侵犯商业秘密若延伸到经济间谍活动，则在保护商业秘密所有人的同时也涉及维护国家利益，是否可与故意伪造商标或侵犯著作权相比较，就值得商榷。诚然，经济间谍活动本身似乎不同于故意仿冒商标或盗版。但在 TRIPS 协议中仅要求对后两者刑事处罚，因此也只有以此为比较基准。

⑤ 欧盟指令 2016/943 第 7 条关于保护未披露的专有技术和商业信息(商业秘密)被防止非法获取、使用和披露，提醒我们比例原则和防止程序被滥用的重要性：“本指令中规定的措施、程序和补救措施应以以下方式实施：(a)比例原则；(b)避免对国内市场的合法贸易造成障碍；(c)提供防止滥用的保障措施。”

⑥ 参见韩国《商标法》第 93 条，韩国《著作权法》第 136 条第 1 款。韩国《防止不正当竞争和商业秘密保护法》(2019 年修订)第 18 条第 2 款：“以获取不正当利益或损害公司利益为目的，自然人实施获取、使用或者向第三方披露商业秘密的行为，将处 10 年以下劳动监禁或处 5 亿韩元以下罚金。”韩国在过去 10 年里不断加大对经济间谍的刑事处罚力度。《防止不正当竞争和商业秘密保护法》(2019 年修订)第 18 条第1 款规定：“自然人明知该商业秘密用于国外获取不正当利益或损害公司，仍实施获取、使用或者向第三方披露商业秘密的行为，最高处以 15 年的监禁或 15 亿韩元罚金。”

内商业秘密10年，经济间谍15年）[①]，显然过度保护商业秘密。日本过度保护的程度稍轻（假冒商标和盗版10年并罚金一千万日元，对国内商业秘密盗窃10年及罚金2000万日元，对经济间谍10年及罚金3000万日元）[②]。

2.违反当事人武器平等的原则

随着民主化进程加快，在许多法域检察官已被视为刑事程序的平等一方，而非地位更高的一方或法院的一部分，刑事诉讼法衍生出当事人武器平等原则。[③] 但在中国台湾地区，检察官在商业秘密案件调查期间可以在未经法院批准的情况下向接触侦查内容之犯罪嫌疑人、被告、被害人、告诉人、告诉代理人、辩护人、鉴定人、证人或其他相关之人员发出侦查保密令，违者最高处3年以下有期徒刑，该刑罚违反当事人武器平等原则，过度保护商业秘密。[④]

（二）与专利制度消长

人类社会从直觉的商业秘密保护（永远保守自己的宝贵秘密）到改采反直觉的专利保护（首先披露此类秘密，期待其他人在专利的期间内为使用此披露的技术付费），历经几个世纪的演变。“尽管发明者被要求披露商业机密，但专利最终仍使发明者受益”这一社会信任并非一日能建立。因专利申请昂贵耗时，特别是跨境专利申请，有时甚至使实业家望而却步。

---

① 《中华人民共和国刑法修正案》（十一）（2021年3月1日生效）将《刑法》第219条侵犯商业秘密罪的最高刑期从7年提高到10年，并增加《刑法》第219条之一规定：“为境外机构、组织、个人窃取、刺探、收买、非法提供商业秘密的，处五年以下有期徒刑、罚金或者单处罚金；情节严重的，处五年以上有期徒刑，并处罚金。”根据《刑法》第45条的规定，有期徒刑的最高刑期为15年。因此，严重的经济间谍可判处5年至15年有期徒刑。

② 在日本，侵犯商标权最高处10年监禁或1000万日元以下的罚款或并罚（日本《商标法》第78条）。其《著作权法》第119条第1款规定了同样的刑事处罚。2003年制定的《不正当竞争防止法》第21条第1款规定处10年以下有期徒刑和强制劳动、2000万日元以下罚金或两者并罚。《不正当竞争防止法》第21条第3款规定：“有下列情形之一者，处以10年以下有期徒刑或3000万日元以下罚款，或两者并罚：(1)犯有第1款第(1)项或第(3)项所述罪行并在日本境外使用的人；(2)披露构成第1款第(2)项或第(4)项至第(8)项规定的犯罪的人，知道接收方在日本以外有构成犯罪的使用目的；(3)在日本境外使用在日本境内开展业务的商业秘密持有人的商业秘密，其方式构成第(1)项、第(2)项或第(4)项至第(8)项规定的犯罪。”

③ See Stefania Negri, “The Principle of Equality of Arms and the Evolving Law of International Criminal Procedure”, *International Criminal Law Review*, vol.5 (2005), pp.513-571; Jay Silver, “Equality of Arms and the Adversarial Process: A New Constitutional Right”, *Wisconsin Law Review*, vol.4 (1990), pp.1007-1042; Gakharman Sadiev, “Adversarial Principle and Principle of Equality of Arms as a Subject of Adversarial Type of Criminal Proceeding”, *Journal of Advanced Research in Law and Economics*, vol.7, no.4 (2016), p.920.

④ 参见台湾地区所谓“营业秘密法”第14条第1项、第14第2项第1款及第14条第3项第1款。

因此，退回到商业秘密保护而避开艰难的专利之路，有时对于创作者更具吸引力。若发明者利用商业秘密保护能更好（更便宜、更快）地保护其发明，则其认真对待专利申请和管理专利组合的动机就会减少。① 此必将减少专利申请②、发明步骤披露、知识积累和传播，危及专利制度，阻滞人类进步。所以，制度设计者应在商业秘密保护和专利保护之间取得平衡。

（三）违背法治基本原则

法治是民主社会的首要基础，在亚洲大部分地区尚未牢固建立。③ 在对商业秘密过度保护背景下，诸多法治基本原则纵使不被完全动摇也将受到削弱。④

1.公开法庭原则

为使法院负责，提高公众对司法机构的信任，公开法庭是一项既定的法治原则。它要求审判公开进行（涉及隐私、保护受害者和未成年人的案件除外）。韩国《宪法》第109条便体现了该原则：“法院的审判和裁决应向公众开放。但存在危害国家安全、扰乱公共安全和秩序、危及公共道德风险时，可决定不公开。”然而，对商业秘密的保护正导致法院过度对公众封闭审判，甚至封闭整个司法过程。⑤ 人们担心，法院会被诱导过度使用其自由裁量权，包括违背公开审判的原则。

---

① 2008年伯克利专利调查（Berkeley Patent Survey）调查美国小型高科技初创公司。调查显示，申请和执行专利的成本是所有受访者不申请重大技术专利的最常见原因，其他原因包括认为某些创新不能获得专利、商业秘密能够提供充分保护或者不愿披露有商业价值的信息。参见 Stuart Graham，Robert Merges，Pamela Samuelson，and Ted Sichelman，“High Technology Entrepreneurs and the Patent System：Results of the 2008 Berkeley Patent Survey”，*Berkeley Technological Law Journal*，vol.24，no.4（2009），pp.1255-1328，1310-1314，可参见 https://papers.ssrn.com/sol3/papers.cfm?abstract_id=1429049。

② See David Llewelyn and Tania Aplin，*Intellectual Property：Patents，Copyright，Trade Marks and Allied Rights*，London：Sweet & Maxwell，2019，p.8-003.其关于“英国法院已经检查侵害商业秘密案件有能力真正切入专利系统领域”的观察也持类似观点。

③ 新加坡、日本、韩国的廉政指数在全球排名很高（第3位、第19位、第33位），而马来西亚、中国、印度、印度尼西亚和泰国（第57位、第78位、第86位、第102位和第104位）则较低。参见 Transparency International，“Corruption Perceptions Index 2020”，https://worldjusticeproject.org/sites/default/files/documents/WJP-ROLI-2020-Online_0.pdf。

④ 新加坡、日本、韩国的法治指数全球排名领先（第12位、第15位、第17位），印度尼西亚、印度、泰国和中国的全球排名在后（59、69、71、88）。参见 World Justice Project，“Rule of Law Index 2020”，https://worldjusticeproject.org/sites/default/files/documents/WJP-ROLI-2020-Online_0.pdf。

⑤ 例如，台湾地区台中地方法院在2011年智诉字11号刑事案件全部13次庭审中都采用不公开程序。

公开法院原则还包括强制公布法院判决。① 然而，中国台湾地区台中地方法院2017年智诉字11号刑事案件的审判庭原本决定完全不公开判决内容，而非仅屏蔽敏感信息。受到公众抗议后，院长才决定公布脱敏部分。②

2.透明原则和问责制原则

毫无疑问，透明、问责和信任是民主的基石。然而对商业秘密的过度保护只会破坏这些基本原则，例如亚马逊（Amazon）、谷歌等公司争取各地方政府奖励辅助之后，广泛使用所谓的"经济发展保密协定"，规避外界与议会的监督。③公共事务治理缺乏透明度和问责制问题，已引发全球日益增加的关切，2006年"维基解密"（WikiLeaks）的出现便是回应此关切。④

在国际知识产权界，《反假冒贸易协定》⑤《跨太平洋伙伴关系协定》《全面与进步跨太平洋伙伴关系协定》《区域全面经济伙伴关系协定》秘密处理知识产权谈判招致广泛批评。⑥ 对商业秘密的过度保护将成为对透明度和问责制原则的下一个重大挑战。

---

① 公开法庭理念的核心是"为公众成员在审判时提供适当的工具"（adequate facilities），参见Joseph Jaconelli, *Open Justice: A Critique of the Public Trial*, Oxford: Oxford University Press, 2002, pp.1-360。公开司法被写入美国宪法（第六修正案，保证所有刑事诉讼的公开审判）和欧洲人权公约（第6条，原则上保证公正、公开听证和公开宣布判决）。See Jason Bosland and Johnathon Gill, "The principle of open justice and the judicial duty to give public reasons", *Melbourne University Law Review*, vol.38, no.2 (2014), pp 482-524。

② 相关内容，可参见（台湾）《工商时报》的三篇社论：《监察院应调查台中地方法院和司法院不公布判决》（2020年10月8日），《台中地方法院、智慧财产法院和司法院与商业秘密的共业》（2020年8月23日），《台中地方法院应立即公布2017年智诉字11号刑事判决》（2020年7月17日）。

③ See Pat Garofalo, "How Amazon, Google and Other Companies Exploit NDAs", New York Times, June 30, 2021, https://www.nytimes.com/2021/06/29/opinion/nda-amazon-google-facebook.html.

④ 参见维基解密词条（WikiLeaks），https://en.wikipedia.org/wiki/WikiLeaks。

⑤ 2011年10月1日，美国、澳大利亚、加拿大、韩国、日本、新西兰、摩洛哥和新加坡在东京签署ACTA。参见https://ustr.gov/acta。ACTA引起全球的强烈抗议，谷歌关闭一天以示抗议，最后无疾而终，参见https://en.wikipedia.org/wiki/Anti-Counterfeiting_Trade_Agreement。

⑥ 关于该批评，可参见Kung-Chung Liu, "The Intersection between Intellectual Property Rights and Free Trade Agreements", in Kung-Chung Liu and Julien Chaisse (eds.), *The Future of Asian Trade Deals and IP Law*, Oxford: Hart Publishing, 2019, pp.1-7。分别批评ACTA、TPP/CPTPP和RCEP过于隐秘的文献，可参见Peter Yu, "Six Secret (and Now Open) Fears of ACTA", *Southern Methodist University Law* Review, vol. 64. (2011), p. 975; Michelle Limenta, "Open Trade Negotiations As Opposed To Secret Trade Negotiations: From Transparency To Public Participation", *New Zealand Yearbook of International Law*, vol. 10 (2012), pp. 73-96, http://www.austlii.edu.au/nz/journals/NZYbkIntLaw/2012/3.pdf。

(四)商业秘密诉讼成为获得竞争对手股权的手段

强大的市场参与者甚至将商业秘密诉讼作为获得竞争对手股权的手段。在 2003 年著名的“台×电(中国台湾地区半导体制造公司,世界第一大半导体代工企业,占世界市场份额 59%)诉中×国际侵犯商业秘密案”中,双方 2005 年达成和解。[①] 2009 年台×电再诉中×国际违反和解协议侵害台×电的商业秘密,双方后又和解:中×国际除在 2013 年 12 月 31 日前须向台×电支付 2 亿美元,还须向台×电提供中芯国际约 10%的已发行股票。[②] 许多人对此感到不解:为何商业秘密所有者愿意长期持有窃取其商业秘密的“小偷”的股份?

2011 年大×光(自 2014 年以来至 2021 年是中国台湾地区证券交易所股价格最高的股票)在中国台湾地区起诉先×光侵害其商业秘密,也发生同样的结果。中国台湾地区智慧财产及商业法院在 2017 年 12 月 6 日判大×光全面胜诉,并全额判给有史以来最高赔偿额:新台币 1,522,470,639 元另加利息。[③] 双方在 2021 年先×光所提上诉被驳回后达成和解,大×光以极低的价格购入先×光 15.2%的股份。[④]

(五)限制市场竞争

商业秘密保护还以限制其他各方获得技术的自由限制市场竞争。例如在新加坡,某三家品牌的电梯备件供应商向新加坡竞争与消费者委员会承诺,以 FRAND 价格供应备件给第三方维修承包商,使后者能够更有效竞争电梯维修合同[⑤],但“买方须承诺不对购买的电梯备件进行反向工程或修改”。这项限制

---

① 据此项和解,中×国际同意在 6 年内向台积电分期支付 1.75 亿美元。中×国际和台×电同意在 2010 年 12 月之前互相授权对方其专利组合。台×电没有授权中×国际使用其商业机密,但同意不再起诉中×国际侵害商业机密的行为。参见 Jason Dean, “TSMC Reaches a Settlement In Patent Case Against SMIC”, *The Wall Street Journal*, January 31, 2005, https://www.wsj.com/articles/SB110711614931040418。

② 1,789,493,218 股中×国际股份(占已发行股的 8%)被免费提供给台×电,而台×电获发三年内后可行使认股权证,以每股港币 1.30 元(可能调整)认购 695,914,030 股中芯国际股份。参见《中×国际与台×电了结所有未决诉讼:对客户无干扰》,https://www.smics.com/en/site/news_read/4334。

③ 参见台湾地区智慧财产及商业法院(2013 年)民营诉字第 6 号民事判决。可于司法院网站查询,认定先进光有侵权的中间判决只公布 73 行。

④ See Kung-Chung Liu, “A New Direction for Calculating Damages for Trade Secret Infringement?”, in Kung-Chung Liu and Reto Hilty (eds.), *Trade Secret Protection-Asia at a Crossroads*, Netherland: Kluwer Law International BV, 2021, pp.209-216.

⑤ See “Supply of Lift Spare Parts for Maintenance of Lifts in HDB Estates: CCS Consults on Proposed Voluntary Commitments by Supplier”, https://www.cccs.gov.sg/media-and-consultation/newsroom/media-releases/supply-of-lift-spare-parts-public-consultation-on-proposed-volun tary-commitments-by-supplier.

应该是出于保护供应商商业秘密的考量。然而，透过反向工程学习他人技术是公民的基本权利之一，也是人类进步的基础。大多数普通法辖区也认为对合法获得产品使用反向工程发现商业秘密并不侵害机密信息。[①]

(六)过度限制员工流动

雇主通常以竞业禁止条款作为保护商业秘密的一部分，限制前员工的流动性。根据普通法，不进行贸易的合约承诺因违反促进贸易的公共政策，对允诺人无效、不可执行。例如美国加利福尼亚州等州的《商业与职业法典》(Business and Professions Code)规定竞业禁止条款原则上无效[②]，仅在特殊情况下可被允许。例如，“当卖方出售其企业商誉或其实体企业的全部股权时，可以与买方签署不竞争条款”[③]。

亚洲主要的大陆法法域没有关于竞业禁止条款及其最长期限的规定。但中国台湾地区智慧财产及商业法院却在2013年判决，台×电前研发大将梁×松基于其与台×电的特殊关系(任职17年)和不可替代性[④]，应在双方约定的两年竞业禁止期(有补偿)届满后，继续在四年内不得为三×工作，且无法获得台×电任何补偿。台湾地区“最高法院”认为除竞业禁止合同条款外，商业秘密所有人还可根据台湾地区所谓“营业秘密法”第11条第1项的规定(营业秘密受侵害时，被害人得请求排除之，有侵害之虞者，得请求防止之)，在合同竞业禁止期满后，以持续竞业禁止(不为三×工作)的形式消除盗用或防止盗用其商业秘密(若存在盗用可能)，而维持智慧财产及商业法院判决。[⑤] 然而过长的竞业禁止期过度限制员工的工作自由，显然存在问题。[⑥]

三、亚洲经济体面临的十字路口

(一)是否将商业秘密财产权化?

日本和韩国以不正当竞争法保护商业秘密，将其视为一种反射利益而非全

---

① 说明这一点的案例是 Mars v.Teknowledge [1999] EWHC 226。英国高等法院认为，即使是明确的合同条款也不能推翻买方了解产品如何工作的权利。

② 美国加利福尼亚州《商业与职业法典》第16600条规定：“任何禁止任何人从事合法职业、贸易或任何类型业务的合同，在此范围内均为无效。”

③ 美国加利福尼亚州《商业和职业法典》第16601条。类似的规定也可以在其他普通法法域找到，例如马来西亚1950年合同法第28条和印度1872年合同法第27条。

④ 参见台湾地区智慧财产及商业法院(2013年)民营诉字第3号民事判决(2013年5月2日作出)。

⑤ 参见台湾地区“最高法院”(2015年)台上字第1589号判决(2015年8月21日作出)。

⑥ 欧盟指令2016/943第1条第3款规定：“本指令中的任何内容均不得理解为提供任何限制员工流动的理由。”同样，中国最高人民法院在《关于全面加强知识产权司法保护的意见》(法发〔2020〕11号)，也试图在加强商业秘密保护与人才的合理流动中取得适当的平衡：“加强保密商务信息等商业秘密保护，保护企业公平竞争、人才的合理流动，促进科技创新。”

面的法律权利。① 然而,中国台湾地区、泰国沿袭美国的做法制定单独的商业秘密保护法。自成体系的商业秘密保护法具有将商业秘密财产化的倾向,而不只是将其视为行为或关系规则。

例如,根据泰国《商业秘密法》(自 2002 年 7 月 22 日起生效)第 5 条,商业秘密所有者有权独家披露或使用或许可他人披露或使用商业秘密,并有权规定任何维护保密的条款和条件。商业秘密所有人也可以通过法律行为或继承方式转让其商业秘密。② 在中国台湾地区,商业秘密被盗用,受害方可请求停止侵害行为。若存在侵权之虞,可要求采取预防措施。故意或者过失侵占他人商业秘密的,应承担损害赔偿责任。二人以上共同侵权的,承担连带责任(台湾地区所谓"营业秘密法"第 12 条)。

中国大陆在以《反不正当竞争法》保护商业秘密不被盗用的同时,另在《民法典》第 123 条第 2 款中明确承认商业秘密是知识产权的对象,权利人依法享有专有的权利。

然而,英国、印度、新加坡、南非和澳大利亚等普通法法域维持不赋予商业秘密"'财产'绝对性质"的立法偏好,因为"财产"所赋予的权利没有时间限制,且可对抗各种不正当使用或披露行为。保守商业秘密在这些国家被更多地视为一种关系义务,包括合同义务、雇佣状态义务、诚信义务与公平义务。③

在平衡其商业秘密保护方程式时,本书建议亚洲经济体更重视商业秘密并不属于知识产权家族这一法律特性。

(二)是否将侵犯商业秘密行为入罪?

亚洲主要的大陆法法域效仿美国,将侵犯商业秘密行为定为刑事犯罪,在日本、中国④和韩国最高可判处 10 年监禁,泰国最高可判处 1 年监禁⑤。然而,

---

① 欧盟《商业秘密保护指令》第 16 条明确指出:"为创新和促进竞争,本指令的规定不应创设任何作为商业秘密保护的专有技术或信息的专有权。"

② 中国台湾地区所谓"营业秘密法"第 7 条第 1 项规定:"商业秘密所有人得授权他人使用其营业秘密,其授权使用之地域、时间、内容、使用方法以或其他事项,依当事人之约定。"

③ See David Llewelyn and Tania Aplin, *Intellectual Property: Patents, Copyright, Trade Marks and Allied Rights*, london: Sweet & Maxwell, 2019, pp.8-050—8-052.

④ 台湾地区一般营业秘密罪至今定谳的仅有一件,为新竹地院(2011 年)智诉字第 2 号刑事判决(拘役 50 日,新台币 1000 元折算 1 日,缓刑两年)。

⑤ 参见泰国《商业秘密法》第 33—35 条。迄今为止,泰国知产与国际贸易法院只受理了 17 起商业秘密刑事案件,上诉法院受理 1 起案件,最高法院受理 19 起案件。其中很少有案件考虑该法第 33—35 条,在少数考虑该法第 33—35 条案件中,大部分由于技术问题(例如起诉不完全和证据不足)刑事处罚无法成立。参见 Sutatip Yuthayotin and Tosaporn Leepuengtham, "Chapter Five Thailand", in Kung-Chung Liu and Reto Hilty (eds.), *Trade Secret Protection-Asia at a Crossroads*, Netherland: Kluwer Law International BV, 2021, p.229。

这些经济体普遍缺乏有效的民事证据公示程序①,这将不当引发以刑事处理侵犯商业秘密的案件。此外,刑事案件在亚洲对被告有更大的抹黑效应,可能使被告处于不利地位。以日本为例,从2003年到2020年12月,共有30起涉及侵犯商业秘密的刑事案件,30起案件全部定罪。② 工程师一旦卷入刑事诉讼程序(很容易拖延数年),没有雇主会聘用,这只会缩短他们本已有限的职业黄金时段。我们担心轻易以刑事侦办营业秘密案件会扭曲营业秘密制度,甚至影响事业与市场的竞争。

(三)是否加重惩罚经济间谍活动?

在美国,自1996年《经济间谍法》(Economic Espionage Act)实施以来,意图为第三人利益或损害商业秘密所有者故意盗用商业秘密,个人最高可判处10年监禁及(或)罚金,法人组织最高可处500万美元罚金。③ 该法并加重处罚使外国人受益的窃取商业秘密的经济间谍行为,“对于将使任何外国政府、机构、代理人受益的侵犯商业秘密之行为(包括共谋盗用商业秘密并随后获得该等盗用商业秘密)”,个人最高处15年监禁及(或)50万美元罚金,法人组织最高处1,000万美元罚金。④

日本处罚经济间谍活动,但仅增加罚金,未增加刑期。韩国处经济间谍最高刑罚是15年监禁或罚金。⑤ 中国台湾地区将侵犯商业秘密在地区外使用的刑事处罚加倍,处1年以上10年以下有期徒刑、300万以上5000万以下新台币罚金。⑥ 中国大陆则是鉴于国内应对日益严重的跨境经济间谍问题需要,从

---

① 例如,在日本,司法介入程度决定证据公示程度,多数情况下没有足够的资源争辩证据公示程序。司法部门超负荷工作,除非绝对必要,否则不轻易接受对公示程序的争议,导致日本缺乏有意义的证据公示程序。参见 Andrew Pardieck, “Discovery In Japan”, *Indiana International & Comparative Law Review*, vol. 31, no. 1 (2021), pp. 61-118, https://journals.iupui.edu/index.php/iiclr/article/view/25248/23660。

② 亚洲人非常看重面子,卷入刑事案件被普遍认为是可耻的,尤其是在公诉率和定罪率极高的日本。参见 Joo Yup Kim and Sang Hoon Nam, “The Concept and Dynamics of Face: Implications for Organizational Behavior in Asia, Organization Science”, *J Mark Ramseyer and Eric Rasmusen*, vol.9, no.4 (1998), pp.522-534; “Why is the Japanese Conviction Rate So High?”, *The Journal of Legal Studies*, vol 30, no.1 (2001), pp.53-88。英国法律委员会在1992年讨论是否将侵害商业秘密列为独立的刑事罪行文件建议,只有检察总长才可提起诉讼,转引自 David Llewelyn and Tania Aplin, *Intellectual Property: Patents, Copyright, Trade Marks and Allied Rights*, London: Sweet & Maxwell, 2019, p.8-055。

③ 18 U.S.C. § 1832.

④ 18 U.S.C. § 1831.

⑤ 参见日本《不正当竞争防止法》(2003年)第21条第1款、第3款;韩国《防止不正当竞争和商业秘密保护法》(2019年修订)第18条第1款。

⑥ 参见台湾地区所谓“营业秘密法”第13条第2项。

2021 年起对经济间谍行为处 5—15 年有期徒刑。[①]

首先，尽管不时有新闻高调报道逮捕涉嫌经济间谍行为之人，但在美国、日本和韩国以及中国台湾地区司法实践中，法院最终判决有罪的并不常见。根据美国司法部的数据，2019 年(2020 以后的年报至今未公布)只有 14 起窃取商业秘密的起诉案件(起诉比例不到 25%)，只有两起经济间谍案的起诉案件，美国法院判决经济间谍案只有一起，刑期为 27 个月。[②] 在日本，截至 2020 年年底，甚至没有一起经济间谍案中的犯罪嫌疑人被定罪，其中绝大多数案件(30 起中的28 起)涉及的是负保密义务的员工。[③] 截至 2021 年 6 月，中国台湾地区的确有 3 名经济间谍最终被定罪，但均判缓刑。[④] 在韩国，2019 年共发生商业秘密外泄案件 484 起，其中向国外泄露商业秘密 28 起，7 起起诉。2017—2019 年，经济间谍罪的最高刑期是 12 个月，与其国内商业秘密罪的刑罚相当甚至更轻。[⑤]

其次，加重处罚经济间谍是以其行为涉及国(地区)外，但是在同样是世界贸易组织会员之间，区别国(地区)外与否而差别对待，是否符合世界贸易组织的国民待遇原则，不无疑问，因此加重处罚欠缺正当性。[⑥]

最后，我们怀疑加重惩罚经济间谍活动，在操作上演变成“猎巫”或“迁怒”的可能大于吓阻真正的犯罪。以下再以中国台湾地区 2016 年喧腾一时的美国美×公司离职员工任职联×公司、帮助福建晋×公司开发产品引发的跨境营业秘密争议为例探讨。[⑦] 本案引起美国司法部重视，曾指派国家安全司、北加州地

---

① 参见《中华人民共和国刑法》(2023 修正)第 54 条、第 219 条。

② See USDOJ, Pro IP Act Annual Report FY 2019, 43 and 17, https://www.justice.gov/doj/page/file/1392186/download.

③ See Takakuni Yamane, “The Criminal Punishment for Trade Secret Infringement and the Element of ‘Purpose of Wrongful Gain’ in Japan”, in Kung-Chung Liu and Reto Hilty (eds.), *Trade Secret Protection-Asia at a Crossroads*, Netherland: Kluwer Law International BV, 2021, pp.63-65.

④ 参见台湾地区新竹地院(2018 年)智诉字第 5 号刑事判决(有期徒刑 1 年 4 月，缓刑 3 年)、新北地院(2019 年)智诉字第 20 号刑事判决(有期徒刑 1 年 2 月，缓刑 3 年)与智慧财产及商业法院(2018 年)刑智上诉字第 5 号刑事判决(有期徒刑 1 年 6 月，缓刑 4 年)。

⑤ See Byungil Kim, “Overview and Summary, Chapter Two Korea”, in Kung-Chung Liu and Reto Hilty (eds.), *Trade Secret Protection-Asia at a Crossroads*, Netherland: Kluwer Law International BV, 2021, p.80.

⑥ 参见刘孔中:《知识产权与司法相关的近期热点问题综述——来自我国台湾地区的观察与省思》,《交大法学》2020 年第 4 期。

⑦ 2016 年 5 月，联×公司经由台湾地区经济事务主管部门的“投审会”核准，与福建晋×公司签署合作协议，共同开发两代动态随机存取记忆体(DRAM)制程。协议中所开发的 DRAM 制程并非最新技术，而是与 2012 年已用于量产技术相似的旧技术。

方检察署检察官、联邦调查局探员至台中地检署，交换犯罪情资。美×美国总公司在北加州地区法院也对联电提起高额民事损害赔偿及经济间谍法的刑事追诉。执政民进党中国台湾地区民意代表提案（而非中国台湾地区法律事务与经济事务主管部门会衔提出）修正营业秘密法，不顾中国台湾地区法律事务主管部门反对而赋予检察官不经法官就核发侦查保密令并可随时变更其内容的极大权力。

美国司法部在 2018 年 9 月经大陪审团对联×公司、其三名员工及福建晋×公司起诉，指控他们共谋从事经济间谍等重大犯罪，司法部部长还在同年 11 月大阵仗率领二位助理部长、联邦调查局长召开记者会公布此案。本案经台中地方法院于 2020 年 6 月 12 日重判美×公司前员工何×及王×5 年半有期徒刑并科新台币 500 万元罚金、4 年半有期徒刑并科新台币 400 万元罚金，联×公司员工戎×6 年半有期徒刑并科新台币 600 万元罚金，不得缓刑。本判决更严苛地以三位被告自同为被告联×公司获得的薪资为“未扣案之犯罪所得”，分别追征新台币 5,430,910 元、1,527,812 元、1,610,952 元。对受薪阶层员工可以说是赶尽杀绝。联电因其受雇人执行业务犯经济间谍罪，处罚金新台币 3000 万元、5000 万元、4000 万元，应执行罚金新台币一亿元。

就在此种对美×公司极为有利情况下，美国司法部出人意外地在同年 10 月与联×公司达成和解，以 6000 千万美元的低价与股本超过千亿台币的联×公司和解[①]，更重要的是撤销对联×公司的共谋实施经济间谍活动、共谋窃取多项美国营业秘密及专利有关的指控以及放弃民事损害赔偿。此项和解得到北加州联邦地方法院认可确定。

客观地说，美国司法部打个大败仗，承认联×公司没有从事意图或明知有利中国政府、机构、单位的经济间谍行为，当初起诉联×公司是错误的冤枉！既然联×公司、没有从事经济间谍行为，福建晋×公司岂还会有透过联×公司及其员工而犯经济间谍罪的可能？既然联×公司福建晋×公司都没有从事经济间谍行为，联×公司的员工又如何有犯经济间谍罪的可能？此时战况逆转，美光处于劣势。

就在智慧财产及商业法院如火如荼进行全程不公开的第二审诉讼程序之际，联×公司与美×公司在 2021 年 11 月 26 日宣布达成全球和解协议，各自撤回起诉，“联×公司将向美光一次支付金额保密之和解金，双方并将共创商业合

① 此今无创下近年来对台湾地区企业最低罚款的纪录，帝×汽车刑事罚金加上民事和解金合计 6,800 万美元，奇×公司罚款 2.2 亿美元，友达公司罚款更高达 5 亿美元。

作机会”。美×公司新闻稿并赞扬“联×公司在提供其客户高品质产品与服务的同时，始终致力改善与完善其对营业秘密保护的政策与程序”，极为肯定联×公司营业秘密保护的做法，甚至是平反联×公司 2020 年对美国司法部和解时的认罪(“知悉营业秘密被偷窃或未经授权而占用、转换，仍接受、购买或持有该秘密”)，其实也是冤枉的。

本案演变至今，有许多值得探讨之处。

首先，商场如战场，业者是战是和，最主要还是取决于市场力量、竞争策略和供给需求，公权力强出头容易被当事人利用，成为私人商场攻防的马前卒而不自知，既浪费公帑，又扭曲市场。[①] 中国台湾地区所谓“营业秘密法”2020 年才增加第 13 条第 5 项，允许未经认许的地区外法人就本法规定事项得为告诉、自诉或提起民事诉讼，却未考虑未经认许的地区外法人滥用有限司法资源的问题。本案由调查局侦查，历经台中地检署起诉、台中地方法院两年多审理、二审密集审理上诉，结果双方却一夕之间和解，还将共创商业合作机会，公权力的介入可说是进退失据。

其次，就法律适用而言，台湾地区所谓“营业秘密法”第 13 条第 2 项的经济间谍罪是以意图在台湾地区外使用犯第 13 条第 1 项的一般营业秘密罪为基础，并规定为公诉罪。然而美×公司既然与联×公司和解，撤回第 13 条第 1 项之起诉，为其打工的员工自然没有犯第 1 项之罪的可能，检察官再援引第 2 项的经济间谍罪对员工穷追猛打的必要性与正当性也完全不存在，凸显对经济间谍罪采公诉罪的不当，也侵害了当事人的私有财产权。至于侵害台湾地区核心竞争力的问题，应该效法韩国制定指定并防止重大科技不当外流的立法，不再混淆私权利与公共安全利益保护的界线。

四、对亚洲经济体的建议

(一)商业秘密保护应当基于其商业现实

毫无疑问，越来越多的亚洲公司正在成为世界领导者，例如日本的丰田、索尼和信越(高科技材料一流供应商)；韩国的现代和三星；中国台湾地区的台积电、联发科和环球晶圆(世界第二大半导体代工企业)；

① 媒体报道美×公司的产品缺货，无法满足美国自动化农业机械的需求，造成美国乃至全球的粮食危机。美×公司与联×公司互为客户供应商关系，本来就有很紧密的业务合作，面对共同危机时自然容易和解与合作。参见 https://www.wealth.com.tw/articles/06443eb8-2ad5-44ac-8c88-de897aa4a0b3。

中国的华为、腾讯和阿里巴巴。然而,中小企业[①]仍然是日本[②]、韩国[③]、中国[④]、新加坡[⑤]等主要亚洲经济体的主干。中小企业经济蓬勃发展,得益于人才

① 各国或地区对中小企业的定义略有不同。在中国香港,雇用少于100人的制造业企业及雇用少于50人的非制造业企业均被视为中小型企业。See Support and Consultation Centre for SMEs, "Trade and Industry Department of the Government of Hong Kong", https://www.success.tid.gov.hk/english/aboutus/sme/service_detail_6863.html.在日本,制造业中小企业是指资本不超过3亿日元或员工不超过300人的企业。See Japan's Ministry of Economy, "Trade and Industry, 2019 White Paper on Small and Medium Enterprises in Japan", October 2019 (Summary), https://www.chusho.meti.go.jp/pamflet/hakusyo/2019/PDF/2019hakusyosummary_eng.pdf. 在韩国,工人不足300人、年销售额不足800万美元的制造企业被归为中小企业;在台湾地区,制造业中小企业是指雇佣人数在200人以下,实收资本在8000万元新台币(约250万美元)以下的企业。See Chiang Min Hua, *Post-industrial development in East Asia: Taiwan and South Korea in comparison*, Singapore: Springer, 2018, p.51, available at https://doi.org/10.1007/978-981-13-0274-9. 在中国大陆,制造业中小企业是指年收入在40亿元人民币以下或员工人数在1000人以下的企业,可登录 http://www.stats.gov.cn/tjsj/tjbz/201801/t20180103_1569357.html 查询。在新加坡,中小企业是指年销售额在1亿新加坡元以下、员工少于200人、本地持股至少30%的公司。See Annie Koh and Esther Kong, "Building Growth Enterprises in Singapore: Public-Private Partnership", in Hsi-Mei Chung and Kevin Au (eds.), *Succession and Innovation in Asia's Small-and-Medium-Sized Enterprises*, Singapore: Palgrave Macmillan, 2021, p.203.

② 在日本,中小企业占所有企业的99.7%,在2016年雇佣约70%的劳动力,见 Ministry of Economy, "Trade and Industry, 2019 White Paper on Small and Medium Enterprises in Japan", October 2019 (Summary), https://www.chusho.meti.go.jp/pamflet/hakusyo/2019/PDF/2019hakusyosummary_eng.pdf。中小企业历来是大型制造企业的主要供应商,是服务业的中坚力量。Raphael Lam and Jongsoon Shin, "What role can financial policies play in revitalizing SMEs in Japan?", *International Monetary Fund Working Paper*, Asia and Pacific Department, 2012, p.3, https://www.imf.org/external/pubs/ft/wp/2012/wp12291.pdf.

③ 中小企业在过去十年可代表韩国99%的公司,这些企业雇佣85%以上的工作人员,并一直占据着韩国制造业99%左右的份额。参见 Chiang Min Hua, *Post-industrial development in East Asia: Taiwan and South Korea in comparison*, Singapore: Springer Singapore, 2018, pp.54, 59, https://doi.org/10.1007/978-981-13-0274-9。

④ 在中国大陆,中小企业占企业总数的98.9%,分别占工业总产值、销售收入、利润总额和就业人口比重的65.6%、63.3%、54%和77.3%。参见 Rajesh Singh, Suresh Garg and S.G. Deshmukh, "The competitiveness of SMEs in a globalized economy: Observations from China and India", *Management Research Review*, vol.33, no.1 (2010), pp.54-65。在台湾地区,中小企业在过去十年创造了78%的就业,并占制造业企业的96%,企业总数的98%。参见 Chiang Min Hua, *Post-industrial development in East Asia: Taiwan and South Korea in comparison*, Singapore: Springer Singapore, 2018, pp.54,57, https://doi.org/10.1007/978-981-13-0274-9。在香港地区,截至2021年3月,有超过340,000家中小企业,占企业总数的98%以上,为超过120万人提供就业机会,约占总就业人数(不包括公务员)的45%。可参阅中国香港工贸署中小企业支援及咨询中心,https://www.success.tid.gov.hk/english/aboutus/sme/service_detail_6863.html。

⑤ 在新加坡,中小企业贡献所有企业近一半的产值,雇佣72%的劳动力,占企业总数的99%。参见 Chung, H.-M., & Au, K., *Succession and Innovation in Asia's Small-and-Medium-Sized Enterprises*, Singapore: Springer Singapore, 2021, p.202。

的自由流动和充满活力的初创企业。美国作为最具创新力的国家之一，也是经济间谍活动最大的目标，以严刑峻罚保护其商业秘密或许有其必要，但亚洲主要经济体除日本外[①]，仍然是创新技术的净进口国，过度保护商业秘密的制度与亚洲主要经济体商业现实背道而驰。

(二)商业秘密保护与专利制度妥适搭配

先就微观层面论，将专利和商业秘密妥适搭配是资产管理的必要条件。以台积电为例，以专利保护约 10% 的技术发明，其余 90% 则通过商业秘密来保护。2018 年，台积电通过商业秘密登记管理系统登记的商业秘密超过 8,800 个。[②] 相比之下，台积电同年向中国台湾地区知识产权局提交 944 项专利申请。[③] 再就宏观层面而言，德国产业的专利申请数量和获得数量非常稳定，申请数量从 2016 年的 67,907 件到 2020 年的 62,105 件，授予的专利数量从 2016 年的 18,255 件到 2020 年的 17,305 件，并未显现专利狂热。[④] 可见德国工业不过分依赖专利，而以商业秘密为补充。本书建议亚洲各国在保护商业秘密的同时应使与专利制度妥适搭配，不宜厚彼薄此。

(三)以德国为鉴

根据联合国工业发展组织(United Nations Industrial Development Organization)的数据，2020 年竞争力工业表现指数(Competitive Industrial Performance Index)德国再次在 152 个国家中排名第一[⑤](2001 年起保持[⑥])。

---

① 自 2003 年起，日本从知识产权净进口国转变为净出口国，截至 2020 年 1 月，其出口是进口的两倍。参见 Asian Development Bank, "Asia's Journey to Prosperity: Policy, Market, and Technology Over 50 Years", 2020, p. 163, https://www.adb.org/sites/default/files/publication/549191/asias-journey-chapter-5.pdf。

② See "A Record High of Over 8,800 Trade Secrets Registered", https://esg.tsmc.com/csr/en/update/innovationAndService/caseStudy/11/index.html.

③ See TIPO, Annual Report 2018, available at https://pcm.tipo.gov.tw/PCM2010/PCM/ebook/2018E/ebook/index.html? _ebooktimestamp=637723064366982046.

④ See Valentin Todorov, "Competitive Industrial Performance Index 2020: Country Profiles", United Nations Industrial Development Organization, 2020, p.14,128, https://stat.unido.org/content/publications/competitive-industrial-performance-index-2020%253a-country-profiles.

⑤ See Valentin Todorov, "Competitive Industrial Performance Index 2020: Country Profiles", United Nations Industrial Development Organization, 2020, pp.14,128, https://stat.unido.org/content/publications/competitive-industrial-performance-index-2020%253a-country-profiles.

⑥ See United Nations Industrial Development Organization Statistics 2020, https://stat.unido.org/database/CIP%202020.

此外,德国是由中小企业(员工少于 250 人)驱动的经济体。① 该国的中小企业部门诞生诸多在该领域世界范围内排名前三、拥有约 70%—90%的全球市场份额与高度专业化的产品或服务但不为公众知悉的“隐形冠军”。据统计,德国有 1,307 名“隐形冠军”,美国仅 366 名、日本 220 名。“隐形冠军”在职业培训和研发方面的投资通常高于行业平均水平,其中每 1,000 名员工拥有31 项专利,而大公司每 1,000 名员工仅拥有 6 项专利。②

值得注意的是,德国《商法典》(Handelsgesetzbuch)有条件地允许竞业禁止条款,即仅当委托人承诺在禁止期间支付的补偿金额至少为雇员最近收到的合同报酬的一半(第 74 条第 2 款)。若竞业禁止条款对雇员的职业前景构成不合理的障碍(考虑到地点、时间或具体内容),则该条款不具有约束力。同时,禁止期不得超过自雇佣关系终止之日起两年(第 74a 条第 1 款)。③ 第 74 条第 2 款将其适用范围限定于商业员工(Handlungsgehilfen),包括提供记账、买卖等商业服务的人员。④ 但根据德国通说的观点,该条款长期以来适用于所有员工(Arbeitnehmer,如技术人员)⑤,但不适用于法人的董事会成员,因其行使法人作为雇主的职能。⑥ 根据德国联邦法院的判决(例如 2008 年 7 月 7 日的判决 II ZR 81/07),该条款也不适用于有限责任公司的首席执行官(Geschäftsführer

---

① 中小企业被认为是德国经济的支柱。2015 年,99.6%的德国企业是中小企业,创造 58.5%的就业机会,并占德国总销售额的 35.3%。中小企业占据德国 2015 年度净增加值的 54.9%。根据欧盟对中小企业的定义,2015 年德国中小企业创造了年度总增加值的 47%。参见 Hansjörg Herr and Zeynep Nettekoven, “The role of small and medium-sized enterprises in development: What can be learned from the German experience?”, 2018, p.6, https://www.econstor.eu/bitstream/10419/189840/1/GLU-WP-No53.pdf。

② See Hansjörg Herr and Zeynep Nettekoven, “The role of small and medium-sized enterprises in development: What can be learned from the German experience?”, 2018, p.8, https://www.econstor.eu/bitstream/10419/189840/1/GLU-WP-No53.pdf.

③ 克里斯托弗·希思(Christopher Heath)建议,关于竞业禁止最长期限的问题不能由法院回答,而必须由立法机关议决,因为这最终关系到产业政策,不过法院在法律允许的范围内,于具体案件中所作出的期限认定也可能过长。参见 Christopher Heath, “Pacta sunt servanda-sed quousque?”, in Christopher Heath and Anselm Sanders (eds.), *Employees, Trade Secrets and Restrictive Covenants*, Alphen aan den Rijn: Kluwer Law International B.V, 2017, p.39。

④ See “Ausführliche Definition im Online-Lexikon”, https://wirtschaftslexikon.gabler.de/definition/kaufmaennische-angestellte-39823.

⑤ See Thüsing § 74 HGB Rn. 8, Münchener Kommentar zum HGB 5. Aufl. 2021; Christopher Heath, “Employees, Trade Secrets and Restrictive Covenants in Germany”, in Christopher Heath and Anselm Sanders (eds.), *Employees, Trade Secrets and Restrictive Covenants*, Alphen aan den Rijn: Kluwer Law International B.V, 2017, p.94.

⑥ Thüsing § 74 HGB Rn. 9, Münchener Kommentar zum HGB 5. Aufl. 2021.

einer GmbH)。对其而言,竞业禁止条款是否可采应根据民法第 138 条规定原则评估[①],兼顾《德国基本法》赋予的人身自由和职业自由的基本权利。[②]

另外,德国自 1896 年颁布《反不正当竞争法》以来对侵犯商业秘密的行为保持适度的刑事处罚,一般为 2—3 年,经济间谍为 5 年监禁或罚金。2019 年颁布的《商业秘密保护法》(Gesetz zum Schutz von Geschäftsgehimnissen)继续沿用上述规定。[③] 前述刑事处罚条款在实践中很少采用、意义不大。[④]

总的来说,德国的法律制度成功平衡对商业秘密与员工工作自由的保护,并坚持刑罚相称的比例原则。因此,2017—2021 年美国商会国际知识产权指数排名中,德国名列世界第一。[⑤] 这些令人印象深刻的成就,可促使亚洲经济体思考在设计商业秘密保护机制时如何向德国学习。

---

① 德国《民法典》第 138 条规定:(1)违反善良风俗的法律行为无效;(2)特别是当法律行为系乘另一方穷困、没有经验、缺乏判断能力或者意志薄弱,使其为自己或者第三人的给付作出有财产上的利益的约定或者担保,而此种财产上的利益与给付显然不相称时,该法律行为无效。

② 《德国基本法》第 2 条第 1 款规定:"人人有自由发展其人格之权利,但以不侵害他人权利或不违犯宪政秩序或道德规范者为限。"第 12 条第 1 款规定:"所有德国人均有自由选择其职业、工作地点及训练地点之权利,职业之执行得依法律管理之。"

③ 德国《商业秘密保护法》第 23 条第 1 款和第 2 款规定,任何人为自身利益或第三方利益,或意图对企业持有人造成损害,实施任何规定禁止的行为,以促进自身或他人的竞争,将处 3 年以下监禁或罚金。第 23 条第 3 款规定,对使用或泄露商业秘密的人,可判处 2 年以下监禁或罚金。第 23 条第 4 款第 2 项(惩罚明知商业秘密将在外国使用而实施规定行为的人)及第 3 项(惩罚在外国实施规定行为并使用商业秘密的人)对经济间谍行为处以 5 年以下有期徒刑或罚金。

④ 德国《反不正当竞争法》的主要逐条注释书,仅简要讨论侵犯商业秘密的刑事后果,未提及其作用或重要性,例如 Baumbach/Hefermehl, UWG, 37. Aufl. 2019, Ohly/Sosnitza, Gesetz gegen den unlauteren Wettbewerb 7. Aufl. 2016。

⑤ See "U. S. Chamber's Global Intellectual Property Center", https://www.theglobalipcenter.com/wp-content/uploads/2021/03/ GIPC_IPIndex 2021_FullReport_v3.pdf, 13.

第七章　中国知识产权之路——从制度追随者到赛局改变者

改革开放以来，中国何以从知识产权制度的追随者蜕变为赛局改变者？过去四十年间，最具吸引力的亚洲知识产权故事莫过于此。许多人试图讲述这个令人惊叹的中国故事。然而，这绝非易事，因为中国的政治经济一直处于改革发展之中；任何中国叙事都离不开对中国整体现实的理解，个人背景不同所形成的全局观不同，此种理解也就各不相同。任何结论也都会被质疑为是个人对中国喜恶偏见。尽管如此，这一话题始终是任何认真的亚洲知识产权专家所绕不开的。

海峡两岸地理位置相邻，文化一脉同源，同属大陆法系，自 20 世纪 70 年代末改革开放以来，向中国台湾地区学习便成为中国大陆睁眼看世界的捷径。对中国大陆而言，中国台湾地区现代化的经验易于理解且具有极高的参考价值。改革开放以来，中国大陆以低廉的生产要素成本和巨大的国内市场吸引众多台企大规模西进。中国大陆也从台湾企业的专有技术和市场通道获益。

加强知识产权保护交流与合作、协商解决知识产权相关问题，是两岸的迫切需求。因此，海峡两岸关系协会（代表中国大陆）和海峡交流基金会（代表中国台湾地区）于 2009 年签署《海峡两岸经济合作框架协议》（ECFA）和《海峡两岸知识产权保护合作协议》，并自 2010 年 9 月 12 日起生效。

自此之后，两岸形成执法协调与援助机制，双方知识产权行政部门亦保持合作关系。2008 年，台湾地区设立智慧财产及商业法院（IP and Commercial Court），2014 年大陆司法机关代表团访问该法院，此次访问促使最高人民法院在 2014 年设立北京、上海、广州三家知识产权法院。这是最近但也许是最后一个台湾地区对大陆影响的例子。

一、二十七载国家知识产权战略

(一)国家知识产权战略(2008—2020年)

经过多年酝酿①,国务院于2008年6月5日颁布《国家知识产权战略纲要》,知识产权战略成为继"可持续发展战略(1995年)""科教兴国战略(1996年)"和"人才强国战略(2002年)"之后的第四个国家战略。这是中国第一次从国家战略角度看待知识产权。实施国家知识产权战略有利于"增强我国自主创新能力,建设创新型国家;有利于增强我国企业市场竞争力和提高国家核心竞争力;有利于扩大对外开放,实现互利共赢"。

1.2013年达成短期战略目标

《国家知识产权战略纲要》设定的五年短期战略目标如下:"自主知识产权水平大幅度提高,拥有量进一步增加。本国申请人发明专利年度授权量进入世界前列,对外专利申请大幅度增加。培育一批国际知名品牌。核心版权产业产值占国内生产总值的比重明显提高。拥有一批优良植物新品种和高水平集成电路布图设计。商业秘密、地理标志、遗传资源、传统知识和民间文艺等得到有效保护与合理利用。……形成一批拥有知名品牌和核心知识产权、熟练运用知识产权制度的优势企业。知识产权保护状况明显改善。……维权成本明显下降,滥用知识产权现象得到有效遏制。"

2013年是《国家知识产权战略纲要》实施六周年,国家知识产权战略实施工作部际联席会议评估整体执行情况:

> 在知识产权战略的引领下,中国有效抵御了席卷全球的金融危机风暴,越来越多企业成功地参与了国际市场竞争。依靠自主知识产权,中国成功实现了"嫦娥"探月、"蛟龙"深潜、"北斗"导航、航母入列、主导4G通信、进军高铁产业等一系列新突破和新进展,令世界为之瞩目。

国家知识产权战略实施以来,中国已经"形成了深入实施知识产权战略、建设知识产权强国的社会氛围"②。在《深入实施国家知识产权战略行动计划

---

① See Stefan Luginbuehl, "China's Patent Policy", in Stefan Luginbuehl and Peter Ganea (eds.), *Patent Law in Greater China*, Cheltenham: Edward Elgar, 2014, p.1.04.

② 国家知识产权战略实施工作部际联席会议办公室:《国家知识产权战略:知识产权强国建设的重要保障——写在〈国家知识产权战略纲要〉颁布实施6周年之际》,2014年6月3日,http://www.nipso.cn/onews.asp? id=21517。

(2014—2020年)》中,国务院正式宣布已基本实现《国家知识产权战略纲要》确定的第一阶段五年目标。[①]

2.2020年实现长期战略目标

《国家知识产权战略纲要》设定的长期战略目标是:

> 到2020年,把我国建设成为知识产权创造、运用、保护和管理水平较高的国家。知识产权法治环境进一步完善,市场主体创造、运用、保护和管理知识产权的能力显著增强,知识产权意识深入人心,自主知识产权的水平和拥有量能够有效支撑创新型国家建设,知识产权制度对经济发展、文化繁荣和社会建设的促进作用充分显现。

2020年是《国家知识产权战略纲要》的收官之年,国家知识产权局局长申长雨发表《走好中国特色知识产权发展之路》一文,正式肯定了国家知识产权战略长期目标所取得的成就:

> 2020年国内(不含港澳台)每万人口发明专利拥有量达到15.8件,有效商标注册量达到3017.3万件,均为2012年的4倍多。2019年,PCT国际专利申请量跃居全球第一,马德里国际商标申请量居全球第三。知识产权保护社会满意度由2012年的63.69分提高到2020年的80.05分。我国在全球创新指数报告中的排名由2012年的第34位提升到2020年的第14位,位居中等收入经济体之首,是世界上进步最快的国家之一;世界领先的5000个品牌中,中国占408个,总价值达1.6万亿美元。在全球营商环境报告中的排名由2012年的第91位大幅跃升至2020年的第31位,连续两年进入全球营商环境改善幅度最大的十大经济体。2019年专利密集型产业增加值占国内生产总值的11.6%。最新统计显示,使用地理标志企业直接产值达6398亿元。[②]

取得这种成就并不令人感到惊讶。话虽如此,这绝不是试图贬低中国迄今为止所取得的成就。不夸张地说,2008—2020年,中国在利用知识产权战略促进国家创新发展方面取得了突破性进展。

---

① 《国务院办公厅关于转发知识产权局等单位深入实施国家知识产权战略行动计划(2014—2020年)的通知》(国办发〔2014〕64号),2015年1月4日,http://www.gov.cn/zhengce/content/2015-01/04/content_9375.htm。

② 申长雨:《走好中国特色知识产权发展之路》,《求是》2021年第3期。

（二）知识产权强国建设纲要（2021—2035 年）①

2021 年 9 月，中共中央、国务院发布《知识产权强国建设纲要（2021—2035 年）》（以下简称《2035 年纲要》），以新一轮高规格国家规划赓续国家知识产权战略。

1.打造具有中国特色、世界水平的知识产权强国

《2035 年纲要》的发展目标如下：

> 到 2035 年……专利密集型产业增加值占 GDP 比重达到 13%，版权产业增加值占 GDP 比重达到 7.5%②，知识产权使用费年进出口总额达到 3500 亿元，每万人口高价值发明专利拥有量达到 12 件。到 2035 年，我国知识产权综合竞争力跻身世界前列……全方位、多层次参与知识产权全球治理的国际合作格局基本形成，中国特色、世界水平的知识产权强国基本建成。

2.勾勒立法宏图

按照《2035 年纲要》所述，中国将大有作为，制定一批知识产权法律，会进一步根据实际及时修改专利法、商标法、著作权法和植物新品种保护条例，探索制定地理标志、外观设计等专门法律法规……制定修改强化商业秘密保护方面的法律法规，完善规制知识产权滥用行为的法律制度以及与知识产权相关的反垄断、反不正当竞争等领域立法。修改科学技术进步法。……加快大数据、人工智能、基因技术等新领域新业态知识产权立法。

3.深度参与全球知识产权治理

《2035 年纲要》在末尾提及，中国将会积极参与知识产权国际秩序的构建，

---

① 参见《知识产权强国建设纲要（2021—2035 年）》，该文件官方译文已出，*Outline to Boost China's Competitiveness in the Area of Intellectual Property* (2021-2035)，CNIPA，Sept 09，2022，https://english.cnipa.gov.cn/art/2022/9/9/art_3038_178653.html。

② 2004 年中国版权产业对国民经济的贡献达到 7884 亿元人民币，占 GDP 的 4.9%；从业人员 616 万人，占劳动力总数的 5.6%；出口总额达到 922 亿美元，占全国出口总值的 15.5%。参见《中国版权产业经济贡献（2011 年）报告》。15 年之后，2019 年中国版权产业附加价值超过 7.32 万亿元人民币，同比增长 10.34%，占 GDP 的 7.39%，从事版权产业的城镇从业人员为 1628.6 万人，占全国城镇从业人员总数的 9.49%。参见国家版权局：《2019 年中国版权产业增加值已占到 GDP 的 7.39%》，https://www.ncac.gov.cn/chinacopyright/contents/12558/353539.shtml。这与美国的数字相当接近：核心版权产业对美国 GDP 的附加价值达到 158,716 亿美元以上，占美国经济的 7.41%；全部版权产业对 GDP 的附加价值达 25,682.3 亿美元，占美国经济的 11.99%。参见 International Intellectual Property Alliance, "Copyright Industries in the U.S. Economy, The 2020 Report", September 2020, https://www.iipa.org/files/uploads/2020/12/2020-IIPA-Report-FINAL-web.pdf。

并将会有效参与国际组织的相关议程。《2035年纲要》首次展现中国积极参与全球知识产权治理体系改革与建设的信心与意愿。中国将会“推动完善知识产权及相关国际贸易、国际投资等国际规则和标准,积极推进与经贸相关的多双边知识产权对外谈判”,也将会“构建多边和双边协调联动的国际合作网络,加强在联合国、世界贸易组织等国际框架和多边机制中的合作”。

此外,中国亦将深化与共建同“一带一路”国家和地区在知识产权方面的务实合作,打造高层次合作平台,向共建“一带一路”的国家和地区提供专利检索、审查、培训等多样化服务。

二、中国有望成为知识产权赛局改变者

在各级政府官员、学术界人士、本土企业家和知识产权专业人士(法官、律师、专利和商标代理人)的支持下,中国不再是知识产权游戏的落后追赶者,不再是依违美国和欧盟之间的无可奈何者。《2035年纲要》提出的工作原则,从形式上看,高度无与伦比:

> 科学治理,合作共赢。坚持人类命运共同体理念,以国际视野谋划和推动知识产权改革发展,推动构建开放包容、平衡普惠的知识产权国际规则,让创新创造更多惠及各国人民。

尽管在知识产权产业和管理制度方面存在许多问题[①],但中国在未来15年内仍有望成为知识产权游戏的赛局改变者[②]。下述讨论将更多集中在中国法律制度的实际运行方面。

(一)《民法典》规范专利许可

2017年3月,《民法总则》颁布,2020年5月,《民法典》颁布。在此期间,针对知识产权法是否应当以及如何纳入《民法典》,学界展开了激烈的探讨。尽管全国人民代表大会最终放弃将知识产权法入典的想法,但仍在《民法典》规定一

① 中国知识产权产业和制度的主要问题包括缺乏核心专利和技术、专利商业化程度低、缺乏知识产权评估机制、知识产权寻租现象普遍、授权专利质量低、政府职能错位。参见 Kung-Chung Liu et al., “IPRs in China-Market-Oriented Innovation or Policy-Induced Rent-Seeking?”, in KungChung Liu and Uday S. Racherla (eds.), *Innovation and IPR in China and India-Myth, Realities and Opportunities*, Singapore: Springer, 2016, pp.167-177。

② 一些学者认为中国正在成为“数字超级大国”,参见 Jyh-An Lee, Yangzi Li, “The Pathway Towards Digital Superpower: Copyright Reform in China”, (*GRUR*) *International*: *Journal of European and International IP Law* vol.70, no.9 (2021), pp.861-870。

些关于知识产权的一般条款，确立知识产权的私权利属性。[①]

值得一提的是，《民法典》中的某些规定超前，在包括德国的大陆法系法域中处于领先地位，如新增技术转让合同和技术许可合同，作为一种全新的有名合同类型。它还规定专利权许可人负担积极帮助被许可人实施专利的义务，该规定与德国司法实践形成的通说基本一致。此外，《民法典》规定专利权所有人应当保证自己是所提供技术的合法所有者，并保证所提供技术完整、无误、有效，能够实现约定的目标。至少可以说，这些立法为专利权许可人规定了明确的义务，避免他们轻率地许可专利权。这不但有助于打击专利流氓，还可以启发世界上同属大陆法系的其他经济体。[②]

（二）门类齐全、具前瞻性的知识产权法律体系

2008—2020 年，中国修订《商标法》四次（1982 年颁布，1993 年、2001 年、2013 年和 2019 年修订）、《著作权法》三次（1990 年颁布，2001 年、2010 年和 2020 年修订[③]）和《专利法》四次（1984 年颁布，1992 年、2000 年、2008 年和 2020 年修订），以应对互联网和数字化等新技术发展带来的急迫问题，完成国家知识产权战略设定的目标，并化解 2018 年爆发至今仍在持续的中美贸易摩擦。

《商标法》和《著作权法》修订的主要特点包括商标权不得滥用原则、未实际使用商标不赔偿原则、侵犯著作权和商标权（也包括侵犯专利权）的法定赔偿制度和惩罚性赔偿制度，这些问题在前述章节中已做分析讨论。下述章节将只集中讨论《专利法》。持平而论，最终颁布的《专利法》尽管相较于早期的修正案更为保守，但仍然令人印象深刻。[④]

---

① Chuntian Liu & Kung-Chung Liu, "On the necessity of incorporating IP Laws into the Civil Law of China and How", in Kung-Chung Liu and Uday S. Racherla (eds.), *Innovation, Economic Development and IPR in China and India-A Study of 6 Industries*, Singapore: Springer, 2019, p.25. 《民法典》第 1185 条规定的各类侵犯知识产权的惩罚性损害赔偿制度（侵权人故意侵权并造成严重后果的，被侵权人有权要求相应的惩罚性损害赔偿）具有较强的原则性和宣示性，著作权法、商标法和专利法的惩罚性损害赔偿条款则为可应用的具体规定（详见第五章"四、亚洲主要经济体的法定损害赔偿"）。

② 更多细节请参见本书第二章"四、亚洲的专利法律制度可以提供什么？"。

③ 值得回顾的是 2020 年《著作权法》颁布前的漫长修法过程。2011 年，国家版权局以前所未有的方式委托三家著名的知识产权机构——中国人民大学知识产权学院、中国社会科学院法学研究所和中南财经政法大学各自起草著作权法修正案。国家版权局随后进行广泛公众磋商，收集了 1500 余页的意见，并于 2012 年底向国务院提出自己的修正案版本。与前两次《著作权法》修正案不同，第三次修正案从根本上说是中国出于自身的技术进步、经济发展、社会问题和司法实践的迫切要求，而不是出于外部压力。

④ See Christopher Heath (ed.), *Intellectual Property Law in China*, Alphen aan den Rijn: Kluwer Law International, 2021, p.39.

1.限制专利权范围

《专利法》第 20 条明确禁止滥用专利权,滥用的受《反垄断法》规制:

> 申请专利和行使专利权应当遵循诚实信用原则。不得滥用专利权损害公共利益或者他人合法权益。滥用专利权,排除或者限制竞争,构成垄断行为的,依照《中华人民共和国反垄断法》处理。

本条是《中华人民共和国反垄断法》第 68 条规定的对照内容(参见第一章“三、亚洲知识产权的发展特色”)。[①] 在中国似乎无休止地追求加强知识产权保护的当下,这是正确的暂停与反思。

2.开放许可

2020 年《专利法》规定“开放许可”制度,借鉴自德国的“愿意许可”模式(Lizenzbereitschaft,open license,德国《专利法》第 23 条),该制度允许专利权人向国家知识产权局登记,预先明确许可使用费的方式、标准,并声明他们愿意在预先确定的条件下许可任何人实施其专利,从而促进发明的商业化。就实用新型、外观设计专利提出开放许可声明的,应当提供专利权评价报告。[②]

中国当前的专利数量不断增多,“开放许可”制度不但有助于专利商业化[③],更可搭配《2035 年纲要》提出的打造知识产权交易枢纽平台的规划。

(三)多层次的知识产权行政保护手段

中国可以自豪地宣称其拥有世界上最为全面的知识产权行政保护手段。中国在三级政府设立知识产权局和版权局,并授权它们介入私主体间的知识产权纠纷。行政保护知识产权是具吸引力的司法保护替代方案,因为它成本低、效率高。行政保护手段不能判赔损害赔偿,但可以罚款及没收侵权产品。[④]

---

① 《中华人民共和国反垄断法》(2022 修正)第 68 条规定:“经营者依照有关知识产权的法律、行政法规规定行使知识产权的行为,不适用本法;但是,经营者滥用知识产权,排除、限制竞争的行为,适用本法。”

② 《中华人民共和国专利法》第 50 条规定:“专利权人自愿以书面方式向国务院专利行政部门声明愿意许可任何单位或者个人实施其专利,并明确许可使用费支付方式、标准的,由国务院专利行政部门予以公告,实行开放许可。就实用新型、外观设计专利提出开放许可声明的,应当提供专利权评价报告。专利权人撤回开放许可声明的,应当以书面方式提出,并由国务院专利行政部门予以公告。开放许可声明被公告撤回的,不影响在先给予的开放许可的效力。”为鼓励开放许可,在开放许可实施期间对专利权人缴纳专利年费相应给予减免。(《专利法》第 51 条第 2 款)

③ 参见王淇:《以开放许可制度促专利运用》,https://www.cnipa.gov.cn/art/2020/12/2/art_2198_155356.html。

④ See Christopher Heath (ed.), *Intellectual Property Law in China*, Alphen aan den Rijn: Kluwer Law International, 2021, p.37.

1.三级政府中的知识产权局和版权局

2018年机构改革后，成立中国国家知识产权局。国家知识产权局为副部级单位，职能包括负责拟订和组织实施国家知识产权战略，负责保护知识产权（包括商标、专利、原产地地理标志、集成电路布图设计，不包括著作权），负责促进知识产权运用，负责知识产权的审查注册登记和行政裁决，负责建立知识产权公共服务体系（包括信息平台）等。[①] 2023年3月，国家知识产权局由国家市场监督管理总局管理的国家局调整为国务院直属机构。

国家版权局是国务院设立的政府机构，负责著作权、出版、电影和广播等方面的事务。国家版权局自2001年以来一直是部级机构，与国家新闻出版广电总局属于“一个机构，两块牌子”。[②] 中国31个省、自治区、直辖市都设有知识产权局和版权局，既包括省会城市，也包括一些主要城市（如厦门等）。

2.介入私主体之间的专利纠纷

在中国，政府介入私主体之间的知识产权纠纷是常见的做法，专利纠纷亦不例外。[③]《专利法》的一些规定足以说明知识产权局有权介入专利纠纷。《专利法》第52条授权国家知识产权局可调解实施开放许可：“当事人就实施开放许可发生纠纷的，由当事人协商解决；不愿协商或者协商不成的，可以请求国务院专利行政部门进行调解，也可以向人民法院起诉。”《专利法》新增第70条授权知识产权局处理专利侵权纠纷：

> 国务院专利行政部门可以应专利权人或者利害关系人的请求处理在全国有重大影响的专利侵权纠纷。地方人民政府管理专利工作的部门应专利权人或者利害关系人请求处理专利侵权纠纷，对在本行政区域内侵犯其同一专利权的案件可以合并处理；对跨区域侵犯其同一专利权的案件可以请求上级地方人民政府管理专利工作的部门处理。

知识产权局还可以对假冒专利者处以最高为非法所得五倍或最高为25万元人民币的罚款。《专利法》第68条规定：“假冒专利的，除依法承担民事责任外，由负责专利执法的部门责令改正并予公告，没收违法所得，可以处违法所得五倍以下的罚款；没有违法所得或者违法所得在五万元以下的，可以处二十五

---

① 参见国家知识产权局职能配置、内设机构和人员编制规定，https://www.cnipa.gov.cn/col/col3/index.html。

② See http://en.ncac.gov.cn/copyright/contents/10356/332359.shtml.

③ 仅在2018年，就有33,976起专利纠纷利用行政手段得到解决。参见 Christopher Heath (ed.), *Intellectual Property Law in China*, Alphen aan den Rijn: Kluwer Law International, 2021, p.38。

万元以下的罚款;构成犯罪的,依法追究刑事责任。”

(四)知识产权法院和其他专门的法院

2020年,中国知识产权的一审、二审和再审案件总数达525,618件,其中524,387件已经结案,与2019年相比分别增长9.1%和10.2%。[①] 知识产权法院的法官年复一年地处理海量的知识产权案件,可以说是世界上最有经验的知识产权法官。搭配必要的制度安排,如设立以英语审理案件并判决的国际庭(international chambers),知识产权法院法官的专业知识可以跨越国别,使国际知识产权界获益无穷。

1.司法能动主义

中国的全国人民代表大会每年只召开一次,时间不到两周,不如常设议会那样活跃,导致立法通常较为笼统,但也使中国的法官拥有更大的裁量权。法官必须弥补法律漏洞。措辞简洁的法律很多时候只能指导而不能约束法官。最高人民法院是很好的例子。它发布许多一般性司法解释和指导案例,作为适用知识产权法律[②]和法规[③]的指南。此外,尽管最高人民法院可以作为一审法院管辖对全国具有重大影响的案件[④],然而大多数案件包括大多数知识产权案

① 参见《最高法:2020年全国审结知识产权案件超52万件,同比上升10.2%》,2021年4月22日,http://news.cnr.cn/dj/20210422/t20210422_525468932.shtml。

② 例如《最高人民法院关于审理涉及计算机网络著作权纠纷案件适用法律若干问题的解释》(法释〔2006〕11号)、《最高人民法院关于审理著作权民事纠纷案件适用法律若干问题的解释》(法释〔2020〕19号)、《最高人民法院关于审理专利纠纷案件适用法律问题的若干规定》(法释〔2020〕19号)、《最高人民法院关于审理商标民事纠纷案件适用法律若干问题的解释》(法释〔2020〕19号)、《最高人民法院关于审理涉及驰名商标保护的民事纠纷案件应用法律若干问题的解释》(法释〔2020〕19号)。

③ 例如《最高人民法院关于审理专利授权确权行政案件适用法律若干问题的规定(一)》(法释〔2020〕8号)、《最高人民法院关于北京、上海、广州知识产权法院案件管辖的规定》(法释〔2020〕19号)、《最高人民法院关于互联网法院审理案件若干问题的规定》(法释〔2018〕16号)、《最高人民法院关于审查知识产权纠纷行为保全案件适用法律若干问题的规定》(法释〔2018〕21号)、《最高人民法院关于技术调查官参与知识产权案件诉讼活动的若干规定》(法释〔2019〕2号)和《最高人民法院关于知识产权民事诉讼证据的若干规定》(法释〔2020〕12号)。

④ 《中华人民共和国民事诉讼法》(2017修正)第20条[现为《中华人民共和国民事诉讼法》(2023修正)第21条]规定:“最高人民法院管辖下列第一审民事案件:在全国有重大影响的案件;认为应当由本院审理的案件。”《中华人民共和国刑事诉讼法》(2012修正)第22条[现为《中华人民共和国刑事诉讼法》(2018修正)第23条]规定:“最高人民法院管辖的第一审刑事案件,是全国性的重大刑事案件。《中华人民共和国行政诉讼法》第17条规定:“最高人民法院管辖全国范围内重大、复杂的第一审行政案件。”

件是由各省中级人民法院和高级人民法院裁判，这无疑进一步加剧了司法能动主义。[①] 省级法院的财政经费预算来自本省而非中央，使得省级法院能够迅速反映本省的社会需求。

2.知识产权法院和最高人民法院知识产权法庭

为实现大幅提高知识产权保护水平的目标，2014 年 10 月 27 日，最高人民法院决定在北京、上海和广州三个城市设立知识产权法院。三大知识产权法院自 2014 年 12 月起挂牌运行，负责管辖专利、植物新品种、集成电路布图设计、技术秘密、计算机软件民事和行政案件，针对国务院部门或者县级以上地方人民政府所作的涉及著作权、商标、不正当竞争等决定提起诉讼的行政案件，以及涉及驰名商标认定的民事案件，同时对知识产权刑事案件拥有管辖权。[②] 知识产权法院所在市的基层人民法院作出的第一审著作权、商标、技术合同、不正当竞争等知识产权民事和行政判决、裁定提起的上诉案件，也由知识产权法院审理。[③]《2035 年纲要》提出要深入推进知识产权民事、刑事、行政案件"三合一"审判机制改革，有望实现民事、刑事和行政案件由同一知识产权法院审理。

省高级人民法院知识产权法庭原本负责受理对知识产权法院一审裁判不服的上诉案件。然而，最高人民法院在 2019 年进行突破性尝试，成立自己的知识产权法庭，专门负责受理对包括三个知识产权法院在内的中级人民法院的专利、反垄断和不正当竞争裁判的上诉案件，属世界首创。[④] 最高人民法院知识产权法庭成立最初两年间，大约 40 名法官共受理案件 5,121 件，审结 4,220 件。[⑤]

3.中国法院发布全球禁诉令

在过去十年里，如何以公平、合理和非歧视性(fair, reasonable, and non-discriminatory, FRAND)条件许可标准必要专利(standard essential patent, SEP)，对位于欧美国家的 SEP 权利人及亚洲主要国家的 SEP 实施者一直是一

---

① 最高人民法院有权决定省级法院可以审理哪些案件，并以诉讼标的额作为门槛。例如，《最高人民法院关于调整高级人民法院和中级人民法院管辖第一审民商事案件标准的通知》(法发〔2015〕7 号)第 1—2 条；《最高人民法院关于调整高级人民法院和中级人民法院管辖第一审民事案件标准的通知》(法发〔2019〕4 号)第 1—2 条；《最高人民法院关于调整河北省、河南省、湖南省高级人民法院所辖中级人民法院管辖第一审民商事案件标准的通知》(法发〔2020〕36 号)第 1—2 条。

② 参见《最高人民法院关于北京、上海和广州知识产权法院案件管辖的规定》(法释〔2014〕12 号)第 1 条(2014 年 10 月 31 日)。

③ 参见《最高人民法院关于北京、上海和广州知识产权法院案件管辖的规定》(法释〔2014〕12 号)第 6 条。

④ 参见《最高人民法院关于知识产权法庭若干问题的规定》(法释〔2018〕22 号)。

⑤ 参见温璐、唐若璞：《最高人民法院知识产权法庭两年受理案件 5121 件　结案率 82%》，2021 年 2 月 26 日，http://legal.people.com.cn/n1/2021/0226/c42510-32037769.html。

个棘手的问题。各国法院背离礼让原则(comity principle),发布禁诉令,甚至反禁诉令,进一步加剧此一问题。自 2012 年“微×公司诉摩××拉公司案”以来,美国法院广泛适用禁诉令,禁止诉讼当事人在另一法域提起或继续与 SEP 相关的平行诉讼。例如,2015 年 6 月,美国加州北区地方法院批准交互××公司(InterDigital)的暂时禁令(preliminary injunction)动议,责令和硕×合公司(Pegatron,中国台湾地区一家公司)撤回其在中国台湾地区的诉讼,并于 2018 年 4 月在“华×公司诉三×公司案”再次发布禁止执行令,禁止华×公司执行深圳市中级人民法院对中国 SEP 所作的禁令。此外英格兰和威尔士高等法院也于 2018 年在“康×森公司(Conversant,一家新加坡公司)诉华×公司及中×公司案”中,认为可以适用禁诉令。

受此影响,大陆法系国家的法院也开始以类似方式行事。2019 年 7 月,德国慕尼黑地区法院在“大×集团(Continental,总部位于德国的跨国公司集团)诉诺×亚公司(Nokia)案”中认定当事人在美国启动寻求禁诉令的法律程序,目的是拖延在德国的诉讼,并不符合德国法律的规定,对其核发反禁诉令,这是法院首次采取这类措施。① 2019 年 11 月 8 日,巴黎一审法院发布反禁诉令,要求 SEP 实施者联×公司撤回向美国加州北区地方法院提起的禁诉令诉讼。②

中国法院发现其管辖权长期有萎缩之虞,开始对当事人提起的外国诉讼发出禁令。2020 年 8 月,最高人民法院在两天内对康×森公司发布有史以来第一个禁止执行令,禁止其执行德国杜塞尔多夫地区法院作出的判决。③ 一个月后,武汉市中级人民法院在“交互××公司诉小×公司案”中发布全球禁诉令,令世界为之惊讶。④ 2021 年 3 月,武汉市中级人民法院在“爱×信公司(Ericsson,瑞典公司)诉三×公司(Samsung,韩国公司)案”中发布全球禁诉令(甚至包括其他中国法院)和行政禁诉令。⑤ 2021 年,最高人民法院在“夏×公司(Sharp)诉欧×公司(OPPO)案”中重申,即使被告公司未在中国注册,中国法院特别是深

① 参见慕尼黑地区法院 Nokia v. Continental, Case 21 O 9333/19。

② 参见巴黎一审法院 IPCom v. Lenovo, Case No. 19/59311。

③ 参见最高人民法院(2019)最高法知民终 732、733、734 号之一民事裁定书。

④ 湖北省武汉市中级人民法院(2020)鄂 01 知民初第 169 号民事判决书。

⑤ 湖北省中级人民法院(2020)鄂 01 知民初第 743 号民事裁定书;参见 Kung-Chung Liu, “Arbitration By SSO as a Preferred Solution for Solving the FRAND Licensing of SEPs?”, *International Review of Industrial Property and Competition Law*, vol.52, no.6 (2021), pp.673-674。

圳市法院也对案件拥有管辖权，并有权决定 FRAND 原则下 SEP 的全球许可费率。[①]

最高人民法院坚持由中国法院对涉及中国当事人的 SEP 相关案件行使管辖权，并对全球范围内的 SEP 许可费率作出决定，再加上中国法官判决高效且专业，使得中国知识产权法院有条件在全球处于领先位置，中国将更能成为赛局改变者。

（五）大数据和人工智能产业增加中国谈判力

近年来，人工智能产业的重要性日益凸显。李开复[②]认为，人工智能算法的成功需要三种东西：大数据、运算能力和强大（但无须最顶级）的工程师队伍。人工智能时代，大数据最为关键，而中国正是拥有“数据石油”的“沙特阿拉伯”。[③] 李开复指出，中国在互联网人工智能和感知人工智能方面处于领先或共同领先的优势地位，可能很快在自主人工智能方面赶上美国，而美国显然只在商业人工智能方面领先。他预测，到 2023 年，中国将在互联网人工智能和感知人工智能方面分别以 6∶4 和 8∶2 的优势领先美国，美国将在商业人工智能方面以 7∶3 的优势领先中国，而中美两国将在自主人工智能方面打成平手。[④]

广泛应用的大数据和人工智能必定会重塑甚至彻底改变现行源自互联网时代之前的国际贸易和知识产权规则。迅猛发展的大数据和人工智能产业自然会提升中国在形成知识产权秩序新常态中的话语权。

三、对中国的建议

中国知识产权是强力行政指导和市场导向型创新的杂糅产物。2010 年以来，中国在三种专利申请数量排名中位居世界第一。2001 年之后，中国也是世界上最大的商标注册申请国。然而，一些潜在的问题可能会阻碍中国成为知识产权的赛局改变者。

---

① 参见“夏普株式会社、赛恩倍吉日本株式会社与×××广东移动通信有限公司、×××广东移动通信有限公司深圳分公司标准必要专利许可纠纷管辖权异议案”，最高人民法院（2020）最高法知民辖终517 号民事裁定书。

② 李开复曾在苹果、微软和谷歌担任领导职务，然后于 2009 年创办公司 Sinovation Ventures。

③ See Kai-Fu Lee, *AI Superpowers-China, Silicon Valley and the New World Order*, Grand Haven: Brilliance Audio, 2018, pp.14, 55.

④ See Kai-Fu Lee, *AI Superpowers-China, Silicon Valley and the New World Order*, Grand Haven: Brilliance Audio, 2018, pp.106,136.

(一)破除数字指标的神话

《2035年纲要》提出了具体的数字指标:"专利密集型产业增加值占GDP比重达到13%,著作权产业增加值占GDP比重达到7.5%,知识产权使用费年进出口总额达到3500亿元,每万人口高价值发明专利拥有量达到12件。"这来自根深蒂固的"科学主义"信条。《2035年纲要》将"科学治理,合作共赢"作为工作原则。它进一步提出"构建职责统一、科学规范、服务优良的管理体制"和"构建公正合理、评估科学的政策体系",以建设面向社会主义现代化的知识产权制度。《2035年纲要》庄严宣告要"依法科学配置和行使有关行政部门的调查权、处罚权和强制权",以"建设支撑国际一流营商环境的知识产权保护体系"。

然而,如果任何国家计划的规划、决策、执行和评估,实际上都处于自我循环、自我服务和自我强化的政治体制下,那么数字指标本身与科学或科学性无关。决策本是为了验证规划,而执行本是为了验证规划和决策。因此,任何国家计划列出的每一个指标最终都会得到实现。另外,知识产权具有地域性,在某种程度上,它可被视为国家发行的一种货币。国家可以在其认为合适的情况下发行"高价值"货币。因此,在知识产权方面,不存在国家无法达到的数字指标。那么,为什么一开始要费心制定这样的指标呢?就像货币一样,国家越是在市场上"发行"知识产权,它就越有可能贬值。

依靠数字指标驱动的国家知识产权政策十分僵化,只能使中国政府在试图提高审查和授予知识产权质量方面的不断努力付诸东流。[①]

(二)停止补贴知识产权的不公平做法

中国的商标炒作对美国产生溢出效应。中国向美国专利商标局提出的虚假商标申请急剧增加,美国国会于2020年12月27日颁布《商标现代化法案》(Trademark Modernization Act)作为回应。[②] 在四年内(2013—2017年),中国

---

① 早在2014年,国家知识产权战略实施工作部际联席会议办公室在《2014年国家知识产权战略实施推进计划》(以下简称《2014年推进计划》)就已将"提高知识产权创新质量"列为其首要目标。

② 美国《商标法》允许任何人提出申请从商标注册中删除商品和服务,理由是该商标从未在与这些商品和服务相关的商业中使用过。申请人必须对未使用情况进行"合理调查",并向美国专利商标局如实提交支持证据。如果美国专利商标局局长确定申请人提出充分的不使用依据,审查官将决定是否取消相关商品或服务的注册。申请可以在注册日起第三和第十年之间的任何时间提出。美国《商标法》允许任何人以商标没有在商业中用于注册证书上所列的全部或部分商品和服务为由,向美国专利商标局申请重新审查注册。复审的程序与撤销的程序相似。美国《商标法》允许在注册日期三年后的任何时间提出撤销申请,理由是该注册商标从未在商业中与注册证书上所列的部分或全部商品和服务相关联使用。撤销或重新审查的申请会引发美国专利商标局审查官的非对抗性(non-adversarial)审查,而取消的申请则会启动商标复审委员会对抗性的审查程序。美国专利商标局必须在2021年12月27日之前允许提起上述删除、复审和撤销申请。

向美国提交的商标申请数量增加12.64倍。① 2017年的数据显示，中国向美国专利商标局提交的申请总数中，基于使用的申请大约14%不实。② 这些申请使合法的商标使用者（和意图使用者）陷入困境，他们不得不改变商业策略或采取不确定且不经济的手段来挑战虚假商标申请。③

究其根源，这是中国各级政府巨额补贴引起的。④ 例如，2013年，深圳为外国商标注册（其中就包括美国）提供5000元人民币的补贴。美国专利商标局2015年降费后，向其提交全电子申请的费用仅为225美元，大大低于中国补贴的金额。因此，向美国专利商标局提交的商标申请中，来自深圳的申请数量急剧上升，在2017年占来自中国申请数量的42%以上。⑤

国务院知识产权战略实施工作部际联席会议办公室发布《2020年深入实施国家知识产权战略加快建设知识产权强国推进计划》（国知战联办〔2020〕5号）（共计100项具体措施），其中第59项措施虽然要求国家知识产权局"推动地方全面取消实用新型、外观设计和商标申请注册环节的资助与奖励"，但是至少引发两个疑问：为什么不同时取消对发明专利的资助与奖励？国家知识产权局对地方政府尤其是资源丰富的省份和特大城市有多大影响，能使其就范？

第60项措施旨在停止对专利申请的资助和奖励，大幅减少并逐步取消对专利授权的奖励，在职称晋升、绩效考核、岗位聘任、课题结项、人才评价和奖学金评定等政策中，坚决杜绝"只是以专利申请量、授权量为考核内容"（教育部、国家知识产权局、科技部负责）。⑥ 然而，这并没有将商标申请排除在资助与奖

---

① See USPTO, "Trademarks and patents in China: The impact of non-market factors on filing trends and IP systems", 2021, p.4, https://www.uspto.gov/sites/default/files/documents/USPTO-TrademarkPatentsInChina.pdf.

② See Barton Beebe, Jeanne Fromer, "Fake Trademark Specimens: An Empirical Analysis", *Columbia Law Review*, vol.121 (2020), p.217, http://dx.doi.org/10.2139/ssrn.3556121.

③ See USPTO, "Trademarks and patents in China: The impact of non-market factors on filing trends and IP systems", 2021, n.29, https://www.uspto.gov/sites/default/files/documents/USPTO-TrademarkPatentsInChina.pdf.

④ See Stefan Luginbuehl, "China's Patent Policy", in Stefan Luginbuehl and Peter Ganea (eds.), *Patent Law in Greater China*, Cheltenham: Edward Elgar, 2014, p.1.30.

⑤ See USPTO, "Trademarks and patents in China: The impact of non-market factors on filing trends and IP systems", 2021, p.4, https://www.uspto.gov/sites/default/files/documents/USPTO-TrademarkPatentsInChina.pdf.

⑥ 参见《2020年加快建设知识产权强国推进计划提出100项具体措施》，2020年5月18日，https://chinaipr2.files.wordpress.com/2020/06/2020e5b9b4e58aa0e5bfabe5bbbae8aebee79fa5e8af86e4baa7e69d83e5bcbae59bbde68ea8e8bf9be8aea1e58892e68f90e587ba100e9a1b9e585b7e4bd93e68eaae696bd-e79fa5e8af86e4baa7e69d83-e4babae6b091e7bd91.pdf。

励之外。在各种绩效评估中，专利申请和专利授权本身并未被排除在外。

（三）扩大知识产权国际合作

随着世界贸易组织制定规范的工作陷入僵局，各成员对修改 TRIPS 协议越来越不抱希望，在这种背景下，人们期待印度、巴西和中国等新兴经济体成为未来的中流砥柱。[①] 如果能够通力合作，他们就能领导构建更加健全的知识产权体系，助力“实现分配正义和促进人类发展”。[②] 这项期待在某种程度上预言了中国《2035 年纲要》及其方向。然而，与印度、巴西、阿根廷和南非相互呼应、团结一致不同，中国似乎在知识产权的道路上踽踽独行。既然如此，中国如何能够单枪匹马地致力于实现人类命运共同体理想，让创新创造更多惠及各国人民？中国应该多找“直、谅、多闻”的朋友与之组成“知识产梦之队”（IP Dream Team）！

① See Rochelle Cooper Dreyfuss, “The Role of India, China, Brazil and Other Emerging Economies in Establishing Access Norms for Intellectual Property and Intellectual Property Lawmaking”, Institute for International Law and Justice Working Paper 2009/5, July 30, 2009, pp.9-53, https://papers.ssrn.com/sol3/papers.cfm?abstract_id=1442785.

② See Rochelle Cooper Dreyfuss, “The Role of India, China, Brazil and Other Emerging Economies in Establishing Access Norms for Intellectual Property and Intellectual Property Lawmaking”, Institute for International Law and Justice Working Paper 2009/5, July 30, 2009, p.25.

第八章　中印两国的经济发展与知识产权

一、中印两国经济发展与知识产权之比较

基本上，知识产权并不必然能够促进经济发展。事实上，缺乏商业化理解的知识产权都不太可能具有实际意义，更不会促进经济发展。只有具备强烈商业动机的发明创造才有更大可能取得成功。保护此种发明创造的知识产权才能成为企业知识资本(intellectual capital)的一部分，不但可以赋能企业向市场提供独特的商品或服务，还有助于其维持竞争优势并实现持续增长，从而吸引投资人和股东关注。中国和印度作为世界上人口最多的两个国家，对待知识产权的态度截然不同。本章具体研究经济发展与知识产权在中印两国的互动关系。

早在 2006 年，美国《商业周刊》的记者就创造"Chindia"一词用以描述中国和印度的经济崛起是如何改变世界的商业模式。[①] 将中印两国做比较大有裨益，在过去 20 年里，中国和印度是世界上增速最快的两个经济体，两国人口总和占世界总人口的三分之一。因此，研究两国的经济增长与知识产权本身就已经是一项极具价值的工作。另外，本章的研究不仅有益于中印两国人民，而且对世界上所有面临类似情况的国家均有益。

二、宏观视角下的中印两国

本部分将就中印两国在人力资本、研发支出、科学出版物、经济发展、对待知识产权和共享文化的态度方面展开比较。

---

① See Peter Engardio (ed.), *Chindia: How China and India Are Revolutionizing Global Business*, New York: McGraw Hill, 2006, pp.1-224.

（一）人力资本

当今印度人口位居世界第二，并有望未来超过中国。[①] 印度 50%的人口（约 6 亿）年龄在 25 岁以下，一些分析家认为这是“印度的人口红利”。人力资本有三个要素——识字率、大学生数量和人口年龄结构。识字率是社会经济进步的风向标。自 1947 年独立以来，印度在识字率方面取得良好进展，由 1947 年[②]的 12%上升至 2018 年[③]的 74.37%。然而，这一数字不仅低于 2018 年世界平均水平（86.478%）[④]，更是远低于同期的中国（96.8%）。[⑤] 2018 年，印度的青少年识字率为 92%，[⑥]如果能够保持这种趋势，印度也许能够在 2030 年实现全体脱盲。[⑦]

2012 年，印度的大学数量增加至 634 所，附属学院（affiliated colleges）数量增加至 33000 多所，2021 年大学数量进一步增加至 967 所。2019 年，印度高等教育的入学人数为 3740 万人，位居世界第二位。[⑧] 截至 2021 年 8 月，中国的高等教育机构（包括普通、成人和民办）和入学人数分别为 3791 所和 3285 万人。[⑨]

（二）研发支出

研发支出体现一国的经济竞争力。在全球研发支出中，印度只是边缘参与

① See Our World in Data, https://ourworldindata.org/grapher/projected-population-by-country?tab=chart&stackMode=absolute&country=CHN~IND&region=World.

② See “10 Facts on illiteracy in India that you must know”, https://www.oxfamindia.org/featuredstories/10-facts-illiteracy-india-you-must-know #:~: text = After%20the%20end%20of%20the,importance%20of%20education%20for%20all.

③ See “Literacy rate, adult total (% of people ages 15 and above)”, https://data.worldbank.org/indicator/SE.ADT.LITR.ZS? locations=IN.

④ See UNESCO Institute for Statistics, Literacy Rate, Adult Total, https://data.worldbank.org/indicator/SE.ADT.LITR.ZS.

⑤ See “Literacy rate, adult total (% of people ages 15 and above)”, https://data.worldbank.org/indicator/SE.ADT.LITR.ZS? locations=CN.

⑥ See World Bank Database, https://ourworldindata.org/grapher/projected-population-by-country? tab=chart&stackMode=absolute&country=CHN~IND&region=World.

⑦ See Tanushree Chandra, “Literacy in India: The Gender and Age Dimension”, ORF Issue Brief No. 322, October 2019, Observer Research Foundation, p.12, https://www.orfonline.org/research/literacy-in-india-the-gender-and-age-dimension-57150/.

⑧ See Indian Ministry of Science and Technology, “Research and Development Statistics 2019-20”, December 2020, pp.39-40, https://dst.gov.in/sites/default/files/Research%20and%20Deveopment%20Statistics%202019-20_0.pdf.

⑨ 参见中华人民共和国教育部：“中国教育概况——2020 年教育统计数据”，http://www.moe.gov.cn/jyb_sjzl/moe_560/2020/quanguo/。

者。根据联合国教科文组织(UNESCO)的数据,印度研发支出占国内生产总值(GDP)的比例从 2007 年的 0.8%下降至 2018 年的 0.65%[①],远低于中国的 2.14%。根据印度科技部的数据[②],2017—2018 年,公共部门研发支出占全国研发支出的 4.6%。私人研发支出首先发生在制药产业,2000—2005 年,制药产业的研发支出增长五倍。其次是汽车产业,该产业的研发支出从 2001 年不足 5 亿卢比增加到 2006 年的超过 10 亿卢比。2021 年,印度首次在其联邦预算中将创新研发置于支柱地位。特别是成立旨在完善研发生态系统的国家研究基金会(National Research Foundation)。印度还聚焦六个科技集群,以驱动未来的经济增长,促进财富直接快速的交换。[③]

中国的研发支出在 GDP 中占比较大。2018 年,中国参与研发活动的总人数为 657.1 万人,较上一年增长 5.8%,其中 68%是专职研发人员。[④] 中国如此重视研发的原因之一在于,"中国制造 2025"战略提出,到 2050 年,中国要成为机器人和医疗设备等高端制造业的全球领导者。[⑤] 自 2013 年以来,中国一直将至少 2%的国内生产总值用于研发活动,在全球创新指数排名中,中国由 2013 年的第 35 位上升至 2021 年的第 12 位。[⑥]

(三)科学出版物

首先必须指出的是,科学出版物很容易用数字来量化,却很难衡量其质量或影响力。与早先相比,印度在出版物产出方面取得不错的进展,但仍落后于

① See UNESCO Institute for Statistics, "GERD as a percentage of GDP", March 2021, https://uis.unesco.org/en/glossary-term/gerd-percentage-gdp.

② See Indian Ministry of Science and Technology, "Research and Development Statistics 2019-20", December 2020, p. 6, https://dst. gov. in/sites/default/files/Research% 20and% 20Deveopment% 20Statistics%202019-20_0.pdf.

③ See Indian Ministry of Science and Technology, "Research and Development Statistics 2019-20", December 2020, p. 6, https://dst. gov. in/sites/default/files/Research% 20and% 20Deveopment% 20Statistics%202019-20_0.pdf.

④ 参见中华人民共和国科学技术部:《2018 年我国 R&D 人员发展状况分析》,http://www.most.gov.cn/kjbgz/202004/P020200402344067960195.pdf。

⑤ See Chinese State Council, Made in China 2025, http://english.www.gov.cn/policies/latest_releases/2015/05/19/content_281475110703534.htm. For an analysis, see Max Zenglein, Anna Holzmann, "Evolving Made in China 2025: China's Industrial Policy in the Quest for Global Tech Leadership (Mercator Institute for China Studies)", April 2020, https://merics.org/sites/default/files/2020-04/MPOC_8_MadeinChina_2025_final_3.pdf.

⑥ See World Intellectual Property Organisation, "The Global Innovation Index 2013", xx, https://www.wipo.int/edocs/pubdocs/en/economics/gii/gii_2013.pdf; "Global Innovation Index 2021", p.4, at https://www.wipo.int/edocs/pubdocs/en/wipo_pub_gii_2021.pdf.

中国。在过去的十年里，印度的科研出版物数量稳步增长。2000—2010 年，印度科研出版物占全球的份额从 2.2%增加至 3.5%。尤其是在 2008—2010 年，印度科学出版物的年增长率高达 12%，远超全球平均增长率(4%)。[①] 在科学与工程学领域，印度以 135,788 篇文章位居世界第三，2008—2018 年年平均增长率为 10.73%，远远超过全球平均增长率(3.83%)。[②]

2019 年，中国的出版物数量(497,802 篇)首次超过美国(470,953 篇)，成为全球数量领先的科学出版物国家。[③] 但不可否认的是，美国和欧盟国家的科研出版物仍然具有较大的影响力。然而，中国发表的高影响力出版物数量也在快速增长。2002—2017 年，中国的高影响因子科学论著数量增长两倍，在被引率前 10%的出版物中占 14%，仅次于美国。[④]

(四)经济的快速发展

在过去 40 年时间里，中国成功地从封闭的农业国转变为世界工厂，拥有庞大的外汇储备、惊人的城市化速度和完备的基础设施。今日中国是世界第二大经济体和最大的发展中国家。

1990 年以前，印度的经济环境充斥着保护主义，其特点是集中规划、进口替代、管制下的产业化、严格的劳工法令、金融市场管控和国企势力不断增强。所谓的“许可证制度”(License Raj)，以复杂的许可程序、沉重的监管负担和过多的繁文缛节著称，使创新氛围受到严峻挑战。印度的经济腾飞始于 20 世纪 90 年代，已故总理纳拉辛哈·拉奥(Narasimha Rao)推出经济自由化政策，废除

---

① See B. M. Gupta, Adarsh Bala and Avinash Kshitig, “S&T Publications Output of India: A Scientometric Analyses of Publications Output 1996-2011”, 2013, http://digitalcommons.unl.edu/cgi/viewcontent.cgi? article=2238&context=libphilprac.

② See Indian Ministry of Science and Technology, “Research and Development Statistics 2019-20”, December 2020, p.116.

③ See Chinese National Science Foundation, National Center for Science and Engineering Statistics, “Publication Output: Trends and International Comparisons”, June 2020, https://ncses.nsf.gov/pubs/nsb20206/executive-summary. See also Jing Wang, Willem Halffman and Hub Zwart, “The Chinese scientific publication system: Specific features, specific challenges”, *Learned Publishing*, vol. 34, no.2(2021), p.1326.

④ See OECD Science, “Technology and Industry Scoreboard 2017: The digital transformation”, https://doi.org/10.1787/9789264268821-en. See also Qingnan Xie, Richard B Freeman, “Bigger Than You Thought: China's Contribution to Scientific Publications and Its Impact on the Global Economy”, *China and World Economy*, vol.27 (2019), pp.1-27, https://economics.harvard.edu/files/economics/files/bigger_than_you_thought_chinas_contribution_journal_china_and_world_economy_xie_freeman_jan2019.pdf.

许可证制度。[①] 因此,1992—1998 年,印度的 GDP 平均增长率为 6%。[②] 后继者瓦杰帕伊(Vajpayee)继续推行经济改革,GDP 增长率在 2004 年跃升至 7.9%。2004—2012 年,曼莫汉·辛格(Manmohan Singh)领导下的印度 GDP 平均增长率为 7.7%。随后,GDP 增速放缓,但在新任总理莫迪(Modi)的领导下,印度的 GDP 增长重新获得动力,莫迪以"小政府,大治理"的选举承诺赢得人民信赖。莫迪政府向国际投资者保证,"只有红色地毯,而无繁文缛节"[③]。

(五)对待知识产权的迥异态度

1.中国积极拥抱知识产权

在现代化建设的过程,中国将知识产权法律与知识产权产业作为制胜法宝,很早就决定积极主动全面接纳知识产权。[④] 因此,1991 年,亦即《伯尔尼公约》诞生 102 年后,中国加入《伯尔尼公约》,仅比美国晚了三年。此后中国又加入 WTO 并在 2001 年签署 TRIPS 协议。2008 年,中国发布《国家知识产权战略纲要》,将知识产权提升为国家战略。对中国来说,知识产权是无关意识形态的,并且有利于国家发展和国际竞争。因此,中国决心向西方强国(特别是美国)学习他们所擅长的,即利用强大的知识产权组合重塑全球价值链,推动自身在知识经济时代可持续增长。

---

① See World Economic Forum, "This Is the Story of India's GDP Growth", April 2018, https://www.weforum.org/agenda/2018/04/india-s-remarkably-robust-and-resilient-growth-story.

② 据印度科学和工业研究理事会(Council of Scientific and Industrial Research in India)前主任马塞尔卡尔博士的说法,印度的第一次自由是在 1947 年实现的政治自由,印度的第二次自由是在 1991 年,当时印度推行经济自由化政策并保持开放。1991 年以后,竞争开始并持续存在,它的影响是巨大的,印度龙头工业企业所做的突破可以说明这一点。See R. A. Mashelkar, "Indian science, technology, and society: The changing landscape", *Technology in Society*, vol.30 (2008), pp.299-308,可访问 https://www.researchgate.net/publication/240426486_Indian_science_technology_and_society_The_changing_landscape.

③ See, generally, Sanjay Ruparelia, "'Minimum Government, Maximum Governance': The Restructuring of Power in Modi's India", *South Asia: Journal of South Asian Studies*, vol.38, no.4 (2015), pp.755-775. See also The Hindu, "Red Carpet Will Replace Red Tape: Modi", April 2016, https://www.thehindu.com/news/national/Red-carpet-will-replace-red-tape-Modi/article60346396.ece.

④ 中国国务院新闻办公室:《中国的知识产权保护状况》(1994 年 6 月),http://www.scio.gov.cn/zfbps/ndhf/1994/Document/307997/307997.htm。

2.印度谨慎对待知识产权[①]

(1)专利制度的存废——以国家利益为导向

印度《宪法》规定国家在促进创新生态系统发展并维护发明人的合法商业利益的同时，有重大义务改善公共卫生并保障公民的生命权和人身自由，这自1947年印度独立以来就影响着印度专利制度的发展。

1959年，艾扬加尔(N. Rajagopala Ayyangar)法官主持下的印度专利法修订委员会提交《专利法修改报告》，直接导致印度废除药品专利保护，并在1970年将专利保护期缩短为7年。该报告指出，外国人拥有印度80%—90%的专利，而90%的专利产品不在印度境内生产。外国公司能够阻止在印度生产其专利药品，从而导致印度国内制药业停滞不前，在1970年《专利法》颁布之前，印度药品的价格在同侪中最高。

(2)对TRIPS协议欲拒还迎

印度、巴西和其他一些发展中国家最初反对在《关税与贸易总协议》乌拉圭回合的谈判中处理知识产权保护问题，而提议在世界知识产权组织中讨论。印度自1948年7月8日以来一直是该协议的成员，曾主张不同发展水平的国家有权决定是否对某些产品授予专利权。然而，为了克服经济危机，印度决定加入新组建的WTO，并从1995年1月1日起成为WTO成员。

印度加入TRIPS协议后，其药品专利法与西方国家的法律相一致。然而，从印度的药品专利辩论中，我们不难看出，在获取药品和激励创新之间，印度政府及法院出于对社会、政治和国家利益的综合考虑，倾向于将获取药品置于优先地位。[②]

(3)知识产权制度的设计——契合印度发展需求

印度根据本国需求调整法律的能力得到国际社会的高度认可。[③] 众所周知，印度是专利制度中的“独行侠”(patent maverick)，它充分利用预留给世界

① 有关印度知识产权怀疑论的详细讨论，参见 Arpan Banerjee, “The Law and Politics of Pharmaceutical Patents in India”, in Kung-Chung Liu and Uday S. Racherla (eds.), *Innovation and IPRs in China and India: Myths, Realities and Opportunities*, Singapore: Springer Singapore, 2016, pp.143-158。

② See Banerjee Arpan, “The Law and Politics of Pharmaceutical Patents in India”, in Kung-Chung Liu and Uday S. Racherla (eds.), *Innovation and IPRs in China and India: Myths, Realities and Opportunities*, Singapore: Springer Singapore, 2016, pp.143-158.

③ See Rochelle Cooper Dreyfuss, “The Role of India, China, Brazil and Other Emerging Economies in Establishing Access Norms for Intellectual Property and Intellectual Property Lawmaking”, Institute for International Law and Justice Working Paper 2009/5, July 30, 2009, pp.9-53, https://papers.ssrn.com/sol3/papers.cfm? abstract_id=1442785.

贸易组织成员的回旋余地，坚决维护适应其发展状况的机制，如保留专利授权前的异议①，引入专利授权后的异议②，要求在国内实施专利，允许广泛的专利强制许可。③ 印度也非常关注跨国制药公司采用的常青化策略（evergreening tactic），因为这种策略不但阻滞仿制药品市场的发展，破坏创新，而且妨碍公民获得可负担的药品和医疗服务。因此，为遏制药品常青化策略，印度 2005 年《专利法（修正）》第 3 条(d)项规定：

> 仅仅发现一种已知物质的新形式，但并不导致该物质已知功效的提高，或者仅仅发现一种已知物质的任何新特性或新用途，或者仅仅使用一种已知的工艺、机器或设备，除非这种已知的工艺产生新的产品或至少使用一种新的反应物。

迄今为止，WTO 成员从未对第 3 条(d)项与 TRIPS 协议的相容性提出质疑。除了出于遏制专利常青化策略的合法公共政策关切外，印度还坚持认为，TRIPS 协议允许成员在其认为适当的情形下自由定义何谓专利的创造性。④ 印度《专利法》第 3 条(d)项甚至启发了菲律宾［在 2008 年完全按照第3 条(d)项的思路修订知识产权法第 22 条］、阿根廷［以第 3 条(d)项为蓝本，修订并限制药品衍生物的可专利性，并在某些方面更加严厉］和墨西哥。⑤

(4)温和的国家知识产权政策

出于对知识产权谨慎甚至怀疑的态度，印度在 2016 年发布的国家知识产权政策非常温和。它设定七个广义上的目标，但没有提及任何可量化的要求，也没有使知识产权制度负担过重。a.知识产权的意识：扩大范围和推广理念——在社会各部门推动建立关于知识产权的经济、社会和文化利益的公众意识。b.知识产权的产生：鼓励知识产权的产生。c.知识产权的立法框架：制定强

---

① 参见印度《专利法》第 25 条第 1 款。

② 参见印度《专利法》第 25 条第 2 款。

③ 参见印度《专利法》第 84 条。

④ See Rochelle Cooper Dreyfuss, "The Role of India, China, Brazil and Other Emerging Economies in Establishing Access Norms for Intellectual Property and Intellectual Property Lawmaking", Institute for International Law and Justice Working Paper 2009/5, July 30, 2009, pp.9-53, https://papers.ssrn.com/sol3/papers.cfm? abstract_id=1442785.

⑤ See Uday S. Racherla, "Historical Evolution of India's Patent Regime and Its Impact on Innovation in the Indian Pharmaceutical Industry", in Kung-Chung Liu and Uday S. Racherla (eds.), *Innovation, Economic Development and IPR in China and India-A Study of Six Economic Sectors*, Singapore: Springer Singapore, 2019, p.286.

力有效的知识产权法律，以平衡权利人和社会公众的利益。d.知识产权的行政管理：加强以服务为导向的现代化知识产权管理。e.知识产权的商业化：通过商业化激发知识产权的价值。f.知识产权的执法和司法：加强打击侵犯知识产权的执法和司法机制。g.知识产权的人力资本发展：加强和扩大知识产权人力资源、机构以及教学、培训、研究和技能培养方面的能力。①

(六)共享文化的差异

中国和印度是商品与服务的广大消费市场，如果任由两国人民随心所欲的消费，地球生态将无法负担。② 共享文化有利于资源的优化利用，促进以供公众临时享用各种商品与服务的协作平台和开放市场为特征的共享经济。

中华民族有着悠久的共享文化传统。③ 近年来，随着互联网技术、移动支付、物流基础设施的成熟，加上巨大的人口红利，中国的共享文化再次兴起，共享经济也随之腾飞。④

在印度，随着网民数量的激增，各种共享企业如雨后春笋般出现在各个行业，如交通(Uber、Ola、Zipgo、Blablacar、Didi Kuaidi，Smartmumbaikar.com)、住宿(Airbnb、Couchsurfing)，工作空间(WeWork、Regus、CoWrks、Awfis)、零售商业(eBay、Flipkart、Myntra、Jabong、Snapdeal)、商业贷款(Biz2Credit)、时装(Rent It Bae)和日常服饰(Swishlist)以及家具与家电(Fabrento、Rentickle、Furlenco)。甚至连印度农村地区也以独特的方式成为共享经济的摇篮。⑤

话虽如此，印度的共享文化受制于知识共享不足，而知识共享是共享文化的核心组成部分。在印度，知识受性别所限，亦受种姓所限。因此，印度的共享

---

① 然而，“将知识产权描绘为能够神奇地改变创新格局的万能药，可能对共享经济的创新生态系统特别有害”，这类对印度国家知识产权政策的批评是有道理的。更多详述参见 Arul George Scaria and Shreyashi Ray，“Knowledge Sharing and the Sharing Economy in India”，in Kung-Chung Liu and Uday S. Racherla (eds.)，*Innovation*，*Economic Development and IPR in China and India-A Study of Six Economic Sectors*，Singapore：Springer Singapore，2019，pp.504-505。

② See Thomas Friedman，“A Green New Deal revisited”，New York Times，January 11，2019，https://www.indianagazette.com/opinion/columnists/a-green-new-deal-revisited/article_0cb68ca1-b322-5fd4-b88f-475d372968f4.html.

③ 正如孔子提出的著名主张：“故人不独亲其亲，不独子其子。使老有所终，壮有所用，幼有所长。”

④ See Ma Yide，Zhang Haoran，“Development of the Sharing Economy in China：Challenges and Lessons”，in Kung-Chung Liu and Uday S. Racherla (eds.)，*Innovation*，*Economic Development and IPR in China and India-A Study of Six Economic Sectors*，Singapore：Springer Singapore，2019，pp. 467-484.

⑤ See “Hopping Aboard the Sharing Economy”，https://www.bcg.com/en-us/publications/2017/strategy-accelerating-growth-consumer-products-hopping-aboard-sharing-economy.aspx.

经济没能跟上中国的步伐。无论是国家知识产权政策还是2016年发布的《印度创业公司行动计划》旗舰倡议(the Startup India Action Plan,旨在建立培育初创公司和创新的生态系统)都没有采取平衡和包容的方法来解决这一问题。[①]

三、IT产业

(一)中印两国各有所长

IT产业大致可分为两类,一类以硬件为基础(主要是制造业,受专利保护),另一类则以软件为基础(主要是服务业,或独立或与制造部门结合,受著作权保护,较少受专利保护)。中印两国IT产业有着截然不同的表现。[②]

印度公司拥有较高的国际市场渗透率(IT服务业的高端国际市场),而中国公司则控制着制造业领域的中低端国际市场。中国的制造业和服务业之间联系密切,印度则缺乏此种联系,这可能决定IT行业内公司的潜在竞争力。中国和印度在信息技术方面的发展道路并不相同。就中国而言,它结合国内市场和国际市场,属于向前整合(forward integration)。反观印度,它起步于国际市场,后发展到国内市场,属于向后整合(backward integration)。

在IT领域,中印两国是完美的对照组,双方都有独特的优势和潜力,可以实现合作互补与协同效应。

(二)知识产权发挥的作用:印度弱于中国

印度IT产业发展动态明显不同于全球的其他产业中心,在后者,创新体系与知识产权在推动产业发展方面发挥着决定性作用。[③] 无论是硬件还是软件方面,印度公司在IT产业的自主知识产权都很薄弱。事实上,由于印度IT公司有大量的外包安排,它们并不重视自主知识产权。相比于中国公司,情况更是

---

① 关于更详细的分析,参见 Arul George Scaria, Shreyashi Ray, "Knowledge Sharing and the Sharing Economy in Indiai", in Kung-Chung Liu and Uday S. Racherla (eds.), *Innovation, Economic Development and IPR in China and India-A Study of Six Economic Sectors*, Singapore: Springer Singapore, 2019, pp.505-507。

② See Biswajit Dhar, Reji K. Joseph, "India's Information Technology Industry: A Tale of Two Halves", in Kung-Chung Liu and Uday S. Racherla (eds.), *Innovation, Economic Development and IPR in China and India-A Study of Six Economic Sectors*, Singapore: Springer Singapore, 2019, p.94.

③ See Biswajit Dhar, Reji K. Joseph, "India's Information Technology Industry: A Tale of Two Halves", in Kung-Chung Liu and Uday S. Racherla (eds.), *Innovation, Economic Development and IPR in China and India-A Study of Six Economic Sectors*, Singapore: Springer Singapore, 2019, p.94.

如此,中国的IT公司在硬件领域拥有更多专利(与其他制造业部门相比)。[①] 然而,展望未来,中印两国都在自己选择的经济发展道路上疾驰,知识产权资源和资本在不久的将来会发挥重要作用。[②]

四、电影产业

尽管存在盗版现象,中国和印度的电影产业仍在不断增长,印度可以向中国学习,利用互联网手段传输电影和完成支付。

(一)繁荣的电影市场

经过40余年的改革开放,尽管目前市场上还存在严重盗版现象,中国的电影产业仍在蓬勃发展。故事片数量从1997年的40部左右增加到2007年的402部,增长了近十倍,年产量在全球排名第三,仅次于印度和美国。2015年,十大民营发行公司占国产电影发行市场份额的84.9%,贡献票房收入229.8亿元人民币,占2015年总票房收入的52.1%。2016年,中国电影院屏幕数量增加到41,179块,首次超过美国。[③] 中国的电影业正在形成一个巨大的产业市场。

短短40年时间,中国的民营电影产业,包括民营电影制片厂和民营发行分销链,在国家意识形态和国家垄断的电影制作发行体系下成功地蓬勃发展,令世界为之惊奇。渴望创造、欣赏和分享电影内容是言论自由的基础,即使在政治左倾的时代,也不能完全遏制这种渴望。

各种宏观改革措施显著提升了中国电影产业的生产力和市场适应性。值得一提的是,中国在2016年颁布《电影产业促进法》,以法律的形式修正和确认

① See Biswajit Dhar, Reji K. Joseph, "India's Information Technology Industry: A Tale of Two Halves", in Kung-Chung Liu and Uday S. Racherla (eds.), *Innovation, Economic Development and IPR in China and India-A Study of Six Economic Sectors*, Singapore: Springer Singapore, 2019, p.90.

② See Biswajit Dhar, Reji K. Joseph, "India's Information Technology Industry: A Tale of Two Halves", in Kung-Chung Liu and Uday S. Racherla (eds.), *Innovation, Economic Development and IPR in China and India-A Study of Six Economic Sectors*, Singapore: Springer Singapore, 2019, p.94.

③ Lizhou Wei and Yanbing Li, "Chinese Film Industry Under the Lens of Copyright, Policy, and Market", in Kung-Chung Liu and Uday S. Racherla (eds.), *Innovation, Economic Development and IPR in China and India-A Study of Six Economic Sectors*, Singapore: Springer Singapore, 2019, p.135.

中国电影产业未来的发展方向。①

同样令人感兴趣的是中国香港的电影业，中国香港曾经被誉为“东方好莱坞”，每年发行400部电影，一度超过印度，1993年就拥有119家电影院。在过去20年里，香港电影业经历急剧衰退，2015年电影院的数量下降至只有47家(按照100,000人/银幕比例，在亚洲主要城市处于倒数第二)。其票房收入在2016年回升至19.47亿港元，2017年达到18.53亿港元。然而，票房收入增长归功于地区外电影，而不是香港本土电影。事实上，地区外电影贡献了票房总收入的近80%。②

印度电影业在产量和售票方面位居世界第一，在票房规模方面位居世界第三，整体增长速度最快。印度电影在全球印度侨民以及亚洲和非洲某些地区的非印度裔人口中享有盛誉，并构成印度全球软实力的一部分。然而，不可否认的是，盗版文化在印度各地广泛流行。盗版DVD在印度城市的市场公开贩售，共享和下载非法文件也很普遍。③

(二)中印开展电影放映合作

截至2023年1月，中国电影还没有在印度市场上取得多大进展。中国市场对印度电影的需求量也不大，而且印度电影受制于配额制度(quota system)(有些遵循买断放映权的模式，有些则遵循利润共享的模式)。中印两国在2014年签署一项关于电影合作的协议，间接促进双方互映电影。2017年，印度电影《摔跤吧，爸爸》在中国上映，该片的票房收入高达破纪录的12.99亿元人民币，标志着双方在电影合作领域取得突破进展。2018年，印度电影已经成为中国市

---

① 根据《中华人民共和国电影产业促进法》第29条的规定，电影院应当增加中国电影的放映时长——不低于年放映电影时长总和的三分之二。英国于1927年颁布《电影法》，旨在刺激日益衰落的英国电影业，并对抗好莱坞经济和文化上的主导地位。它要求英国电影院放映一定数量的英国电影，期限为十年。一般认为该法案是失败的，最终被1960年的《电影法》废除；可访问 https://en.wikipedia.org/wiki/Cinematograph_Films_Act_1927. See also Rachael Low, *The History of the British Film 1929-1939: Films of Comments and Persuasion of the 1930s*, London: Routledge, 2011, pp.1-243。

② See Yahong Li, Weijie Huang and Celine Melanie A. Dee, "Reminiscing About the Golden Age: An Analysis of Efforts to Revive the Hong Kong Film Industry", in Kung-Chung Liu and Uday S. Racherla (eds.), *Innovation, Economic Development and IPR in China and India-A Study of Six Economic Sectors*, Singapore: Springer Singapore, 2019, pp.147-148.

③ See Arpan Banerjee, "Contemporary Challenges of Online Copyright Enforcement in India", in Kung-Chung Liu and Uday S. Racherla (eds.), *Innovation, Economic Development and IPR in China and India-A Study of Six Economic Sectors*, Singapore: Springer Singapore, 2019, p.177.

场第二大受欢迎的外国电影，仅次于好莱坞。[①]

（三）著作权的作用

1.中印电影产业在著作权法严重执法不足的情况下蓬勃发展

尽管盗版率居高不下，但中国和印度的电影产业都很繁荣。换句话说，两国的电影产业在著作权法严重执法不足的情况下蓬勃发展。更重要的是，盗版并没有扼杀中国和印度的内容产业，如电影产业和音乐产业，反而可能有助于建立客户基础和培育未来的需求。无论是通过购票、网络服务或带宽订阅的方式直接付费，还是通过广告赞助间接付费，只要市场需求尚在，就不怕没有新的电影付费方式出现。对电影的需求越旺盛，用于交付和收费的新技术手段就越快出现。

2012 年，印度为作品作者引入一项“不可放弃”的权利，特别是电影或唱片的音乐作者，有权从他人对其作品的利用中获得等额版税。2012 年修正案的修订背景是印度的唱片公司拒绝向作者支付版税，而且著作权协会管理不善。然而，迄今为止，著作权协会通过各种法律手段拒绝遵循修正规定。[②] 如此看来，法律修改似乎并不能影响印度电影产业的既有运作模式。

2.著作权对中国网络电影产业的发展至关重要

中国电影产业的发展已经表明，可以很容易地利用无处不在的智能手机和智能电视来发展自身。百度、阿里巴巴和腾讯等主要中国互联网巨头一直在利用技术、资金、平台的根本性变革重塑电影产业，将其商业模式从提供非法内容转变为提供合法且免费（广告赞助）的内容，并进一步转变为合法但收取会员费的优质内容。因此，它们不仅提供即时、合法的方式获取优质影片，还从根本上改变了消费者的数字内容消费习惯，并为数字电影市场建立了行业规范与使其自律。越来越多的人认为，中国著作权法在推动电影业的发展上发挥着重要作用。在著作权保护方面，中国是印度的学习榜样，中国的 IT 行业也很乐意伸出援助之手。

3.中国香港电影产业衰落的“元凶”——共有制度

中国香港的电影制作制度与其他主要的电影制作地区不同，后者将著作权

---

① 参见《2018 年在中国上映的印度电影成绩如何?》，2018 年 12 月 9 日，http://www.sohu.com/a/280668438_757761。

② See Renuka Medury, “Continued Economic Benefit to the Author: Royalties in the Indian Film Industry-Historical Development, Current Status, and Practical Application”, in Kung-Chung Liu/Uday S. Racherla (eds.), *Innovation, Economic Development and IPR in China and India-A Study of Six Economic Sectors*, Singapore: Springer Singapore, 2019, pp.197-207.

完全授予制片人。在中国香港,一部电影的著作权由制片人和主要导演共同拥有,这种做法可以追溯到中国香港功夫电影的黄金时期。然而,著作权共有不利于电影的推广与利用,一些任性的导演在制作电影时会随意"打游击"(guerrilla filmmaking)或"篡改剧本"(script-butchering)。[①] 因此,有学者建议,为使中国香港的电影产业恢复昔日辉煌,需要彻底改革著作权归属制度。[②]

五、制药产业

对中国和印度而言,制药产业的重要性怎么强调都不为过。巧合的是,这两个"同病相怜"[③]的国家在制药产业方面也是完美的对照组。这一次,中国应当向印度学习。

(一)印度

印度在1970年拒绝授予药品产品专利,且将制药方法的专利保护期缩短至5—7年,这使得印度国内仿制药产业从1970年开始迅速发展。1970年《专利法》通常被认为是印度仿制药产业发展的基石。[④] 在过去的30年时间里,印度国内的仿制药公司在行业中确立自己的地位,并遥遥领先外国药企的子公司。20世纪90年代初,仿制药龙头企业的销售额增长迅速,完全改变市场竞争格局。1994—1995年,印度十大药品销售商中有5家是外国品牌的关系公司。20年后,十大销售商中有9家是国内仿制药公司。在印度的优势工业部门中,仿制药产业的利润最高。2011年以来,印度仿制药产业的平均利润达到两位

① See Yahong Li, Weijie Huang and Celine Melanie A. Dee, "Reminiscing about the Golden Age: An Analysis of Efforts to Revive the Hong Kong Film Industry", in Kung-Chung Liu and Uday S. Racherla (eds.), *Innovation, Economic Development and IPR in China and India-A Study of Six Economic Sectors*, Singapore: Springer Singapore, 2019, pp.150-151.

② See Yahong Li, Weijie Huang and Celine Melanie A. Dee, "Reminiscing about the Golden Age: An Analysis of Efforts to Revive the Hong Kong Film Industry", in Kung-Chung Liu and Uday S. Racherla (eds.), *Innovation, Economic Development and IPR in China and India-A Study of Six Economic Sectors*, Singapore: Springer Singapore, 2019, p.169.

③ 两国的传统药物历史悠久,但在开发专利新药方面均落后于别国。

④ See Omar Oswald, Mira Brui, "India, Brazil, and Public Health: Rule-Making Through South-South Diffusion in the Intellectual Property Rights Regime?", *Regulation and Governance*, vol.15, no.1, (2020) p.5, https://www.researchgate.net/publication/344152013_India_Brazil_and_Public_Health_Rule_Making_Through_South_South_Diffusion_in_the_Intellectual_Property_Rights_Regime.

数，如果算上全球业务的数据，这一数字可能会更高。[①]

2000—2017 年，印度制药业吸引了价值 155.9 亿美元的外国直接投资(FDI)。2018 年第二季度，印度制药业公布的私募股权和风险资本投资为 3.96 亿美元。而在 2017 年，印度发生 46 起并购交易，价值 14.7 亿美元。[②] 在过去的 20 年时间里，印度医药产品贸易总额从不到 20 亿美元增加到超过 270 亿美元。这种扩张得益于强劲的出口表现——从 1996 年的 10 多亿美元增加到 2016 年的 200 多亿美元。印度制药产业在配方药市场(market for formulations)的地位不断提高，配方药的出口稳步增长，其作为全球市场上廉价仿制药供货商的地位得到确认。印度配方药的最大单一市场是美国，占美国市场份额的 39%。这一市场从 2005 年不到 3 亿美元扩大到 2016 年超过 52 亿美元。[③]

相比之下，印度的原料药(bulk drug)出口停滞不前，原料药进口更在 2005—2016 年增长三倍以上。中国目前已成为原料药的最大出口国，原料药出口占印度总进口量的近三分之二。

（二）中国

2010 年，中国制药产业实现销售额 411 亿美元，位居全球第三。2016 年，中国制药产业中大型工业企业营业收入达到 2.96 万亿元人民币，比上年增长 9.92%。2015 年，中国生物医药制造业的产品销售收入为 1864 亿元人民币，利润总额为 310 亿元人民币，同比分别增长 14.8% 和 21.6%。中国是世界上第二大活性药物成分生产国，也是最大的青霉素和 P-内酰胺类药物及维生素生产国，占全球总产量的 30%。2017 年，中国医药卫生产品贸易额为 1167.6 亿美元，包括 608 亿美元的出口额和 558.8 亿美元的进口额。贸易顺差为 49 亿美

---

① See Biswajit Dhar, Reji K. Joseph, "The Challenges, Opportunities and Performance of the Indian Pharmaceutical Industry Post-TRIPS", in Kung-Chung Liu and Uday S. Racherla (eds.), *Innovation, Economic Development and IPR in China and India -A Study of Six Economic Sectors*, Singapore: Springer Singapore, 2019, p.308.

② See Uday S. Racherla, "Historical Evolution of India's Patent Regime and Its Impact on Innovation in the Indian Pharmaceutical Industry", in Kung-Chung Liu and Uday S. Racherla (eds.), *Innovation, Economic Development and IPR in China and India-A Study of Six Economic Sectors*, Singapore: Springer Singapore, 2019, p.274.

③ See Biswajit Dhar, Reji K. Joseph, "The Challenges, Opportunities and Performance of the Indian Pharmaceutical Industry Post-TRIPS", in Kung-Chung Liu and Uday S. Racherla (eds.), *Innovation, Economic Development and IPR in China and India -A Study of Six Economic Sectors*, Singapore: Springer Singapore, 2019, p.313.

元，同上年相比下降 34.6%。

中国国产药品超过 97%是仿制药。大多数中国制药公司生产的仿制药技术要求相对较低，生产技术工序也相对成熟。中国仿制药产能严重过剩，片剂、胶囊剂、粉针剂和水针剂的产能利用率分别低于 45%、40%、27%和 50%。在中国，制药企业规模较小，相当比例（2009 年为 15%）的企业处于亏损状态，市场集中度也较低，2004 年十大企业的总市场份额（CR10）为 15.1%。

（三）专利扮演的角色：在中国很低，在印度较高

尽管《中华人民共和国宪法》规定国家有保护人民健康的义务①，但中国一直是被动接受专利制度，未质疑过国际知识产权既得利益者所倡导的专利制度，在制药业也是如此。

在中国，2011 年居民购买药品的费用占卫生总支出的 50%—62%，远远高于 20%—30%的世界平均水平。2010 年，药品收入占国家公立医疗机构总收入的 42.1%。② 截至 2020 年 1 月，在中国生产的药品中，只有不到 3%受知识产权保护。专利药品的市场规模只有 120 亿元人民币，还不到国内药品市场的 1%。大多数传染病，如慢性乙型肝炎、艾滋病和其他疾病的治疗都依赖昂贵的进口专利药品。这些慢性病领域使用的临床标准药品几乎都是专利药品或专利过期药品。近 90%的专利药品来自外国企业。③

然而，在过去的 30 年中，中国的晶型药物（polymorphic drugs）专利申请量每年都在大幅增加。1985—2005 年，来自中国的专利申请总数为 2116 件，来自美国的为 651 件，来自德国、印度和瑞士的共 432 件。2005—2014 年，来自中国

---

① 《中华人民共和国宪法》第 21 条第 1 款规定："国家发展医疗卫生事业，发展现代医药和我国传统医药，鼓励和支持农村集体经济组织、国家企业事业组织和街道组织举办各种医疗卫生设施，开展群众性的卫生活动，保护人民健康。"

② See Xiangdong Chen, Shaofang Xue, Miaochen Lv and Ruolan Wang, "Pharmaceutical Industry in China: Policy, Market and IP", in Kung-Chung Liu and Uday S. Racherla (eds.), *Innovation, Economic Development and IPR in China and India-A Study of Six Economic Sectors*, Singapore: Springer Singapore, 2019, p.232.

③ See Xiangdong Chen, Shaofang Xue, Miaochen Lv and Ruolan Wang, "Pharmaceutical Industry in China: Policy, Market and IP", in Kung-Chung Liu and Uday S. Racherla (eds.), *Innovation, Economic Development and IPR in China and India-A Study of Six Economic Sectors*, Singapore: Springer Singapore, 2019, pp.236, 238.

的专利申请总数为3009件，平均每年申请301件，年平均增长率为147.9%。[①]虽然中国医药行业的专利药品数量有所增加，但专利对产业价值的贡献相对较低，而且中国企业所持有的专利与外国企业相比，竞争力较弱。[②]

相比之下，印度龙头企业持续将其销售收入中相当大的份额投入到研发中，占比从20世纪90年代末的1.5%上升为2015—2016年的近7%。这方面的运作体现在它们的专利申请上。印度企业在国外申请专利的积极性更高，在国内申请专利的积极性明显较低。[③]

六、汽车产业

政府政策在中印两国汽车产业发展中起到举足轻重的作用。在过去20年里，两个国家的汽车产业都迎头赶上。相对而言，印度汽车产业在吸纳全球最佳实践方面比中国要慢，尤其是在电动汽车(EV)领域。印度应向中国学习。

(一)中国

20世纪80年代以来，中国汽车产业主要依靠严格的准入许可监管(所有进入中国市场的汽车产品必须事先获得工信部的许可，即"目录式监管")和"以市场换技术"政策支持。中国在1994年汽车产业政策中承认汽车制造是国家支柱产业。在《国家中长期科学和技术发展规划纲要》(2006—2020年)中，中国将发展战略聚焦于自主创新，并允许一批新的、本土的创新企业进入汽车产业。

本土新企业的涌入，从根本上改变中国汽车产业的游戏规则。2001年以来，随着新企业逐渐获得监管部门的批准，其产生的杠杆效应使中国汽车产业的年生产规模和新上市产品数量突飞猛进。对于支柱性的国有企业来说，直到2013年后国家着力强调自主创新，它们才开始认真对待创新问题。

---

① See Xiangdong Chen, Shaofang Xue, Miaochen Lv and Ruolan Wang, "Pharmaceutical Industry in China: Policy, Market and IP", in Kung-Chung Liu and Uday S. Racherla (eds.), *Innovation, Economic Development and IPR in China and India-A Study of Six Economic Sectors*, Singapore: Springer Singapore, 2019, pp.239, 240.

② See Xiangdong Chen, Shaofang Xue, Miaochen Lv and Ruolan Wang, "Pharmaceutical Industry in China: Policy, Market and IP", in Kung-Chung Liu and Uday S. Racherla (eds.), *Innovation, Economic Development and IPR in China and India-A Study of Six Economic Sectors*, Singapore: Springer Singapore, 2019, p.247.

③ See Biswajit Dhar and Reji K. Joseph, "The Challenges, Opportunities and Performance of the Indian Pharmaceutical Industry Post-TRIPS", in Kung-Chung Liu and Uday S. Racherla (eds.), *Innovation, Economic Development and IPR in China and India-A Study of Six Economic Sectors*, Singapore: Springer Singapore, 2019, p.316.

后来，中国政府决定再次转变方向，制定政策鼓励电动汽车的发展和产业化，同时补贴基础设施的投资（尤其在可充电设备领域）。2018 年，中国取消对电动车产业的外国投资限制，承诺 5 年后允许企业完全自由地进入整个汽车产业，到 2022 年完全取消购买电动汽车的补贴。①

中国已经成为世界上最大的汽车生产国和消费国。中国本土汽车制造商却远未成为全球技术领导者，然而，随着电动汽车的兴起，中国本土汽车制造商在世界汽车市场上的竞争力稳步提升。2015 年，中国超过美国，成为世界上最大的电动汽车生产国和消费国。由于马达和电池正在取代燃油汽车的发动机和变速箱，电动汽车在某种程度上是颠覆性的技术创新。电动汽车能够更好地与计算机技术对接，如人工智能、移动互联网和云计算。这引发汽车平台上 ICT 技术应用的爆炸式增长，为中国迎头赶上创造机遇。②

（二）印度③

印度汽车产业一直是在政府大力扶持下发展的，政府大力扶持汽车业，帮助它在印度制造业中开辟一条独特的道路。印度的政策倾向于发展商用车产业（用于公共交通的轻型和重型车辆），而不发展被视为奢侈品的乘用车。20 世纪 80 年代初，政府已经意识到发展乘用车产业的必要性，1983 年和 1993 年，政府决定允许外国直接投资进入汽车组装领域，形成两次主要浪潮。这种外国直接投资本质上是“寻找市场”。进口壁垒和本国制造要求等政府政策促进了外国直接投资的涌入。20 世纪 90 年代实行的自由政策不但增加研发支出，而且特别是在技术方面扩大了新竞争者的进入和溢出效应。《2006—2016 年汽车任务规划》（the Automotive Mission Plan 2006-2016）提出实施“国家汽车测试和研发基础设施项目”，确保本国汽车产业能够与全球标准接轨。高达 70％的本

---

① 购买电动汽车的补贴政策已帮助中国成为全球最大的电动汽车市场，约占全球销量的 50％。中国原计划在 2020 年 12 月之前逐步取消这些补贴。然而 2019 年下半年，中国的电动汽车销量有所下降。随后，新冠疫情爆发，电动汽车销量直线下降。因此，中国将补贴延长两年至 2022 年。参见 https://fortune.com/2021/01/05/china-electric-vehicle-subsidies-sales-tesla/。

② See Kaidong Feng, Junran Li, “Challenges in Reshaping the Sectoral Innovation System of the Chinese Automobile Industry”, in Kung-Chung Liu and Uday S. Racherla (eds.), *Innovation, Economic Development and IPR in China and India-A Study of Six Economic Sectors*, Singapore: Springer Singapore, 2019, p.419.

③ See Smita Miglani, “The Growth of the Indian Automobile Industry: Analysis of the Roles of Government Policy and Other Enabling Factors”, in Kung-Chung Liu and Uday S. Racherla (eds.), *Innovation, Economic Development and IPR in China and India-A Study of Six Economic Sectors*, Singapore: Springer Singapore, 2019, pp.440-442, 461.

国制造要求或本土化要求迫使原始设备制造商及其供货商投资大量资本，创造出世界级的零部件供应链。

汽车产业是印度经济增长的强劲引擎，在全球价值链中的参与度很高。印度生产的汽车恰当地满足中低收入群体的需求。2017年，印度成为世界第四大汽车市场，国内外市场对印度汽车的需求持续增高。印度是全球第六大汽车生产国，2017—2018年平均年产量约为2900万辆，其中约400万辆出口。印度还是全球最大的拖拉机制造商，第二大两轮车制造商，第二大巴士制造商，第五大重型卡车制造商和第八大商用车制造商。汽车产业对国内生产总值的贡献从1992年至1993年的2.77％增加到2015—2016年的约7.1％，占制造业GDP的49％。该产业直接和间接地解决超过2900万人的就业。汽车产业的营业额约为670亿美元(2016—2017)，零部件产业的营业额为435亿美元(2015—2016)。2017年，印度汽车产业占全球汽车产量的4.92％(轿车部分的产量为5.38％，商用车部分的产量为3.48％)。然而，印度仍然是汽车零部件净进口国，其汽车零部件贸易逆差从2004年至2005年的2.1亿美元增加到2015—2016年的138亿美元。

如今，印度政府鼓励外国投资，并通过自动方式允许外国直接在汽车产业100％投资。该产业已经完全取消许可证制度，并允许汽车零部件的自由进口。《2016—2026年汽车任务规划》(The Automotive Mission Plan 2016-2026)中提出，到2026年，印度汽车产业将在工程技术、制造和出口汽车及零部件方面跻身世界前三，产业价值占印度GDP比重在12％以上，并额外创造6500万个就业岗位。

(三)专利在两国发挥作用有限，但专利诉讼推动中国本土研发

在中印两国汽车产业的发展过程中，知识产权发挥的作用相当有限。不同于科技密集型产业，汽车制造业属于制造密集型和规模密集型产业。它的关键知识蕴含在制造或设计经验中，并不以实用新型或发明专利等外在形态出现。虽然专利变得越来越重要，但这个行业绝大多数“专有技术”(know-how)或“熟悉门道”(know-whom)类的知识不能通过获取专利权或专利许可来掌握。事实上，许多核心企业的技术贸易或研发合作是通过工程服务、设计转让(通常包括工程服务)和零部件供应完成的。因此，该行业的能力建设是一个长期过程。例如，在没有技术评估及同化的吸收能力的情况下，中国的北京汽车公司在2009年购买瑞典萨博汽车公司(SAAB)的大部分知识产权；然而，萨博汽车公司已经在市场上完成几轮交易，丧失许多高价值的知识产权。北京汽车所获得

的只是两个相对老化的平台。①

尽管如此，从1999年到2017年，跨国公司在中国提交的专利申请总数为87,089件，而作为市场新入者的本土企业提交66,043件，国有企业和合资企业提交32,227件。跨国公司的发明占比最高，为79.53%（69,265件），实用新型的占比较低，仅为3.06%。本土企业的发明和实用新型占比分别为32.84%和50.24%，国有企业及合资企业的占比分别为20.55%和57.72%。国有企业及合资企业的专利授权率仅为35.35%，明显低于跨国公司（57.01%）和本土企业（50.28%）。大多数跨国公司的专利申请是由其本国母公司提交的，这表明他们与本地企业合作成立的合资企业仍然不涉及专利的申请。②

在推动本土研发方面，值得一提的小插曲是，2001年之后，当中国本土汽车制造商开始对老牌跨国公司构成现实威胁时，跨国公司着手在一系列案件中起诉他们侵犯其知识产权。这些司法纠纷对本土汽车制造商的技术能力产生了负面影响，迫使它们通过采取投入巨大的内部研发成本等措施，努力发展自主技术。③

在印度，1990年1月至2018年7月，七大制造商拥有的专利数量有所增加，但并不显著。印度公司中，TVS集团、塔塔汽车（Tata Motors）和马恒达（Mahindra & Mahindra，M&M）一直是印度专利申请者中的佼佼者。虽然TVS集团的专利量增长一倍，塔塔汽车的专利量增长五倍多，但它们的绝对专利数量很小，仅从2001年至2010年的87项和10项分别增加为2011年至2018年的161项和57项。④

---

① See Smita Miglani, "The Growth of the Indian Automobile Industry: Analysis of the Roles of Government Policy and Other Enabling Factors", in Kung-Chung Liu and Uday S. Racherla (eds.), *Innovation, Economic Development and IPR in China and India-A Study of Six Economic Sectors*, Singapore: Springer Singapore, 2019, p.421.

② See Smita Miglani, "The Growth of the Indian Automobile Industry: Analysis of the Roles of Government Policy and Other Enabling Factors", in Kung-Chung Liu and Uday S. Racherla (eds.), *Innovation, Economic Development and IPR in China and India-A Study of Six Economic Sectors*, Singapore: Springer Singapore, 2019, pp.431-432.

③ See Smita Miglani, "The Growth of the Indian Automobile Industry: Analysis of the Roles of Government Policy and Other Enabling Factors", in Kung-Chung Liu and Uday S. Racherla (eds.), *Innovation, Economic Development and IPR in China and India-A Study of Six Economic Sectors*, Singapore: Springer Singapore, 2019, p.424.

④ Smita Miglani, "The Growth of the Indian Automobile Industry: Analysis of the Roles of Government Policy and Other Enabling Factors," in Kung-Chung Liu and Uday S. Racherla (eds.), *Innovation, Economic Development and IPR in China and India-A Study of Six Economic Sectors*, Singapore: Springer Singapore, 2019, pp.458-459.

七、结语

(一)知识产权究竟扮演着何种角色?需要视具体情况

脱离商业现实或工业现状空谈知识产权,很难说清楚其在某一特定经济体的某一特定产业发展中起到什么作用,也许是因果作用、促进作用、削弱作用、共同作用或者根本没有作用。本章的研究提醒我们:要学会视具体情况。就中国和印度的IT产业而言,虽然两国都有各自的全球优势,但印度企业并不重视自主知识产权。相比之下,中国企业在硬件IT领域拥有更多的专利。因此,知识产权在印度作用非常有限,在中国则恰恰相反。

中国和印度的电影产业在著作权法严重执法不足的情况下蓬勃发展。盗版并没有扼杀中国和印度的内容产业,如电影产业或音乐产业,反而有助于建立客户基础和培育未来的需求。然而,在促进中国在线电影产业发展方面,著作权发挥着重要作用。此外,电影著作权归属的拙劣制度安排也确实阻碍中国香港电影产业的发展。

印度仿制药产业已经成为世界的药房,并且正在朝专利药方向发展,而中国的制药产业只在原料药方面表现出色。总的来说,在中国,专利对产业的贡献相对较低,而且中国企业拥有的知识产权同外国企业相比,竞争力较弱。相比之下,印度的龙头企业将其销售收入相当大的部分投入研发。它们更积极地在国外申请专利,但在印度本土申请专利的热情则明显较低。

在中印两国汽车产业的发展中,知识产权的作用相对有限。中国受理大量专利申请。其中,跨国公司的发明占比最高,实用新型的占比较低(分别为79.53%和3.06%)。本土企业两项占比分别为32.84%和50.24%,而国有企业与合资企业两项占比分别为20.55%和57.72%。在印度,七大汽车制造商拥有的专利数量有所增加,但其绝对数量与中国相比则微不足道。

(二)中印两国应当互相学习

中印两国IT产业的特征是各有所长,一方具有的独特优势正是另一方所缺乏的,能够弥补对方的不足。这说明双方有很大的合作和协同空间。尽管盗版现象严重,但中印两国的电影产业仍在蓬勃发展。印度可以借鉴中国的做法,利用信息技术手段播放电影和支付费用。两国都可以放映对方电影(配以综合音乐),这可以增进理解和引发共鸣。

中印两国在制药产业也是完美的对照组。印度的制药产业已经远远超越中国同行,中国可以从印度学到很多。中国应该关注印度在立法和司法实践促进国内制药产业发展的经验。

印度汽车产业吸纳全球最佳实践的速度远比中国同行要慢。中国汽车产业的公司战略比印度更快、更广泛地推动技术进步，特别是在电动汽车领域。印度可以向中国学习有益经验。

更广泛地来说，印度政府灵活地将知识产权制度为己所用，这一做法值得中国学习，有助于中国在国际知识产权谈判中调整策略，摆脱长期以来对知识产权的盲目崇拜，也可以帮助中国在适当的时机推出全球知识产权规则的中国版本。

第九章　中国台湾地区如何将绝对用尽原则适用于所有知识产权

自20世纪80年代以来,平行进口受知识产权保护的真品——从可口可乐等软饮料到汽车、化妆品、消费电子产品和电器——在包括中国台湾地区在内的亚洲新兴经济体开始流行。这也是贸易兴起、可支配收入增加以及人们对优质生活追求的全球普遍现象。然而,知识产权权利人打着"知识产权地域性"旗号实行区别定价,不欢迎平行进口。[①] 尽管TRIPS协议第6条明确将权利用尽问题留待WTO成员自行决定,但是,从事国际贸易和套利的平行进口商仍在不同国家和地区面临知识产权壁垒。

中国台湾地区知识产权法对平行进口(台湾地区称为"平行输入")的处理有所差异,摇摆于绝对用尽原则和相对用尽原则之间。来自台湾地区主要贸易伙伴美国的压力,此乃政策摇摆的关键驱动力。本章以台湾地区为例,说明一法域如何受缚于不一致的权利用尽制度,以及如何从中解脱出来。希望对亚洲其他经济体具有参考价值。[②]

一、工业知识产权法下的用尽和平行输入

(一)绝对用尽制度

台湾地区所谓1993年"商标法"采用绝对用尽制度,随后1995年所谓"积体电路电路布局保护法"和2002年的所谓"专利法"也采绝对用尽制度。

---

① 据台湾地区竞争事务主管机关(公平会)创始委员之一黄茂荣教授观察,台湾地区1992年至1995年国际价格差异十分突出。

② Deniel Gervais, *The TRIPS Agreement*, London: Sweet & Maxwell, 2012, p.222.

1.中国台湾地区所谓“商标法”

台湾地区“商标法”始终未具体提及商标所有人享有进口权，也未使用“用尽”术语。20世纪80年代末，出现商标持有人是否可以排除第三方平行输入合法带有其商标在地区外市场首次合法销售或分销商品问题。1992年，台湾地区“最高法院”作出具有里程碑意义判决，消除这种不确定性，支持平行进口产品商标权的绝对用尽[①]，其立论深入：真正商品之平行输入，其品质与商标使用权人行销之同一商品相若，且无引起消费者混同、误认、欺蒙之虞者，对商标使用权人之营业信誉及消费者之利益均无损害，并可防止商标使用权人独占台湾地区市场，控制商品价格，因而促进价格之竞争，使消费者购买同一商品有选择之余地，享受自由竞争之利益，于台湾地区所谓“商标法”之目的并不违背，在此范围内应认为不构成侵害商标使用权。[②]

随后的判决支持商标权绝对用尽原则，只要带有该商标的货物以原包装转售[③]，并正确标明商品来源避免消费者混淆。[④]

2011年台湾地区颁布所谓“商标法”将法院上述观点纳入第36条第2项规定：附有注册商标之商品，由商标权人或经其同意之人于地区内外市场上交易流通，商标权人不得就该商品主张商标权。但为防止商品流通于市场后，发生变质、受损，或有其他正当事由者，不在此限。

除第36条第2项明确提及“地区外市场”外，该条立法理由明确表明“‘市场’一词涵盖不特定‘地区外市场’”。[⑤] 此外，在该条款加入“地区内外市场”字眼，再次表明台湾地区所谓“商标法”所采立场符合绝对用尽原则。[⑥]

后续的发展是，“商标法”预设绝对用尽原则的前提是，在商标的地区外和地区内所有人间存在必要关系（required relationship）且产品质量保持不变，或产品质量未因平行进口商修改而遭受负面影响（对该原则的详细解释，见本书

---

① 台湾地区“最高法院”这项判决意义重大，既由于该判决结果认可采绝对用尽原则，也因为在没有现有成文法基础且在台湾学术界对这立场表示支持前，该院乃至一般司法少见如此坚定发展法律理论并应用的判决。

② 参见台湾地区“最高法院”(1992年)台上字第2444号判决(1992年10月22日作出)。

③ 然而，进口真品重新包装通常不会影响产品的原始状态，反而提高其价值，且进口商已经适当地公开告知重新包装产品的事实。因此，仅因重新包装而禁止平行进口殊值怀疑。例如，在日本，产品包装受到高度重视，有时甚至比货物本身更加重要。换言之，产品的重新包装会有增值功能。相较而言，欧盟法院对经过重新包装的真品平行进口更加宽容。

④ 台湾地区“最高法院”在(1993年)台上字第5380号判决(1993年10月8日作出)和(1993年)台上字第5607号判决(1993年10月21日作出)得出同样结论。

⑤ 台湾地区“最高法院”(1993年)台上字第5380号判决(1993年10月8日作出)和(1993年)台上字第5607号判决(1993年10月21日作出)。

⑥ 台湾地区“最高法院”(1993年)台上字第5380号判决(1993年10月8日作出)和(1993年)台上字第5607号判决(1993年10月21日作出)。

第三章“四、商标权的限制”)。

2.中国台湾地区所谓“积体电路电路布局保护法”

经审议多年,台湾地区1995年颁布所谓“积体电路电路布局保护法”,至今仅于2002年修订过一次。该法制定主要目的在于遵守TRIPS协议第35—37条和回应美国贸易谈判要求。

台湾地区所谓“积体电路电路布局保护法”不要求实质审查,只要求注册。过去十年间(2011—2020年),积体电路布局设计注册数量极少,共1126件。[①]积体电路布局权期限很短仅十年(第19条第1项),且排他权十分受限,该法第17条规定:“电路布局权人专有排除他人未经其同意而为下列各款行为之权利:(1)复制电路布局之一部或全部;(2)为商业目的输入、散布电路布局或含该电路布局之积体电路。该等权利还受制于一系列宽泛豁免条款,该法第18条规定电路布局权不及于下列各款情形:“(1)为研究、教学或还原工程之目的,分析或评估他人之电路布局,而加以复制者;(2)依前款分析或评估之结果,完成符合第16条之电路布局或据以制成积体电路者;(3)合法复制之电路布局或积体电路所有者,输入或散布其所合法持有之电路布局或积体电路;(4)取得积体电路之所有人,不知该积体电路系侵害他人之电路布局权,而输入、散布其所持有非法制造之积体电路者。”[②]台湾地区所谓“积体电路电路布局保护法”第31条进一步为不知该积体电路系侵害他人电路布局权而输入、散布的人规定事实上

① 台湾地区智慧局统计数据,参见https://www.tipo.gov.tw/tw/cp-170-286197-23ac9-1.html。

② 本条立法理由为:“一、本条明定排除电路布局权效力之情形。由于以研究、教学或还原工程之目的,对于他人之电路布局加以分析、评估,乃促进电路布局设计技术提升最佳途径之一;又在研究、分析阶段,对于被研究电路布局之权利人尚未构成商业竞争,各国均明文允许,爰于第一款明定。二、第二款系对半导体产业所谓之‘还原工程’(REVERSE ENGINEERING)予以合法化,还原工程是指分析、评估他人之电路布局,予以改良后,再制造与其功能相容之晶片,以便在市场上竞争。其所以得到业界之认许,是因为进行还原工程亦需投入相当之人力、财力与时间分析评估,非不劳而获窃取他人之研究成果;且还原工程进行之过程中必留下许多研究、分析纪录,如工作日志、研究分析计划、逻辑电路图、测试纪录、金钱花费等纸上纪录。而仿冒与抄袭通常只是将积体电路层层除去后照相复制,并未投入相当之人力、时间及财力,了解被仿冒电路布局设计之原理,与还原工程殊不相同。三、第3款明定第一次销售原则之合法性。合法取得电路布局权人或经其合法授权之人所复制的电路布局或积体电路者,将来再继续散布、输入时,依第17条第2款之规定,应先取得电路布局权人之同意,如此显然严重妨碍积体电路之流通。爰参考WIPO积体电路保护条约第6条第5项、美国晶片保护法第906条(b)项及日本电路布局法第12条第3项之规定,明文承认学理上之第一次销售原则(FIRST SALE DOCTRINE)[或称耗尽原则(EXHAUSTION DOCTRINE)]。四、第4款明定善意取得非法制造之积体电路者,得输入或散布其所持有之积体电路。倘取得人不知其所取得之晶片为仿冒,使其负侵害之责实有过苛,因此仿各国立法例,对于此种情形排除在侵害行为之外。然嗣后取得人经电路布局权人以书面通知并检具鉴定书后,为商业目的继续输入或散布其所取得之积体电路者,则应依第31条之规定,给付相当于权利金之损害赔偿。五、电路布局权人以外之第三人倘有自行研究发展出与之相同之电路布局,因其系由本身智慧所研发,并非抄袭或仿冒,自不属侵害行为,爰于第5款明定。”

强制许可，准许其支付相当于电路布局通常利用可收取权利金损害赔偿后继续输入或散布[1]："若第18条第4款所称之所有人，于电路布局权人以书面通知侵害之事实并检具鉴定书后，为商业目的继续输入、散布善意取得之积体电路者，电路布局权人得向该所有人请求相当于电路布局通常利用可收取权利金之损害赔偿。"[2]

台湾地区所谓"积体电路电路布局保护法"虽未明言，但言下之意确实是采绝对用尽原则。该法第18条乃基于不让积体电路布局权"严重妨碍积体电路之流通"的考虑。[3] 该条立法理由参考《集成电路知识产权条约》(Treaty on Intellectual Property in Respect to Integrated Circuits，以下简称"IPIC"，1989年5月26日签署，至今尚未生效)第6条第5款的规定："(用尽原则)任何缔约方得规定，对由权利人或者经其同意投放市场的受保护布局图设计(拓扑图)或者采用该布局图设计(拓扑图)的集成电路，未经权利人许可而进行第1款(A)项(2)目规定(进口及销售，作者说明)的任何行为合法。"[4]此外也参考美国

---

① 中国《集成电路布图设计保护条例》(中华人民共和国国务院令第300号)规定布图设计的非自愿许可，第25条授权"在国家出现紧急状态或者非常情况时，或者为了公共利益的目的，或者经人民法院、不正当竞争行为监督检查部门依法认定布图设计权利人有不正当竞争行为而需要给予补救时，国务院知识产权行政部门可以给予使用其布图设计的非自愿许可"。

② 本条立法理由为：一、积体电路所有人，输入或散布含有非法制造电路布局之积体电路，原系侵害电路布局权之行为。但因所有人于取得积体电路时，不知该积体电路之输入或散布系侵害他人之电路布局权；且是否构成侵害，自积体电路外观不易加以辨识，如令其负赔偿责任，恐过于严苛，故第18条第4款规定，将此种情形排除于侵害行为之外。唯该所有人知悉其积体电路含有非法制造电路布局之事实后，倘仍得以无限制地继续输入或散布，显有害于权利人之权益。或谓权利人可向产制该含有非法电路布局积体电路之人，即最上游制造者，请求赔偿，然而最上游制造者或不在台湾地区，或不知为何人，甚或无资力，如此对权利人之保护实为不足。是以各国立法例均规定，该所有人受通知后，应支付权利金或相当于权利金之损害赔偿，始得继续输入或散布。再者，权利人依本条规定向所有人请求损害赔偿后，该所有人复依债务不履行或瑕疵担保等相关规定向其前手或制造者请求赔偿，原系权利行使之正当程序，方符法制。二、前已述及所有人就所取得之积体电路是否含有非法制造之电路布局，自积体电路外观不易加以辨识。为兼顾其权益，爰参酌第29条第4项之规定，明定电路布局权人应以书面通知所有人有侵害之事实，并检具鉴定书后，始可对该所有人为商业目的继续输入或散布之行为依本条请求损害赔偿。

③ 台湾地区"立法院"公报第84卷第46期，1959年7月13日，第22页。

④ Article 6(1)(a)(ii) and (5) of the IPIC 原文：(1) [Acts Requiring the Authorization of the Holder of the Right] (a) Any Contracting Party shall consider unlawful the following acts if performed without the authorization of the holder of the right: (ii) the act of importing, selling or otherwise distributing for commercial purposes a protected layout-design (topography) or an integrated circuit in which a protected layout-design (topography) is incorporated. … (5) [Exhaustion of Rights] Notwithstanding paragraph (1)(a)(ii), any Contracting Party may consider lawful the performance, without the authorization of the holder of the right, of any of the acts referred to in that paragraph where the act is performed in respect of a protected layout-design (topography), or in respect of an integrated circuit in which such a layout-design (topography) is incorporated, that has been put on the market by, or with the consent of, the holder of the right.

1984 年《半导体芯片保护法》(Semiconductor Chip Protection Act) 第 6 条(b)款的规定,“由掩膜作品(mask work)所有人自行制造或经其授权任何其他人制造的半导体芯片产品,该产品所有权人可以进口、销售或以其他方式处置或使用该产品,不需由掩膜作品所有人授权”[①],和日本 1985 年《半导体集成电路布图设计法》(Act on the Circuit Layout of a Semiconductor Integrated Circuits, 1985 年 5 月 31 日第43 号法,2006 年 6 月 2 日第 50 号法修订)第 12 条第 3 款的规定,“布图设计利用权的效力不应扩展到任何转让、租赁、为转让或租赁目的而展示、进口所转让半导体集成电路之行为”[②]。

台湾地区所谓“积体电路电路布局保护法”实际使用及其意义几乎为零。截至目前,没有任何法院判决适用该法或具体适用其第 18 条第 3 款和第 4 款。该法在绝对用尽原则方面对其他知识产权法领域没有影响。

3.中国台湾地区所谓“专利法”

2002 年,台湾地区所谓“专利法”承认专利权人进口其专利所涵盖产品的权利。承认该权利,是加入世贸组织的条件之一。该权利最终条款以 TRIPS 协议第 28 条为蓝本,并参考仿效美国、法国和德国专利法类似条款。[③] 新引进的条款生效于 2002 年 1 月 1 日,亦即“台湾、澎湖、金门、马祖单独关税区”(简称“中国台北单独关税区”)成为世贸组织成员的当日。

引入进口权的同时还增加了绝对用尽条款,立法理由是“避免争议”[④]。台湾地区所谓“专利法”第 57 条第 1 项第 6 款规定:发明专利权之效力,不及于下列各款情事:……6.专利权人所制造或经其同意制造之专利物贩卖后,使用或再

---

① 17 US Code § 906 (b) 原文:(b) Notwithstanding the provisions of section 905(2), the owner of a particular semiconductor chip product made by the owner of the mask work, or by any person authorized by the owner of the mask work, may import, distribute, or otherwise dispose of or use, but not reproduce, that particular semiconductor chip product without the authority of the owner of the mask work.

② Article 12(3) of (3) of Japan's Act on the Circuit Layout of a Semiconductor Integrated Circuits 原文:Where any holder of a layout design license, holder of an exclusive (layout design) license or holder of a non-exclusive (layout design) license has transferred semiconductor integrated circuits (including articles incorporating the relevant semiconductor integrated circuits as a part thereof; hereinafter the same applies in this paragraph) manufactured utilizing the registered layout-design, the effect of a layout design license does not extend to any acts of transferring, leasing, displaying for the purpose of transfer or leasing, or importing the transferred semiconductor integrated circuits.

③ 2002 年台湾地区所谓“专利法”第 56 条第 1 项和第 2 项规定:物品专利权人,除本法另有规定者外,专有排除他人未经其同意而制造、贩卖、使用或为上述目的而进口该物品之权。方法专利权人,除本法另有规定者外,专有排除他人未经其同意而使用该方法及使用、贩卖或为上述目的而进口该方法直接制成物品之权。

④ 台湾地区“立法院”公报第 82 卷第 71 期,1999 年 12 月 9 日,第 130 页。

贩卖该物者。上述制造、贩卖,不以台湾地区为限。[①]

然而,针对该条款解释存在争议,因为台湾地区所谓“专利法”第 57 条第 2 项规定“前项第六款得为贩卖之区域,由法院依事实认定之”。[②] 而台湾地区所谓“专利法施行细则”第32 条规定:“依第 57 条第 2 项……所定得为贩卖之区域,由法院参酌契约之约定、当事人之真意、交易习惯或其他客观事实认定之。”基本将第 57 条第 1 项第 6 款规定的专利权绝对用尽原则交由当事人合意约定。

由于专利权用尽的规制涉及公共政策,不应受制于私人合同,台湾地区所谓“专利法”第 57 条第 2 项广受批评也就不足为奇。此外,专利权用尽范围的合同约定,欠缺对第三方必要的公示作用。最终,作为 2011 年台湾地区所谓“专利法”系列改革一部分,“前项第六款得为贩卖之区域,由法院依事实认定之”争议条文被删除,并于 2013 年生效。删除该条文的理由是:

> 依第一项第六款规定,系采绝对耗尽原则,唯第二项复规定相关贩卖之区域,须由法院认定之。按权利耗尽原则究采绝对耗尽或相对耗尽原则,本属“立法”政策,无从由法院依事实认定,本项规定修正明确采绝对耗尽原则,爰将现行条文第二项后段删除,以杜争议。[③]

(二)相对用尽原则

根据中国台湾地区 1988 年颁布的所谓“植物品种法”,经实质审查后,承认传播、销售和使用植物品种专有权(第 8 条第 1 项),保护期限为 15 年(第 19 条)。2004 年,该法更名为所谓“植物品种及种苗法”,延长保护期限(木本或多年生藤本植物为 25 年,所有其他植物品种为 20 年,第 23 条),并扩大新品种权。第 24 条第 1 项规定:

> 品种权人专有排除他人未经其同意,而对取得品种权之种苗为下列行为:(1)生产或繁殖;(2)以繁殖为目的而调制;(3)为销售之要约;(4)销售或其他方式营销;(5)输出、入;(6)为前五款之目的而持有。

---

① 根据台湾地区所谓“专利法”第 120 条和第 117 条,实用新型和外观设计专利也享有进口权。

② 立法者并未解释加入第 57 条第 2 项的原因,有分析认为,担心美国政府的贸易报复,乃立法者引入绝对用尽原则时的难言之隐。参见庄胜荣:《平行输入专利产品之研析》,(台湾)《法令月刊》1995 年第 4 期。

③ 台湾地区“立法院”公报第 100 卷第 81 期,2011 年 11 月 29 日,第 160—161 页。

此外，为平衡公众使用植物新品种、保障食品安全以及知识产权人权利[①]，第26条第1项第6款引入关于植物品种权国内用尽原则规定：品种权之效力，不及于下列各款行为：……(6)针对已由品种权人自行或经其同意在地区内销售或以其他方式流通之该具品种权之品种或其从属品种之任何材料所为之行为。但不包括将该品种作进一步繁殖之行为。植物新品种由权利人或经权利人同意在台湾地区市场上销售或流通时，该权利用尽。2011—2018年，共有590个植物新品种权获得注册。[②] 然而，截至目前，尚未出现与此相关法院判决。某种程度上，这表明本法在实践上对权利用尽问题无关紧要。

二、奇特的著作权法

(一)中国台湾地区与美国的著作权保护协议

受著作权法保护的作品无处不在，台湾地区蕴藏着巨大商业利益，尤其是在20世纪70年代末以来复制便捷时代。因而，著作权保护成为美国贸易谈判代表与台湾地区贸易谈判的优先事项之一。鉴于美国文化产品在中国台湾地区很受欢迎，存在直接消费需求(台湾地区民众具有购买经济能力)，且美国和台湾地区存在较大价格差异，因此受著作权法保护著作平行输入至中国台湾地区的问题成为贸易谈判焦点之一。

1989年，台湾地区"北美事务协调委员会"与美国在台协会(代表美国政府)达成《著作权保护协议草案》(Draft Agreement on Copyright Protection between the Coordinating Council for North American Affairs and the American Institute in Taiwan)，1993年7月16日生效[③]，其中第14条第1款规定：

> (1)受本协议保护之著作，其侵害物，在该著作享有合法保护之缔约任一方领域内，应予扣押。侵害物系指侵害依地区内法及本协议所规定之专属权利之任何著作版本；包括进口版本，倘该版本之进口商纵系于进口地

---

① 台湾地区"立法院"公报第93卷第17期，2004年3月23日，第249页。

② 参见台湾地区行政管理机构农业委员会：《植物新品种年鉴》，https://www.afa.gov.tw/cht/index.php? code=list&ids=593&page=2。

③ 参见中国台湾地区与美国著作权保护协议，https://web-archive-2017.ait.org.tw/en/tecro-agreement/92.pdf。

自行制作该版本，亦构成侵害著作权者。[1]

该条款文字表述晦涩，难以判断“平行输入版本”是否自动属于侵权复制品。可确定者，乃美国提出该条款，其意在于禁止贸易商向中国台湾地区平行输入著作，而非相反——因自中国台湾地区输出至美国的著作产品有限。

（二）间接授予输入权和其极有限“例外情况”

1992 年，中国台湾地区所谓“著作权法”大修，新增第 87 条第 3 款，将意图在台湾地区散布而输入在该区域内重制系属侵害著作权或制版权[2]之物者，视为“侵犯著作权或制版权”。该款立法理由简要：

> 为加强保护著作权及制版权，以拟制之“立法”体例，明定视为侵害，以资保护权利人著作权或制版权。[3]

中国台湾地区立法机构 1993 年在保留八个条款前提下批准与美国的著作权保护协议，其中一款为第 14 条是否授予著作权人“进口权”争议。[4] 此举引起美方强烈不满，中国台湾当局于 1993 年 3 月 8 日至 12 日、1993 年 4 月 7 日至 8 日两次派代表前往美国商议。[5] 然而，美国回应称，对中国台湾地区“立法”机构决议深感失望，要求中国台湾当局放弃该决议，并于 1993 年 4 月底前修改第

---

① The English text of Article 14 (1) reads: Infringing copies of a work protected in accordance with this Agreement shall be liable to seizure in either territory where such work enjoys legal protection. An infringing copy shall mean a copy of such work that infringes any of the exclusive rights provided in domestic law and in this Agreement including a copy which is imported into the territory represented by either Party where, if made in such territory by the importer, would constitute an infringement of the copyright.

② 无著作财产权或著作财产权消灭之台湾人之文字著述或美术著作，经制版人就文字著述整理排印，或就美术著作原件影印首次发行，并依法登记者，制版人就其排印或影印之版面，专有以印刷或类似方式重制之权利。制版人之权利，自制版完成时起算存续十年。前项保护期间，以该期间届满当年之末日为期间之终止。

③ 台湾地区“立法院”公报第 81 卷第 36 期，1992 年 5 月 1 日，第 123 页。

④ See Soojin Kim, “In Pursuit of Profit Maximization by Restricting Parallel Imports: The U.S. Copyright Owner and Taiwan Copyright Law”, *Pacific Rim Law & Policy Journal*, vol.5 (1995), pp.205, 214.

⑤ See Soojin Kim, “In Pursuit of Profit Maximization by Restricting Parallel Imports: The U.S. Copyright Owner and Taiwan Copyright Law”, *Pacific Rim Law & Policy Journal*, vol.5 (1995), p.215.

87 条，明确引入与美国的著作权保护协议间接进口权表述[①]，否则将对台贸易制裁。[②] 于是，中国台湾当局于 1993 年 4 月 20 日通过修正提案，中国台湾地区“立法”机构于两天后在反对党强烈抗议下通过该修正案。[③]

第 87 条引入两个条款，规定下列情形视为侵害著作权或制版权，间接赋予著作财产权人专属输入权：

> ……(3)输入未经著作财产权人或制版权人授权重制之重制物或制版物者；(4)未经著作财产权人同意而输入著作原件或其重制物者。[④]

台湾地区所谓“著作权法”同时增加第 87-1 条[⑤]，对进口权规定极其明确而狭窄的例外情况[⑥]：

1.倘有下列情形之一者，前条第四款之规定，不适用之：

(1)为供台湾地区地方机关之利用而输入。但为供学校或其他教育机构之利用而输入或非以保存数据之目的而输入视听著作原件或其重制物者，不在此限。

(2)为供非营利之学术、教育或宗教机构保存数据之目的而输入视听著作原件或一定数量重制物，或为其图书馆借阅或保存数据之目的而输入视听著作以外之其他著作原件或一定数量重制物，并应依第四十八条规定利用之。

(3)为供输入者个人非散布之利用或属入境人员行李之一部分而输入著作原件或一定数量重制物者。

---

① 根据台湾地区“内政部”著作权委员会(智慧局前身)王全录主委的说法，第 87 条条文之文字是美方所定之底线；依其本意，我方是无修正权。参见台湾地区“立法院”公报第 82 卷第 26 期，1993 年 4 月 21 日，第 579 页。

② See Soojin Kim, “In Pursuit of Profit Maximization by Restricting Parallel Imports: The U.S. Copyright Owner and Taiwan Copyright Law”, *Pacific Rim Law & Policy Journal*, vol.5 (1995), pp.205, 214.

③ 台湾地区“立法院”公报第 82 卷第 23 期，1993 年 4 月 20 日，第 3 页；第 82 卷第 26 期，1993 年 4 月 21 日，第 565—567 页；第 82 卷第 24 期，1993 年 4 月 22 日，第 70 页。

④ 其立法理由为：为加强保护著作财产权人及制版权人之权益，以拟制之立法体例，于第三款明定输入未经授权重制之重制物或制版物者，视为侵害；另亦增列第四款明定未经著作财产权人同意而输入著作原件或其重制物者，亦视为侵害。第四款之修正即间接赋予著作财产权人专属输入权。

⑤ 其立法理由为：前条第四款增列修正后间接赋予著作财产权人专属输入权，此或将对文教利用、信息取得造成部分影响，为兼顾加强保护著作财产权人及减少对文教利用之影响，以达本法明定之立法宗旨，乃明定除外规定。

⑥ 台湾地区所谓“著作权法”第 87-1 条第 1 款第 1—3 项，显然类似于《美国著作权法》第 602 条(a)项。

(4)台湾地区地方机关、非营利团体及依法设立之各级学校,为专供视力障碍、学习障碍、听力障碍或其他感知障碍人士使用,得输入以翻译、盲文、录音、数字转换、口述影像、附加手语或其他方式重制之著作重制物,并应依第五十三条规定利用之。

(5)附含于货物、机械或设备之著作原件或其重制物,随同货物、机器或设备之合法输入而输入者,该著作原件或其重制物于使用或操作货物、机器或设备时不得重制。

(6)附属于货物、机器或设备之说明书或操作手册随同货物、机器或设备之合法输入而输入者。但以说明书或操作手册为主要输入者,不在此限。

"著作权法"委员会于 1993 年公告所谓"著作权法"第 87 条之一第 1 项第 2 款及第 3 款之一定数量:"……(3)为供输入者个人非散布之利用而输入著作重制物者,每次每一著作以一份为限。(4)属入境人员行李之一部分而输入著作重制物者,每次每一著作以一份为限。"①

侵害新设输入权除招致民事责任,还有刑事救济,即 2 年以下有期徒刑,或科或并科新台币 10 万元以下罚金。该规定施行至 2003 年才被"党团协商"发起的修正案删除②,但是并未刊登公报③,背后原因至今成谜。

(三)引入散布权及相对用尽原则

2003 年,台湾地区所谓"著作权法"正式引进包含输入权和相对用尽原则的散布权。第 28-1 条规定:

> (1)著作人除本法另有规定外,专有以移转所有权之方式,散布其著作之权利。(2)表演人就其经重制于录音著作之表演,专有以移转所有权之方式散布之权利。

台湾地区所谓"著作权法"第 59-1 条规定相对用尽原则,该条规定:台湾地区内取得著作原件或其合法重制物所有权之人,得以移转所有权之方式散布之。

---

① 参见台湾地区原"内政部"著作权委员会台(82)内著字第 8284870 号,1993 年 4 月 24 日。

② 参见台湾地区"立法院"公报第 96 卷第 83 期,2007 年 11 月 30 日,第 46—52 页。根据台湾地区所谓"立法院职权行使法"第 68 条的规定,为协商议案或解决争议事项,得由"立法院"院长或各党团向院长请求进行党团协商。

③ 根据台湾地区所谓"立法院职权行使法"第 71 条的规定,党团协商经各党团代表达成共识后,应即签名,作成协商结论,并经各党团负责人签名,于院会宣读后列入记录,刊登公报。

(四)合法输入正品重制物的命运:禁止转售,允许出租

关于适用第87-1条第1项第3款,还应指出,合法输入著作重制物并不总由输入者购买并转售。毕竟,著作重制物通常流转甚久,经转售或出租而为第三人获得或占有。但是,在1999年一宗涉及音像店转售由第三方合法输入的激光光盘案件,台湾地区"最高法院"不应允许转售受著作权保护的重制物:

> 准此以言,虽该影碟片经告诉人证实系真品,亦无同法第八十七条之一所规定不适用八十七条第四款之情形,则其系侵害著作权之物甚明。被告既明知该《李小龙传》影碟片为侵害著作权物,竟意图贩卖散布而陈列于其开设之乔达影视专卖店内待售。自系以同法第八十七条第二款方法侵害他人著作权,而应依同法第九十三条第三款论处其罪刑。[1]

值得注意的是,台湾地区"最高法院"1998年支持出租合法输入的重制物[2],以及出租由第三方合法输入并出售给被告出租人的激光光盘的合法性:

> 终审判决明确指出,合法著作重制物之所有人得依第60条之规定,向他人出租该重制物。[3] 本件原确定判决所确认之事实,系认被告甲某某向他人贩入之《轰天雷》《法柜奇兵》《轰天奇兵》《惊涛骇浪》四部影碟片,为合法著作重制物,被告将之陈列出租与他人,系属法律所允许之行为……[4]

有评论认为,台湾地区"最高法院"在该领域的立场并不统一。[5] 然而,只要细读台湾地区所谓"著作权法"第60条,就可以澄清该院这种看似前后不一的做法。该条明确将出租权授予录音和计算机程序著作以外著作原件及合法著作重制物的所有人,故其认为通过输入或其他方式获得该合法著作重制物出租均为合法。

但该院依据第87-1条第1款第3项,禁止合法输入正版产品转售则有失恰当。首先,产品所有人应该可完全按照自己意愿处分产品,合法输入正版产品

---

① 参见台湾地区"最高法院"(1999年)台非字第17号判决(1999年1月14日作出)。

② 参见台湾地区"最高法院"(1999年)台非字第397号判决(1998年12月10日作出)。

③ 台湾地区所谓"著作权法"第60条规定:"(1)著作原件或其合法著作重制物之所有人,得出租该原件或重制物。但录音及计算机程序著作,不适用之。(2)附含于货物、机器或设备之计算机程序著作重制物,随同货物、机器或设备合法出租且非该项出租之主要标的物者,不适用前项但书之规定。"

④ 台湾地区"最高法院"(1998年)台非字第158号判决(1998年6月4日作出)。

⑤ 参见谢铭洋:《水货影碟出租或出售是否构成著作权之侵害——台湾"高等法院"87年上易字第6334号及"最高法院"88年台非字第17号两则判决评释》,(台湾)《台湾本土法学杂志》2000年第7期。

所有人的财产权不应低于该产品的著作权；其次，权衡产品所有人和著作权人利益，著作权人因该产品转售而受的损害应属有限，因为法律所准允输入权例外情况极其有限，且正版产品实际输入及转售数量很少，故不应禁止转售合法输入正版产品。

三、中国台湾地区应改采全球日益采纳的绝对用尽原则

（一）已规定于与新西兰的自由贸易协议

台湾地区早就应该根据自身利益和需要，全面审查、优化与国际协议不相符的知识产权权利用尽体系。其实，在 2013 年 7 月与新西兰签署的《经济合作协定》第 10 章第 3 条第 4 款（a）项已经承认：除缔约双方之国际义务另有规定外，缔约双方确认任一缔约方得规定智慧财产权之绝对耗尽原则。

因此，除非有其他明确政策考虑要求并证明有例外情形，否则于台湾地区而言，未来最简便方法应是在所有知识产权法律中一以贯之采全球日益采用的绝对用尽原则，特别是台湾地区所谓“著作权法”以及台湾地区所谓“植物品种及种苗法”。以新加坡为例，其承认例外情况，禁止平行输入药品，以便发展本国制药业。根据新加坡《专利法》第 66 条第 3 款的规定，在下列情况下，进口任何专利药品属于侵犯专利权行为：“若（a）该专利药品从未由专利所有人或经专利所有人许可（附带条件或其他限制，conditional or otherwise）在新加坡销售或发行该产品的人在新加坡销售或发行过；（b）进口该产品将导致该产品的发行违反（i）专利所有人，（ii）被专利所有人许可在新加坡境外发行该产品的人之间的合同；及（c）进口商知道或者应当知道（b）事项。”

（二）公平会一向支持平行输入

支持绝对用尽原则观点在台湾地区占据主流。除学者们支持平行输入外[①]，公平会自成立以来亦对平行输入采相当友好的态度，尽管台湾地区所谓“公平交易法”本身不含任何关于平行输入或知识产权用尽的具体规则。公平会第 3 号研析意见明确指出：贸易商自地区外输入已经原厂授权代理商进口或制造商生产者，因地区内代理商投入大量行销成本或费用致商品为消费者所共知，故倘贸易商对于商品之内容、来源、进口厂商名称及地址等事项以积极行为使消费者误认系代理商所进口销售之商品，即所谓故意“搭便车行为”，则涉及

---

① 参见谢铭洋：《专利进口权与平行输入》，（台湾）《月旦法学》1995 年第 2 期；沈宗伦：《数位著作授权与合理传输——论权利耗尽原则的新时代意义》，《政大智慧财产评论》2014 年第 1 期；陈匡正：《真品平行输入与商品权之侵害》，《世新法学》2015 年第 2 期。

公平交易法第24条(现改为第25条——引者说明)所定之"欺罔"或"显失公平"行为。[①]

换言之,根据台湾地区所谓"公平交易法",只要进口商不主动误导消费者,使消费者误认为货物源自代理商而非进口商,则不禁止平行进口。

(三)为何中国台湾地区所谓"著作权法"尤其需要采绝对用尽原则?

台湾地区所谓"著作权法"也有充分理由采绝对用尽原则:鉴于台湾人在地区外所拥有著作权数量寥寥,且台湾地区以输入受著作权保护的货物及服务为主,引进可令著作权人阻止著作产品平行输入的专有输入权,与台湾地区整体利益相悖。并且,受著作权保护产品依绝对用尽原则而得以合法输入,直接影响商品自由流入台湾地区及其产业竞争力,而这两者对台湾地区经济福祉至关重要。

毫无疑问,台湾地区所谓"著作权法"第87条第1项第4款、第87-1条以及智慧局的公告,整体上支持美国著作权人利益的程度高于对台湾地区经济利益的支持,不应当给予其超国民待遇。此外,总体而言,很多国家倾向于准许平行输入、采绝对用尽原则。美国联邦最高法院在"Kirtsaeng v. John Wiley & Sons, Inc.案"中作出具有里程碑意义判决乃又一有力例证,该判决确认,权利绝对用尽原则适用于在国外合法制作的著作重制物[②],尽管美国施压其他法域要求采相对用尽标准。

综上所述,台湾地区所谓"著作权法"没有理由不坚持绝对用尽原则。其越早转变改采著作权绝对用尽原则,越有益于自身。

四、应终止与美国的著作权保护协议

同所有国际协议相一致,与美国的著作权保护协议包含终止条款,该协议第21条规定:

> 本协议自正式签署之日起生效,缔约任何一方得于至少六个月之前,以书面通知他方终止本协议。

---

① 中国台湾地区竞争事务主管机关公研释第003号(1993年4月22日决定),"真品平行输入是否违反'公平交易法'",http://www.ftc.gov.tw/internet/main/doc/docDetail.aspx? uid=223&docid=410(最后更新日:2015年7月2日)。研析意见所引台湾地区所谓"公平交易法"第20条、第24条规定,于2015年2月4日修正公布,条次变更为第22条、第25条,内容并酌作修正。

② 参见Kirtsaeng v. John Wiley & Sons, Inc., 133 S. Ct. 1358 (2013)。对本案的详细介绍可见刘孔中:《解构知识产权法及其与竞争法的冲突与调和》,中国法制出版社2015年版,第197—198页。

中国台湾地区在与美国“贸易暨投资框架协议”(Trade and Investment Framework Agreement)谈判过程中,可根据该规定终止与美国的著作权保护协议。“贸易暨投资框架协议”的终止,可采取与新西兰的《经济合作协定》第10章第9条规定的方式,后者终止了于1998年签订、2000年生效的《驻新西兰台北经济文化办事处与新西兰商工办事处间关于著作权保护暨执行互惠办法》。[①] 特别是,“贸易暨投资框架协议”可以仿效与新西兰的《经济合作协定》第10章第3条第4款(a)项,规定缔约任一方均可采知识产权绝对用尽原则。

此外,还应当指出,美国与亚洲其他主要贸易伙伴的自由贸易协议均未涉及权利用尽议题(例如美国和韩国、美国和新加坡)。以新加坡为例,尽管新加坡与美国签署自贸协议,但新加坡著作权法仍坚持绝对用尽制度。[②]

美国若因为台湾地区从相对用尽转向绝对用尽而反对终止与美国的著作权保护协议是没有正当理由的。毕竟,美国联邦最高法院在2013年“Kirtsaeng v. John Wiley & Sons, Inc.案”判决中已明确指出,美国同样遵循著作权绝对用尽原则。

五、对亚洲经济体的启示

知识产权权利用尽原则准允经济体平行进口,至于是否采用仅可由该经济体自主决定。为理论连贯和体系完整,除非具有其他明确政策考虑,知识产权领域应一以贯之采纳用尽原则。笔者建议,高度依赖跨境贸易的经济体或跨境贸易体量大的经济体,应当遵循绝对用尽原则。亚洲经济体如果能设计并确立一致的知识产权权利用尽制度国家策略,将能免于政府不同部门本位主义的恶害而受益。

同等重要的是,知识产权权利用尽问题属国家公共政策,不应交由当事人通过合同排除,故应明确禁止绝对用尽原则受制于合同安排。[③] 中国台湾地区“高等法院”在判决中表达了类似立场:

---

① 中国台湾地区与新西兰的《经济合作协定》第10章第9条(2013年7月)规定:“1998年智慧财产权办法之终止,双方咸认接获意向通知,知悉新西兰商工办事处与驻新西兰台北经济文化代表处将于本协定生效后,终止以下智慧财产权办法:a.1998年6月15日于奥克兰签署之驻新西兰台北经济文化办事处与新西兰商工办事处间关于著作权保护暨执行互惠办法;及b.1998年10月20日于台北签署之驻新西兰台北经济文化办事处与新西兰商工办事处间保护工业财产权办法。”

② 参见新加坡《著作权法》第191条:若商品重制经著作权人同意,则将该商品输入合法。

③ 美国联邦第九巡回法院在“Vernor v. Autodesk, Inc., 671 F.3d 1102 (9th Cir. 2010)案”中认为,合同约定可以凌驾权利用尽原则的公共政策之上。该立场笔者碍难苟同。

> 按智慧财产权法上之“权利耗尽原则”，乃权利人就其所制造、创作或经其同意所制造之物品，于第一次进入市场后，已从中取得报酬，即丧失对该物品之贩卖权与使用权，任何合法取得该物品之第三人，均得自由将该物品让与他人或任意使用，权利人不得予以干预或主张权利，此原则已成为智慧财产权法一般理论中之定理。[①]

另外，须格外注意使用正确的术语。“绝对用尽原则”应优先于“首次销售原则”使用，二者并非当然可互换，特别是在数字化语境下。2012 年，欧盟最高法院在“UsedSoft GmbH v. Oracle International Corp.案”判决中明确指出：“(1)欧洲议会和欧盟委员会 2009 年 4 月 23 日《计算机程序法律保护第 2009/24/EC 号指令》第 4 条第 2 款[②]须解释为，若著作权人授权(包括无偿授权)他人自互联网下载计算机程序复制件至数据载体上，允许他人无限期使用该作品复制件，以便换取与著作权人作品复制件经济价值相当的对价，则该计算机程序复制件的发行权已用尽。(2)《计算机程序法律保护第 2009/24/EC 号指令》第 4 条第 2 款与第 5 条第 1 款[③]应被解释为，当转售的用户许可涉及转售从著作权人网站下载的计算机程序复制件，而该许可最初由著作权人授予第一个获得者无限期使用，以换取与其作品复制件经济价值相当对价，则该许可的第二个及其后任何获得者，得依本指令第 4 条第 2 款规定的发行权用尽原则，视为本指令第 5 条第 1 款所指计算机程序复制件的合法获得者，并依该条款规定享有复制权。”[④]事实证明，在网络数字化及互联互通时代，广泛使用“永久许可”的唯一目的在于避免构成首次“销售”以及由此产生“权利用尽”。

---

① 台湾地区“高等法院”(2014 年)上易字第 20 号判决(2014 年 12 月 23 日作出)。

② 第 4 条第 2 款原文为：The first sale in the Community of a copy of a program by the rightholder or with his consent shall exhaust the distribution right within the Community of that copy, with the exception of the right to control further rental of the program or a copy thereof.

③ 第 5 条第 1 款原文为：“1. In the absence of specific contractual provisions, the acts referred to in points (a) and (b) of Article 4(1) shall not require authorisation by the rightholder where they are necessary for the use of the computer program by the lawful acquirer in accordance with its intended purpose, including for error correction。”

④ Case C-128/11, UsedSoft GmbH v. Oracle International Corp., 2011 O.J. (C 194)。对本案的详细介绍可见刘孔中：《解构知识产权法及其与竞争法的冲突与调和》，中国法制出版社 2015 年版，第 199 页。

第十章　新加坡凭借知识产权攀登全球价值链

一、全球价值链：知识产权的重要性

价值链指企业将产品或服务从构想落实到被最终消费者终端使用所进行的全部活动。[①] 全球价值链（Global Value Chain）是指20世纪80年代中期兴起日趋精细的专业化和生产地域分散化进程。

每个全球价值链上的主导者[通常是跨国公司（Multinational Cooperations）]始终有动力将其劳动密集型或非核心产业转移至薪资较低区域。正因如此，20世纪60年代，全球制造基地率先从美国、欧洲转移至日本和韩国，而在过去40年里更相继转移至中国、新加坡以及东南亚国家。

全球价值链崛起两个主要原因在于："信息通信技术革命使得远端协调复杂性事务成为可能；发达国家和发展中国家间的巨大工资差异使得劳动分工有利可图。"[②]

近来，有关全球价值链的经济学研究聚焦价值分配。马塞尔·蒂默（Marcel Timmer）等人在研究1995—2008年560条全球价值链后发现，这些全球价值链显示出相似附加价值（value addition）模式。[③] 在全球价值链时间轴

---

① See Koen De Backer and Sébastien Miroudot, "Mapping Global Value Chains", OECD Trade Policy Paper, December 19, 2013, p.5, https://doi.org/10.1787/5k3v1trgnbr4-en.

② Richard Baldwin, "Global Supply Chains: Why They Emerged, Why They Matter, and Where They Are Going", in Deborah Elms and Patrick Low (eds.), *Global Value Chains in a Changing World*, Geneva: WTO Publications, 2013, pp.13-60.

③ See Marcel Timmer, Abdul Azeez Erumban, Bart Los, Robert Stehrer, and Gaaitzen de Vries, "Slicing Up Global Value Chains", *The Journal of Economic Perspectives*, vol.28, no.2 (2014), p.105.

上,每个地点附加价值分布呈 U 型曲线,或称之为“微笑曲线”[①](图 10.1)。曲线显示,最高价值为上游(研发)和下游(营销)企业所获取,而处于全球价值链中间的组装企业获取的则是最低价值。[②]

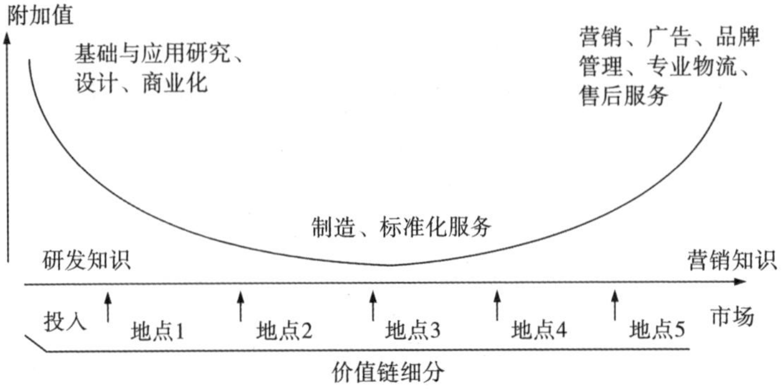

图 10.1 价值创造的微笑曲线

跨国公司不仅控制曲线两端——产品规划能力、市场准入优势和知识产权保护,还通过与原始设备制造商(Original Equipment Manufacturer,OEM)的供货商订立合同控制生产。因此,跨国公司对全球价值链产生价值的分配拥有最终决定权。[③] 由此而来趋势是,1995—2008 年,随着新兴经济体中低技能工人附加价值(value-added)份额持续下降,“微笑”逐渐加深。[④]

① See Namchul Shin, Kenneth Kraemer and Jason Dedrick, “Value Capture in the Global Electronics Industry: Empirical Evidence for the “Smiling Curve” Concept, Industry and Innovation”, *Taylor & Francis Journals*, vol.19, no.2 (2012), p.92; Sunny Li, Chen Hao Sun and Erin Pleggenkuhle - Miles, “Moving Upward in Global Value Chains: The Innovations of Mobile Phone Developers in China”, *Chinese Management Studies*, vol.4, no.3 (2010) p.319.

② See Namchul Shin, Kenneth Kraemer and Jason Dedrick, “Value Capture in the Global Electronics Industry: Empirical Evidence for the ‘Smiling Curve’ Concept, Industry and Innovation”, *Taylor & Francis Journals*, vol.19, no.2(2012), p.94.

③ See Shin-Horng Chen and Shin-Horng Chen, “Taiwanese IT firms' Offshore R&D in China and the Connection with the Global Innovation Network”, *Research Policy*, vol.33, no.2 (2004), p.341.

④ 参见 Marcel Timmer, Abdul Azeez Erumban, Bart Los, Robert Stehrer, and Gaaitzen de Vries, “Slicing Up Global Value Chains”, *The Journal of Economic Perspectives*, vol.28, no.2 (2014), p.111。毫无疑问,制造业保证中产阶级工作,并创造相关产业网络(如汽车产业)。更多分析可参见 Kung-Chung Liu and Uday Racherla (eds.), *Innovation, Economic Development and IPR in China and India-A Study of Six Economic Sectors*, Singapore: Springer Singapore, 2019, pp.1-514。尤其是智能化制造可提升经济体在 U 型曲线上的位置,使其更接近两端。这也是印度推动“印度制造”与中国公布《中国制造 2025》战略文件(之后,为不被美国盯上,实施过程没有大张旗鼓地宣传)的原因。

苹果公司是微笑曲线的典例之一。中国组装苹果公司主打产品劳动力所得，仅占一台苹果手机总价值的1.8%、一台iPad总价值的2%。大部分利润流向产品研发和品牌推广。苹果公司对两款产品利润则分别占据产品总价值的58.5%和30%。“人们普遍误以为中国作为iPad组装地，获得了电子产品大部分价值，我们研究美国公司的任何名牌产品都并非如此。”[①]尽管这项研究结果极具压倒性，但若从中概括出一条同样适用于其他价值链的普遍性结论，应当审慎小心。例如，惠普/联想微笑曲线上价值分配(尤其是创新利润)，不如苹果公司微笑曲线那么深。[②]

跨国公司可以通过专注研发和营销将附加价值低的组装和加工外包给新兴经济体的公司，从而控制全球价值链。[③] 但是，经济学文献止步于此，并未追问跨国公司如何“控制”全球价值链。具言之，谁管理全球价值链？谁制定全球价值链中各方收益分配(包括如何分配)规则？管制方面文献或可给出部分答案。[④] 传统上，国家向来扮演着监管者的角色。然而，私主体(特别是跨国公司)在监管资本主义方面(包括监管全球价值链)发挥重要作用，尽管有时全球价值链价值分配的基础权力关系尚未得到清晰阐释。全球价值链中跨国公司为监管者，OEM供货商则为受监管者[⑤]，位于微笑曲线底部。[⑥]

跨国公司通过知识产权条约、法律和知识产权来监管全球价值链。知识产权乃主权国家所定义的地域性权利，并不能保护跨国公司在其他主权国家的创造或品牌。因此，跨国公司始终有动力构建世界性知识产权保护网络，并在全球范围内逐渐提高知识产权保护标准。TRIPS协议就是总部位于美国的跨国

---

① Kenneth Kraemer, Greg Linden and Jason Dedrick, “Capturing Value in Global Networks: Apple's iPad and iPhone”, 2011, p.5, https://webzoom.freewebs.com/phsworldhistory/AP%20WH%20Unit%20V/Value_iPad_iPhone.pdf.

② See Jason Dedrick, Kenneth Kraemer and Greg Linden, “Who profits from innovation in global value chains? A study of the iPod and notebook PCs”, *Industrial and Corporate Change*, vol.19, no.1 (2010), p.100.

③ See Ram Mudambi, Location, “Control and Innovation in Knowledge-intensive Industries”, *Journal of Economic Geography*, vol.8, no.5 (2008), p.709.

④ 有大量与监管理论相关的文献；参见 Peter Drahos, *Regulatory theory*: *Foundations and applications*, Acton: Australian National University, Press, 2017, pp.1-783。

⑤ See Shin-Horng Chen and Shin-Horng Chen, “Taiwanese IT firms' Offshore R&D in China and the Connection with the Global Innovation Network”, *Research Policy*, vol.33, no.2 (2004), p.341.

⑥ See Randall Morck, Bernard Yeung and Minyuan Zhao, “Perspectives on China's outward foreign direct investment”, *Journal of International Business Studies*, vol.39, no.3 (2008), p.340.

公司为维护自身利益而开展有力游说的产物。[①]

较之于制造企业，跨国公司具备更强大的经济和谈判实力，确保其所有有体资产和无体资产在全球价值链各个环节都受到财产待遇。知识产权制度则进一步赋予跨国公司控制其他自然人或企业在全球价值链地位的排他权利。

二、新加坡经济模式及其在全球价值链的地位

（一）经济模式

四个多世纪以来，新加坡一直是世界上最重要的港口之一。与航运业相关的服务业，至今仍为新加坡经济的重要组成部分。自 1965 年脱离马来西亚、独立建国以来，新加坡致力于工业化进程。20 世纪 80 年代以来，新加坡经济已由劳动密集型转向高技能和技术驱动型。1985 年，新加坡经历独立以来首次经济衰退。之后，新加坡政府将经济发展重点由制造业转向服务业。在经济结构方面，新加坡发展先进服务业，如金融服务、信息技术服务、医疗服务、电子、航空和教育服务。2000 年起，新加坡正努力成为富有创造力且勇于创新的智能国家(Smart Nation)。[②]

1973—2013 年，新加坡 GDP 增长 37 倍，从 87.45 亿新加坡元增至 3245.92 亿新加坡元(根据 2005 年固定价格计算)，年均增长率为 7.2%。据世界银行统计，2020 年新加坡人均 GDP 位列全球第二。[③] 据新加坡财政部消息，

> 新加坡经济结构反映小国现实情况。制造业和服务业既多元化，又都深度融入全球市场。作为一个拥有四百多万人口的城市国家，企业服务全球市场的诱因远高于国内消费。营业收入占 GDP 的 15%，比任何一个发达经济体都要低。绝大多数企业和家庭享受亚洲最低实际税率。[④]

---

① See Susan Sell, "TRIPS Was Never Enough: Vertical Forum Shifting, FTAS, ACTA, and TTP", *Journal of Intellectual Property Law*, vol.18, no.2 (2011), p.451.

② 新加坡政府 2014 年发布"智能国家倡议"，以指导新加坡数字化转型。See GovTech Singapore, "Digital Government, Smart Nation: Pursuing Singapore's Tech Imperative", August 30, 2019, https://www.tech.gov.sg/media/technews/digital-government-smart-nation-pursuing%20singapore-tech-imperative.更多信息可参见 https://www.smartnation.gov.sg/。

③ See The World Bank, GDP per Capita, https://data.worldbank.org/indicator/NY.GDP.PCAP.PP.CD.

④ Chin Sau Ho (Press Secretary to Minister of Finance), "The Singapore Economic Model Works", Ministry of Finance, February 4, 2009, https://www.mof.gov.sg/news-publications/forum-replies/The-Singapore-Economic-Model-Works.

(二)新加坡在全球价值链中的地位

我们赞同藤田正孝的观点：

> 新加坡占据微笑曲线两端,即生产链附加价值最高的部分。鉴于最大出口行业电气和电子设备的技术水平以及其在全球价值链的参与,新加坡在全球价值链曲线的组装、生产部分有潜力进一步提升。[①]

通过考察新加坡在特定全球价值链的作用,可进一步支持该结论。以不断发展的医疗技术市场为例,新加坡凭借在亚洲地区的战略位置,已吸引60余家跨国医药公司,开展包括区域总部、制造研发等一系列活动。跨国公司依靠新加坡设计和工程能力、自动化供应基地和高质量保证标准,从事高价值医疗产品生产。除制造业外,50家全球领先的医疗技术公司将区域总部设在新加坡,这些跨国公司以新加坡为据点实施其“亚洲战略”,在亚洲地区开拓市场。[②] 医药行业向来以要求高知识产权保护而闻名。

全球通信行业巨头美国高通公司已将其子公司高通CDMA技术(Qualcomm CDMA Technologies)海外总部迁至新加坡。此举主要驱动力在于新加坡的税收优惠政策。高通公司在2018财政年度第三季度与新加坡签订新税收优惠协议,依据该协议,自2017年3月到2022年3月,只要高通公司在新加坡达到特定就业和投资标准,税率就可降低。[③]

2017年,高通公司和TDK株式会社(Tokyo Denkikagaku Kogyo,TDK)成立一家合资企业,由高通全球贸易有限公司(高通公司在新加坡的全资子公司)持股51%,其余49%股份则由TDK位于德国的全资子公司爱普科斯公司(EPCOS AG)持有。该合资公司使高通公司的射频前端(RF front-end,RFFE)业务能够将RFFE模块和射频滤波器纳入移动终端、物联网(IoT)、自动驾驶应用和互联计算等完全整合系统。[④]

类似的还有联发科。联发科是一家专门为智能电视、语音助手设备、安卓

---

① See Masataka Fujita, “Global Value Chains in ASEAN: Singapore”, ASEAN-Japan Centre, August 28, 2018, p. 22, https://www.asean.or.jp/ja/wp-content/uploads/sites/2/Singapore-GVC_Paper-9.pdf.

② See EDB Singapore, “Medical Technology”, https://www.edb.gov.sg/en/ourindustries/medical-technology.html.

③ 参见高通公司2018年年报,第58页。

④ See “Master Transaction Agreement”, https://www.sec.gov/Archives/edgar/data/804328/000119312516428370/d119955dex21.htm.

平板计算机、功能手机(feature phones)、光学和蓝光 DVD 播放器以及手机提供芯片技术的公司。其总部设在中国台湾地区,在新加坡、印度、美国、日本、韩国、英国、芬兰、瑞典、法国、荷兰和迪拜等国家和城市设有销售和研究子公司。联发科 2017 年年报显示,新加坡政府是联发科最大股东。联发科在新加坡已设立四家子公司,其中一家持有联发科的知识产权。①

知识产权高效保护体系,显然是跨国公司总部设于新加坡的前提条件。戴森公司是另一例证。戴森公司于 2019 年将其全球总部迁至新加坡。② 戴森公司已明确表示,亚洲地区蕴藏着最佳发展机遇,目前其公司重心在亚洲地区。这是一个沿全球价值链智能分配资源的战略计划,鉴于仅 2%—3%的供应链位于欧洲地区,且这些供应链流向东方而非西方。③

三、新加坡知识产权机构及知识产权实施

(一)知识产权机构

新加坡在知识产权方面起步较晚。直到经济发展至一定程度,新加坡才先后加入《巴黎公约》(1994 年,1995 年生效)和《伯尔尼公约》(1998 年)。加入《伯尔尼公约》时,新加坡宣布在 2004 年前适用附件二、附件三规定的发展中国家权限(关于发展中国家的特别规定)。根据世界综合贸易方案(World Integrated Trade Solution,WITS)的统计结果,1990—1994 年新加坡人均 GDP 分别为 11,864 美元、14,505 美元、16,144 美元、18,302 美元和 21,578 美元。④ 大约自那时起,新加坡政府才意识到知识产权将其从全球价值链底端提升至高端的重要性,从而致力于提高知识产权保护标准,甚至超过 TRIPS 协议的标准。

新加坡知识产权进步主要驱动力无疑是富有远见的新加坡政府。新加坡知识产权机构包括律政部(Ministry of Law)、知识产权局(Intellectual Property

① See MediaTek, 2017 Annual Report, p. 84, https://cdn-www. mediatek. com/page/2017-English-Annual-Report_Final.pdf.

② 参见 Simon Jack,"Dyson chooses Singapore for new electric car plant", October 23, 2018, https://www.bbc.com/news/business-45950377。截至 2021 年 4 月,戴森已在新加坡雇用 1400 余人,其中将近一半为工程师和科学家,参见 https://www. straitstimes. com/business/companies-markets/dyson-sayssingapore-to-remain-its-global-hq-despite-james-dysons-return。

③ See BBC,"Dyson to move head office to Singapore", January 22, 2019, https://www.bbc.com/news/business-46962093.

④ See"Singapore GDP per capita in Current US $ 1990-1994", https://wits. worldbank. org/countryprofile/en/country/SGP/startyear/1990/endyear/1994/indicator/NY-GDP-PCAP-CD.

Office)、总检察长办公室(Attorney General's Chambers)以及专业知识产权法法官。

1.律政部

律政部内设知识产权政策司,主管知识产权政策、立法(尤其是专利、商标、著作权、注册设计、地理标志和商业秘密)和产业政策。律政部政策立场在于维护平衡、享誉国际的知识产权制度,促进知识产权服务业快速发展,支持价值创造。①

除传统民事诉讼和刑事起诉外,律政部积极推动新加坡成为知识产权替代性争端解决机制(alternative dispute resolution)中心。律政部与世界知识产权组织新加坡仲裁调解中心合作,致力于以替代性争端解决机制方式解决新加坡域内知识产权纠纷。此外,律政部已指定 WIPO 中心为新加坡调解服务提供方。②

2.知识产权局

知识产权局主要职责为实施知识产权法,包括提供知识产权法律咨询、知识产权登记以及服务企业知识产权需求。经过多年筹备,知识产权局 2013 年推出"知识产权中心总体规划"(IP Hub Masterplan),在 2017 年更新该规划。2021 年,知识产权局推出《新加坡知识产权战略 2030》(Singapore IP Strategy 2030)。③

3.总检察长办公室

总检察长办公室主要肩负知识产权执法职能,在侵害知识产权相关案件担任公诉人,以履行知识产权执法职能。此外,总检察长办公室还负责与知识产权相关的国际谈判。例如,总检察长办公室国际事务署是新加坡参与双边和多边谈判以及国际争端的代表。④

4.司法系统:专业知识产权法官

有别于传统通才型法官,新加坡引入专业型知识产权法官。新加坡于 2002 年在高等法院内指定四名法官为知识产权法官。所有知识产权案件均由法院

---

① 参见新加坡律政部:《知识产权政策》(2018 年),https://www.mlaw.gov.sg/content/minlaw/en/our-work/intellectual-property-policy.html.

② See Ministry of Law, "Intellectual Property Policy", 2018, https://www.mlaw.gov.sg/content/minlaw/en/news/press-releases/mediation-act-to-commence-from-1-november-2017.html.

③ 参见《新加坡知识产权战略 2030》,https://www.ipos.gov.sg/docs/default-source/default-document-library/singapore-ip-strategy-report-2030-18May2021.pdf。

④ See https://www.agc.gov.sg/our-roles/international-law-advisor/overview-of-functions2.

指定高级助理注册官管理，其主持所有庭审前会议。与此同时，每宗知识产权案件亦会指定一名助理注册官，听取并裁决所有诉中申请，并在诉讼请求低于50万新加坡元的案件中主持审判后赔偿金或获利返还评估会议。[①]

随后，新加坡2014年修订《宪法》(第94条第4款)，允许首席大法官任命其认为具备适当经验和资格的人在固定期限内担任最高法院陪审法官(Associate Judges)，并于2015年设立国际商事法庭(International Commercial Court)。[②] 国际商事法庭是高等法院的组成部门，也是新加坡最高法院隶属部门。针对国际商事法庭判决提起的上诉，由新加坡上诉法院审理。在国际商事法庭16名国际法官中，至少西蒙·索利(Simon Thorley)法官是欧洲公认的知识产权专家。

(二)新加坡知识产权表现已成一种品牌

总体而言，新加坡的知识产权表现水平公认最高，已建立世界上最高效的行政支持体系。尤其，新加坡在与知识产权相关的各类评估指标中均名列前茅[③]：世界经济论坛《2019年全球竞争力报告》认为，新加坡知识产权保护水平在世界排名第二，在亚洲排名第一。[④] 财产权联盟《2020年国际产权指数》中，新加坡名列世界第三。[⑤] 美国商会《2021国际知识产权指数》中，新加坡列第十一位。[⑥] 世界知识产权组织《2020年全球创新指数》将新加坡评为世界第六个最具创新性国家，冠居亚洲地区，亦名列"创新产出分类指数"全球榜首。

世界知识产权组织全球创新指数既评估创新投入，也评估创新产出。投入指数包括机构、人力资本和研究、基础设施、市场成熟度和商业成熟度；产出指

---

① See The Intellectual Property Court Guide, 2013, available at: https://www.ipos.gov.sg/media-resources/singapore-ip-ranking.

② See Report of the Singapore International Commercial Court Committee, November 2013, https://www.sicc.gov.sg/docs/default-source/modules-document/news-and-article/-report-of-the-singapore-international-commercial-court-committee-_ 90a41701-a5fc-4a2e-82db-cc33db8b6603-1.pdf; Ministry of Law Singapor, https://www.mlaw.gov.sg/news/press-releases/sicc-and-legal-profession-regulatory-framework-update.

③ See "Singapore's Global Innovation Ranking", https://www.ipos.gov.sg/media-resources/singapore-ip-ranking (last updated 24 June 2021).

④ See "The Global Competitiveness Report 2019", http://www3.weforum.org/docs/WEF_TheGlobalCompetitivenessReport2019.pdf, p.525.

⑤ See "International Property Rights Index 2020", https://atr-ipri2017.s3.amazonaws.com/uploads/IPRI+2020+Full+Report.pdf, p.15.

⑥ See "Intellectual Property Rights in Global Value Chains", https://www.theglobalipcenter.com/wpcontent/uploads/2021/03/GIPC_IPIndex2021_FullReport_v3.pdf.

数包括知识和科技产出以及创造产出。新加坡在 49 个高收入国家中名列第八(2018 年在该项 47 个国家中排名第五),是东南亚和大洋洲最具创新性的国家。新加坡优势源于其机构(名列第一)、人力资本和研究(名列第八,2018 年为第一)以及商业成熟度(名列第六)。特别是商业成熟度方面,新加坡在知识产权支付(第六位,从 2018 年第一位下滑)和外商直接投资流入(第四位,从 2018 年第一位下滑)等方面排名极高。一套行之有效知识产权法律体系是上述优势的保证,也是新加坡在全球吸引人才和投资的关键。[①]

美国商会在其发布的《2021 国际知识产权指数》中将知识产权表现分为八类,新加坡总排名第十一位。具体而言,新加坡在专利方面排名第一,著作权保护方面位列第三,商业化方面位列第四,商标方面位列第十五,商业秘密方面位列第二十一,执法方面位列第十二,系统效率方面位列第十四。

可以说,在知识产权创造、商业化和保护方面,新加坡已成为金字招牌。[②]

四、新加坡双管齐下,巩固其在全球价值链的地位

(一)提升部分自由贸易协议的知识产权保护水平

在 TRIPS 协议之后,美国将各种类型 TRIPS 协议加码(TRIPS-plus)标准引入其自由贸易协议谈判。[③] 因此,美国签署的自由贸易协议成为包括新加坡在内许多国知识产权新规范的来源。截至 2021 年 7 月,新加坡已签署 26 个自贸协议,其中与单边贸易伙伴签署 15 个双边自贸协议:

- 中国—新加坡自由贸易协议(CSFTA)
- 欧盟—新加坡自由贸易协议(EUSFTA)
- 印度—新加坡全面经济合作协议(CECA)
- 日本—新加坡经济伙伴关系协议(JSEPA)
- 韩国—新加坡自由贸易协议(KSFTA)
- 新西兰—新加坡密切经济伙伴协议(ANZSCEP)

---

① 尽管如此,新加坡创新体系(包括知识产权制度)的弱点在于创造性产出不足(换言之,无法引发更丰富的创造性产出)。其创造性产出既低于相同收入群体平均水平,也低于地域平均水平。由于缺乏来自本国居民的创造,新加坡创造性产出在全球排名第 35 位。这反映在商标来源国(第 94 位)、工业设计来源国(第 81 位)、专利来源国(第 32 位),以及印刷业和其他媒体(第 64 位,降至 2018 年的第 70 位)指标上。https://www.wipo.int/edocs/pubdocs/en/wipo_pub_gii_2020.pdf,第 322 页。

② See Ronald Yu, "Patent Law Reform: Lessons from Singapore", in Yahong Li (ed.), *Patent and Innovation in Mainland China and Hong Kong*, Cambridge: Cambridge University Press, 2017, pp.236-239.

③ TRIPS 加码标准,是指与 TRIPS 相比,提供更广泛的知识产权保护,或消除 TRIPS 弹性规定的知识产权标准。

• 巴拿马—新加坡自由贸易协议(PSFTA)
• 秘鲁—新加坡自由贸易协议(PeSFTA)
• 新加坡—澳大利亚自由贸易协议(SAFTA)
• 新加坡—哥斯达黎加自由贸易协议(SCRFTA)
• 新加坡—约旦自由贸易协议(SJFTA)
• 斯里兰卡—新加坡自由贸易协议(SLSFTA)
• 土耳其—新加坡自由贸易协议(TRSFTA)
• 英国—新加坡自由贸易协议(UKSFTA)
• 美国—新加坡自由贸易协议(USSFTA)

此外,新加坡还与一系列贸易伙伴签订11个区域性自贸协议:

• 东盟—澳大利亚—新西兰自由贸易区协议(AANZFTA)
• 东盟—中国自由贸易区协议(ACFTA)
• 东盟—中国香港自由贸易区协议(AHKFTA)
• 东盟—印度自由贸易区协议(AIFTA)
• 东盟—日本全面经济伙伴关系协议(AJCEP)
• 东盟—韩国货物贸易协议(AKFTA)
• 东盟自由贸易区协议(AFTA)
• 全面与进步跨太平洋伙伴关系协议(CPTPP)
• 欧洲自由贸易联盟—新加坡自由贸易协议(ESFTA)
• 海湾合作委员会—新加坡自由贸易协议(GSFTA)
• 跨太平洋战略经济伙伴关系协议(TPSEP)

在自贸协议中,新加坡政府并未采取统一的知识产权政策,而是区分情况,实行差别化策略。倘若通过自贸协议加强知识产权保护,有助于吸引外商直接投资(Foreign Direct Investment),以及大型药企和通信企业在新加坡投资与设立研究中心,则新加坡乐意签署自贸协议。[①] 反之,若通过自贸协议提高知识产权保护水平不带来任何实际收益,则新加坡不会如此行事。

下文将讨论新加坡与主要贸易伙伴的五个自由贸易协议,其中两个为TRIPS协议加码,即美国—新加坡以及欧盟—新加坡自贸协议;其余三个则与TRIPS协议保持一致,亦即日本—新加坡、韩国—新加坡和中国—新加坡自贸协议。

---

① See Dick Nanto, "The US-Singapore Free Trade Agreement: Effects After Three Years", CRS Report for Congress, January 7, 2008. p.11, https://fas.org/sgp/crs/row/RL34315.pdf.

1.部分自贸协议提高知识产权保护水平

(1)美国—新加坡自由贸易协议

美国—新加坡自由贸易协议(The United States-Singapore Free Trade Agreement,以下简称“美新自贸协议”)是美国战略性地将国际知识产权谈判从多边层面转移至双边层面的典例。① 美新自贸协议囊括美国贸易代表署认为美国取得重大进展的内容:知识产权保护(第十六章)、环境、劳工、透明度和海关合作。② 该自贸协议也明确将知识产权视为具备投资特征的资产形式。③

美新自贸协议签署于 2003 年,该协议推动新加坡政府修法。2004 年 7 月,商标法、专利法、集成电路布图设计法、注册外观设计法等修正,以及新颁布的植物新品种保护法和光盘制造法相继生效。2005 年,新加坡政府修订著作权法和广播法。④ 主要内容包括:著作权保护期延长为作者终生及死后 70 年,在专利权保护期内,除专利权人授权外,禁止批准仿制药上市;⑤药品数据独占保护期为 5 年;在药品监管机构依赖外国上市批准的情况下,药品数据独占保护期在国内自动适用;⑥保护期可因监管机构批准程序所致延误予以相应延长;专利授权延迟超 4 年者(自申请日起算),保护期可得延长;⑦专利和药品上市批准链接;⑧专利权人可通过许可合同,限制药品平行进口。⑨ 这些 TRIPS 协议加码条款,使新加坡成为世界上知识产权保护水平最高的法域之一。

---

① See Susan Sell, “TRIPS Was Never Enough: Vertical Forum Shifting, FTAS, ACTA, and TTP”, *Journal of Intellectual Property Law*, vol.18, no.2 (2011), p.447.

② See Susan Sell, “TRIPS Was Never Enough: Vertical Forum Shifting, FTAS, ACTA, and TTP”, *Journal of Intellectual Property Law*, vol.18, no.2 (2011), p.2.

③ 美新自贸协议第 15 条第 1 款承认以下形式投资:企业;企业股份、股票和其他形式的产权参与;债券(bonds)、公司债券(debenture)、债务证书和贷款;期货、期权和其他衍生品;总承包(turnkey)、建设、管理、生产、特许权、收入分享和其他类似合同;知识产权;根据国内法授予的许可证、授权、许可和类似权利;其他有形或无形、动产或不动产,以及相关产权,如租赁、抵押、留置和质押。

④ See Dick Nanto, “The US-Singapore Free Trade Agreement: Effects After Three Years”, CRS Report for Congress, January 7, 2008. p.9, https://fas.org/sgp/crs/row/RL34315.pdf.

⑤ See Section 23 of the Health Products (Therapeutic Products) Regulations (2016), https://sso.agc.gov.sg/SL/HPA2007-S329-2016.

⑥ See Section 29 of the Health Products (Therapeutic Products) Regulations (2016); Michael Trebilcock, Robert Howse, and Antonia Eliason, *The Regulation of International Trade*, London: Routledge, 2013, p.563.

⑦ 参见新加坡《专利法》(第 221 章,2005 年修订版)第 36A 条第 4 款规定专利保护期的延长,https://sso.agc.gov.sg/Act/PA1994? ProvIds=pr36A-#pr36A.

⑧ 参见新加坡《药品法》第 12A 条。

⑨ 参见新加坡《专利法》第 66 条第 2 款(g)项、第 66 条第 3 款。

除如约修订国内立法外，新加坡还在自由贸易协议之外，加入下列知识产权多边协议（括号内为加入日期）[①]：《国际植物新品种保护公约》（International Union for The Protection of New Varieties of Plants）（2004 年 7 月 30 日）、《WIPO 版权条约》（2005 年 4 月 17 日）、《WIPO 表演和录音制品条约》（2005 年 4 月 17 日）《关于工业品外观设计国际注册的海牙协议》（2005 年 4 月 17 日）。

（2）欧盟—新加坡自由贸易协议

欧盟—新加坡自由贸易协议（EU-Singapore Free Trade Agreement，以下简称“欧新自贸协议”）签署于 2018 年，并于 2019 年 11 月 21 日生效。在诸多妥协中，新加坡还将 TRIPS 协议第 23 条对地理标志保护范围从葡萄酒、烈酒统一扩大至农产品和食品（欧新自贸协议第 10.19 条第 2 款）。欧盟列出 196 个在新加坡申请保护的地理标志，而新加坡并未列出在欧盟申请保护的地理标志（附件 10-A）；贸易委员会应当制定相互承认的地理标志清单（欧新自贸协议第 10.17 条第 3 款）。[②]

2.部分自贸协议未提高知识产权保护水平

（1）日本—新加坡经济伙伴关系协议

日本—新加坡经济伙伴关系协议（Japan-Singapore Economic Partnership Agreement，以下简称“日新经济伙伴协议”）签署于 2002 年。知识产权章仅三页，条款内容灵活、注重合作。例如，目的部分指出，双方意在发展知识产权领域合作。知识产权章第 1 条关于合作领域和形式，并且注重机构建设。两国设立知识产权联合委员会，以促进知识产权章有效实施（第 97 条）。该协议还强调，为使用知识产权数据库提供便利（第 98 条）。日新经济伙伴协议唯一“硬性”规定是第 98 条第 1 款：“新加坡应当根据法律法规采取适当措施，为在新加坡提出的方法专利申请提供与在日本所提申请相应的便利。”

（2）韩国—新加坡自贸协议

韩国—新加坡自贸协议（Korea-Singapore Free Trade Agreement，以下简称“韩新自贸协议”）签署于 2005 年。知识产权章简洁明了，与日新经济伙伴协

---

① See Locknie Hsu, “Free Trade Agreements: Singapore Legal Developments”, *Research Collection School Of Law*, April 2015, pp.5-6, https://ink.library.smu.edu.sg/sol_research/2812.

② TRIPS 谈判过程中，欧共体曾试图为地理标志保护建立特别权利制度，但遭到以美国为首的新世界国家的质疑。TRIPS 谈判结束，地理标志在不同层面上受到保护：TRIPS 协议第 22 条为一般产品提供标准的地理标志保护，第 23 条为葡萄酒、烈酒地理标志提供更强保护，在地理标志上使用“种类”“风格”或“类似”等限定词仍然不被上述地理标志强保护允许。

议类似。例如，关于知识产权实施，该协议规定："缔约方应当根据 TRIPS 协议，在各自法律规定知识产权执法。"（第 17 条第 3 款）。该协议致力于促进知识产权领域合作（第 7 条第 5 款）和机构建设（组建知识产权联合委员会，促进协议落实）（第 17 条第 9 款）。韩新自贸协议还包含类似日新经济伙伴协议为专利申请提供便利的条款。

韩新自贸协议第 17 条第 6 款要求新加坡指定韩国知识产权局（KIPO）为《专利合作条约》（Patent Cooperation Treaty，PCT）下的国际检索机构和国际初步审查机构。自 2015 年起，新加坡已堪胜任 PCT 国际检索机构和国际初步审查机构。

（3）中国—新加坡自由贸易协定

中国和新加坡签署于 2010 年的双边自贸协议并未触及知识产权议题。由于新加坡和中国同为世贸组织成员和 TRIPS 协议缔约国，两国自贸协议未触及知识产权议题意味着，两国之间自动适用 TRIPS 标准。新加坡和中国于 2018 年修订双方自贸协议时亦未纳入知识产权议题。

（二）将新加坡打造为知识产权争端解决中心

总体而言，新加坡政府不遗余力将新加坡打造为外资友好之国，这已经获得一系列排名认可。美国传统基金会（Heritage Foundation）2021 年经济自由指数将新加坡位列世界开放经济体首位。[①] 据世界银行《2020 年营商环境报告》，新加坡是世界上仅次于新西兰的第二大友商国家。[②] 新加坡政府正努力在此国际声誉之上使新加坡成为知识产权争端解决国际中心。

一般而言，新加坡缺乏跨境知识产权诉讼的判例，致其法院在处理管辖权、可诉性和准据法等方面缺乏确定性。有鉴于此，新加坡加入 2005 年海牙国际私法会议起草的《海牙选择法院协议公约》（Hague Convention on Choice of Court Agreements，HCCCA），该公约于 2015 年 10 月 1 日生效。随后，新加坡颁布《法院选择协议法》（Choice of Court Agreements Act，CCAC），该法于 2016 年 10 月 1 日生效，HCCCA 于是具备国内法效力。CCAC 虽然没有解决准据法选择方面的不确定性，但为法院取得管辖权提供了明确依据，是一个重

① See "Index of Economic Freedom", https://www.heritage.org/index/.

② See "Doing Business 2020", https://www.doingbusiness.org/en/reports/global-reports/doing-business-2020.

要进展[①]，这无疑将进一步提升新加坡在全球价值链的地位。

新加坡还仿效中国香港，准许知识产权争议经由仲裁方式解决。自2019年11月21日起，《知识产权争端解决法》分别正式规定于《仲裁法》(2001)第9A部分和《国际仲裁法》第IIA部分，广泛承认知识产权争端在新加坡的可仲裁性。新加坡政府正积极推动《联合国关于调解所产生的国际和解协议公约》(United Nations Convention on International Settlement Agreements Resulting from Mediation)，即《新加坡调解公约》，该公约于2019年8月7日在新加坡开放签署。新加坡于2020年2月颁布《新加坡调解公约法》，于2020年9月12日生效，与《新加坡调解公约》同日生效。企业在解决跨境知识产权纠纷时，将受益于调解这一诉讼和仲裁之外的纠纷解决方式。[②]

五、对亚洲经济体的建议

新加坡知识产权部门具有远见卓识，对新加坡知识产权出色表现起到重要作用。新加坡双管齐下，有助于巩固其在全球价值链中的地位：一是仅通过美新自贸协议、欧新自贸协议提高知识产权保护水平；二是将自身打造成知识产权争端解决中心。新加坡通过知识产权确保其在全球价值链处于高位的成功经验，特别值得亚洲各经济体学习。

于亚洲经济体而言，融入全球价值链至关重要，这将带来外商直接投资、技术、知识产权以及知识产权交易。但是，由于跨国公司通过知识产权条约或法律管理全球价值链，因此亚洲经济体同时也必须意识到目前自身处境、未来攀升U型曲线的轨迹以及潜伏在前方道路上的斗争。

---

① See Yeo Tiong Min, "Certainty and Uncertainty of Cross-Border Copyright Infringement Litigation in Singapore", in Kung-Chung Liu (ed.), *Annotated Leading Copyright Cases in Major Asian Jurisdictions*, Hong Kong: City University of Hong Kong Press, 2019, p.534.

② See Andrew Phang, "Alternative Dispute Resolution and Regional Prosperity-A View from Singapore", Supreme Court of Singapore, September 25, 2014, pp. [13]-[14], https://www.supremecourt. gov. sg/docs/default-source/default-document-library/media-room/china-asean-justice-forum—adr-and-regional-prosperity-(final)-11092014-(phang-ja)-highlighted.pdf.

译后记

言及知识产权法，我们自觉地将目光投向英美和欧陆法域，并长期下意识地将亚洲置于“盗版王国”的位置。殊不知，随着亚洲主要经济体近年来在全球价值链的攀升，其对知识产权的策略已发生根本转向。为因应本国产业的现实发展需求，亚洲主要经济体已逐渐从知识产权制度的被动追随者转变为积极参与者甚至是规则制定者。就部分知识产权重要议题而言，亚洲的独特经验亦能为全球知识产权治理贡献亚洲智慧。特别是在 RCEP 生效后，亚洲法域的知识产权体系正呈现出协同趋势。在此意义上，亚洲经济体也需要以邻为师，习人之所长以补己之短。

本书作者基于其在亚洲多个法域的工作和学术交流的独特经历，长期关注亚洲知识产权制度的相关议题，并致力于整合和促进亚洲知识产权制度的一体化，这在推崇欧美知识产权制度的当下十分难能可贵。笔者在师从本书作者读博的过程中，有幸多次受提携参加著名亚洲知识产权法学者共济一堂的学术会议，每次都被该等学者敏锐的学术嗅觉、扎实的学理基础和开阔的学术视野所折服，也不断刷新着笔者先前的刻板认知。此次翻译本书的过程，也是一次学习亚洲主要经济体知识产权制度的鲜活体验。

本书翻译团队成员的分工如下：第一至三章和第六章由李文博初译和校对，第四至五章由赵歆扬初译和校对，第七至八章由邓海博初译和校对，第九至十章由赵歆扬初译和校对。全书译稿由刘建臣审阅、修正和复校。

在翻译本书的过程中，本团队成员已在力求遵从作者原意的基础上，适当调整语序以适应中文读者的阅读习惯。所有网络材料核查尽量更新至 2023 年 3 月。此外，台湾地区的部分法律用语也与大陆不同，本书涉及台湾地区的部分翻译沿用台湾地区用语习惯，例如“散布权”“平行输入”“积体电路”等，“条、项、款”（而不是“条、款、项”）的用语。当然，受学力所限，疏漏之处在所难免，敬请读者谅解。

刘建臣

2023 年 3 月 30 日于青岛世贸诺沙湾